Peter Teuschel

DAS SCHWARZE SCHAF

Benachteiligung
und Ausgrenzung
in der Familie

Klett-Cotta

Für meine Söhne
Moro und Max

Klett-Cotta
www.klett-cotta.de
© 2014 by J.G. Cotta'sche Buchhandlung
Nachfolger GmbH, gegr. 1659, Stuttgart
Alle Rechte vorbehalten
Printed in Germany
Schutzumschlag: Rothfos & Gabler, Hamburg
unter Verwendung eines Fotos
von VH-7 Medienküche GmbH, Stuttgart
Gesetzt von Dörlemann Satz, Lemförde
Gedruckt und gebunden von CPI Clausen & Bosse, Leck
ISBN 978-3-608-94802-8

Bibliografische Information der Deutschen Nationalbibliothek
Die Deutsche Nationalbibliothek verzeichnet diese Publikation in der
Deutschen Nationalbibliografie; detaillierte bibliografische Daten sind
im Internet über ‹http://dnb.d-nb.de› abrufbar.

Inhalt

Vorwort

WAS HAT DER SCHÄFER GEGEN SCHWARZE SCHAFE?

»Schau mal, Papa, Schafe!«

»Ja, eine ganze Herde. Und da hinten, da sitzt der Schäfer.«

»Wollen wir näher rangehen? Die beißen doch nicht, oder?«

»Nein, die sind friedlich. Schau mal, da sind auch ein paar kleine dabei.«

»Ui, süüß! Lass uns hingehen! Guck, das eine Schaf ist total schmutzig!«

»Das ist nicht schmutzig, das gehört so. Es ist ein schwarzes Schaf.«

»Wieso ist das schwarz? Ist das besonders wertvoll, das schwarze Schaf?«

»Nein, in jeder Herde gibt es ein, zwei schwarze Schafe. Die kommen so zur Welt. Der Schäfer mag die gar nicht so gerne, die schwarzen.«

»Was hat der Schäfer gegen die schwarzen Schafe?«

»Der Schäfer hält die Schafe nicht so zum Spaß. Sondern wegen der Wolle. Wenn sie so richtig wuschelig sind, dann werden die Schafe geschoren. Die Wolle kann der Schäfer dann verkaufen.«

»Geschoren? Tut das weh?«

»Nein, das ist so wie Haare schneiden.«

»Uahh!«

»Okay, es ist viel weniger schlimm als Haare schneiden.«

»Kann der Schäfer das schwarze Schaf nicht auch scheren?«

»Doch, das macht er auch. Aber für die schwarze Wolle bekommt er nicht so viel. Die kann man nicht so gut färben wie die weiße.«

»Deshalb mag der Schäfer das schwarze Schaf nicht so gern?«

»Deshalb hat er die weißen lieber.«

»Hm. Wozu ist das dann gut, das schwarze Schaf?«

Teil I

VOM GEFÜHL, DAS SCHWARZE SCHAF ZU SEIN

EIN GROSSES UNBEHAGEN

An der Familie kommen wir nicht vorbei. Wir alle stammen aus Familien. Die meisten von uns kennen ihre Eltern und, wenn vorhanden, Geschwister. Für all diejenigen, die in Heimen oder Pflegefamilien aufgewachsen sind, wird diese Umgebung zu einer Ersatzfamilie.

Die Beziehung zu unseren Angehörigen ist unsere erste soziale Erfahrung. Sie prägt uns, bestimmt unser Lebensgefühl über weite Strecken, wir können uns ihr nicht entziehen. In unsere Familie werden wir hineingeboren, wir werden nicht gefragt und haben keine Wahl. Insofern ist Familie Schicksal.

Haben wir Glück und meint es das Schicksal gut mit uns, wachsen wir umsorgt und geliebt auf. Wir machen die Erfahrung, dass Beziehungen gut und wir liebenswert sind. Auf dieser Basis können wir als erwachsene Menschen wiederum gute Beziehungen führen, Bindungen eingehen, uns beruflich etablieren, kurz, unseren Weg als ausgeglichene und selbstbewusste Menschen finden.

Mit etwas weniger Glück aber stehen wir vor einem Problem. Die Erfahrung, innerhalb der Familie nicht ausreichend geliebt zu sein, gar zurückgewiesen zu werden, prägt sich tief in unsere Seele ein. Besonders wenn wir den Eindruck haben, dass andere Mitglieder der Familie uns vorgezogen werden, mehr Zuneigung und Aufmerksamkeit erhalten, mehr Anerkennung bekommen, ernster genommen werden, entsteht ein negatives Lebensgefühl. Es ist gekennzeichnet durch ein quälendes Unbehagen, durch Empfindungen eigener Unzulänglichkeit, das Gefühl, nichts zu gelten oder sich ständig etwas beweisen zu müssen.

Es ist das Gefühl, das schwarze Schaf zu sein.

Wenn ich Berichte von Menschen höre, die dieses Lebensgefühl in sich tragen, ist deren Blick meist gesenkt. Wenn man sich von der eigenen Familie ausgegrenzt fühlt, kann man anderen schwer in die Augen blicken. Viele dieser Frauen und Männer sind ratlos, sie fragen sich, was sie »falsch gemacht«, wodurch sie dieses Los »verdient« haben. Sie sind innerlich ständig auf der Suche nach dem Weg, diese Rolle abzuschütteln und sich doch noch als vollwertiges Mitglied der Familie fühlen zu dürfen. Die Zuneigung des Lebenspartners, der Erfolg im Beruf, all das scheint nichts zu wiegen im Vergleich zu ihrer belastenden Erfahrung in der eigenen Familie.

Manche Menschen, die als schwarze Schafe zu mir zum Gespräch kommen, bringen dieses Thema gleich mit, sie packen direkt aus und erzählen viele, viele Beispiele, so als müssten sie mich überzeugen, dass sie sich das alles nicht nur einbilden. Andere umkreisen das Thema wie die Katze den sprichwörtlichen heißen Brei. Über alles andere in ihrem Leben scheinen sie lieber zu sprechen als über die beschämende Erfahrung, gegenüber der Schwester oder dem Bruder benachteiligt worden zu sein oder immer noch zu werden. Wieder andere berichten über eine »normale« Kindheit. Sie haben sich eine Version von Familie zurechtgelegt, die nicht der Realität entspricht. »Natürlich haben meine Eltern mich geliebt«, höre ich dann, und ich lasse das so stehen. Ich frage auch zunächst nicht nach, was eine »normale« Kindheit ist. Erst später, wenn Vertrauen aufgebaut ist, zeigt sich, dass die Benachteiligung in der Kindheit, die oft bis zur Gegenwart andauert, gar nicht mehr als etwas Besonderes wahrgenommen wird. Diese Frauen und Männer haben die Rolle des schwarzen Schafes so sehr verinnerlicht, dass sie sie nicht mehr hinterfragen, ja, sie sehen sie gar nicht als Problem in ihrem Leben. Die Erkenntnis, dass doch nicht alles so »normal« war und immer mehr Erinnerungen auftauchen an Benachteiligungen, Zurückweisungen und Liebesentzug, ist dann meist sehr schmerzlich.

Das Thema hat viele Facetten. Sie reichen von Ausgrenzung aus der Gemeinschaft, Bevorzugung der Geschwister und lieblosem Umgang über ständige Behinderungen der individuellen Entwicklung bis hin zu offenen Schikanen und Psychoterror. Manches Mal sind es nur Erinnerungen an die Kindheit, oft aber ziehen sich die Erfahrungen durch bis in die Gegenwart und prägen das aktuelle Familiengefühl. Dabei ist es egal, ob die Familie noch zusammenlebt oder nicht. Das Gefühl, innerhalb der Familie nicht willkommen zu sein, kennt keine Entfernungen.

So sind die Geschichten dieser Menschen vielfältig, manches Mal ähneln sie sich, dann wieder sind sie in ihrer Einmaligkeit unvergleichbar. Allen schwarzen Schafen, die ich kennengelernt habe, ist aber eines gemeinsam: Ihr großes Unbehagen über sich und die Welt.

Dieses Gefühl entsteht nicht, wenn es nur gelegentlich zu den erwähnten Benachteiligungen und Ausgrenzungen kommt. Wechseln sich diese ab mit Phasen, in denen eine positive Familienatmosphäre herrscht, in der alle das Gefühl haben, ein willkommenes Mitglied der Familie zu sein, besteht die Chance, dass sich diese gute Erfahrung durchsetzt. Dann war »nicht alles schlecht«. Es besteht jedoch bei einigen Menschen die Tendenz, vereinzelte positive Kindheitserfahrungen als

»Gegenbeweis« für eine ansonsten belastende Kindheit anzuführen. An diesen seltenen Ereignissen, bei denen sie sich geschätzt und geliebt fühlen durften, halten sie sich fest. Dabei übersehen sie, dass grundlegende Erfahrungen, die unser Lebensgefühl nachhaltig prägen, durch häufige und sich immer wiederholende Ereignisse entstehen. Insofern sind die positiven Erinnerungen dieser Frauen und Männer wie der viel zitierte »Tropfen auf dem heißen Stein«, sie dienen lediglich unserem Verstand als Argument, zur Ausbildung eines positiven Selbstwertgefühls genügen sie nicht.

Natürlich gibt es auch den umgekehrten Fall. Bin ich auf der Suche nach einem Schuldigen, der mir als Sündenbock für eigene verfehlte Entscheidungen und meine Lebensunzufriedenheit dienen soll, werde ich immer einzelne Ereignisse aus Kindheit und Jugend anführen können, bei denen ich ungerecht behandelt wurde. Dies dient dann als Beleg, um ein misslungenes Leben mit einer »schlechten Kindheit« zu begründen. Die Betreffenden stehlen sich durch diese Schuldzuweisungen aus der eigenen Verantwortung. Auch von diesen Menschen wird im Buch die Rede sein, nicht zuletzt damit deutlich wird, wie wir sie von »echten« schwarzen Schafen unterscheiden können.

Interessanterweise befürchten viele der tatsächlich Benachteiligten, auf diese Weise ihrer Familie Unrecht zu tun. Sie haben Angst, ihren Angehörigen den Schwarzen Peter zuzuschieben. Den Selbstzweifeln an dieser Stelle sind kaum Grenzen gesetzt. »Bilde ich mir das etwa nur ein?« »Vielleicht ist es ja in anderen Familien genauso und ich bin nur ungerecht?« »Oder lag es doch an mir, dass nicht alles so gut gelaufen ist?« Diese Zweifel sind sehr hartnäckig. Selbst in Fällen, in denen sich schwarze Schafe entschlossen haben, dieses Thema in Therapie, Coaching oder Beratung anzugehen, wird man immer wieder auf sie stoßen. Wer sich nicht so gerne offenbart, wird sich entsprechend mehr mit diesen Zweifeln plagen. Im letzten Teil des Buches werde ich einige Vorschläge machen, wie ein Umgang mit ihnen gelingen könnte.

SCHULD UND SCHAM

Viele Menschen, die sich innerhalb der Familie ausgegrenzt fühlen, haben Hemmungen, darüber zu sprechen. Oft wollen sie noch nicht einmal darüber nachdenken, das Thema ist ihnen unangenehm. Vor allem, wenn sie beginnen, sich mit diesem Problem in ihrem Leben auseinanderzusetzen, geht es ihnen nicht gut. Einen der Gründe dafür habe ich schon genannt. Es sind Schuldgefühle. Sie treten auf, wenn wir den Eindruck haben, wir hätten etwas Falsches getan. Aber auch bei »schlechten Gedanken« fühlen wir uns schuldig. Wir scheinen uns für unsere Gedanken verantwortlich zu fühlen und sie als aktive Handlungen zu empfinden. Natürlich steht unsere Gedankenwelt in enger Verbindung zu unserer Person, aber ebenso wenig, wie wir die Gedanken kontrollieren können, sind wir für sie verantwortlich. Es mag gelingen, die eigenen Gedanken zu beeinflussen, darauf beruhen in der Tat auch einige wichtige Methoden der Therapie und Selbsthilfe. Das spontane Auftreten des einzelnen Gedankens können wir aber nicht steuern. Auch in diesem Aspekt sind »die Gedanken frei«.

Die Schuldgefühle der schwarzen Schafe drehen sich oft um ihre vermeintliche Undankbarkeit. Wenn das Gefühl hochkommt, die Mutter oder der Vater hätten mich nicht wirklich geliebt oder würden meine Schwester oder meinen Bruder mehr lieben als mich, sind meist Schuldgefühle nicht mehr fern. Ich kenne Menschen, die sich bei diesen Gedanken nie schuldig gefühlt haben, aber sie sind in der Unterzahl. Die allermeisten der schwarzen Schafe werden wissen, wovon ich rede.

Einige können berichten, dass die Eltern, wurden sie denn einmal konfrontiert mit dem Vorwurf der Benachteiligung, fast schon reflexhaft mit dem Stichwort »Undankbarkeit« reagiert haben. Die Dankbarkeit gegenüber den Eltern scheint als »erste Kindespflicht« fest in unserer Vorstellung verankert zu sein. Dem Argument, dass wir schließlich unser Leben den Eltern zu verdanken haben, ist ja zunächst auch wenig entgegenzusetzen. Auf dieser Basis erleben manche Menschen alle eigenen Regungen, die sich kritisch mit den Eltern beschäftigen, als Undankbarkeit. Insofern ist die »unbedingte Dankbarkeit« ein Totschlagargument und wir kommen nicht weiter, solange es uns nicht gelingt zu differenzieren.

An dieser Stelle berühren wir thematisch bereits einen ganz wichtigen Punkt. Diese, ich möchte sie einmal »Ur-Dankbarkeit« nennen, die auf der existentiellen Tatsache beruht, dass es uns ohne unsere Eltern nicht gäbe, diese Dankbarkeit prägt unsere Beziehung zur Familie in einem Maße, das sie von allen anderen Beziehungen unterscheidet. Konflikte innerhalb der Familie, insbesondere zwischen Eltern und Kindern, haben deshalb etwas Einzigartiges und können nur bedingt mit Konflikten in einem anderen sozialen Kontext verglichen werden.

Aus diesem Grund empfinden wir die Schuldgefühle, welche auf der Basis des Argumentes »Undankbarkeit« entstehenden, als existentiell. Darf ich denjenigen kritisieren, dem ich mein Leben verdanke? An dieser Zuspitzung erkennen wir, dass insbesondere schwarze Schafe, die sich durch ihre Eltern benachteiligt und ausgegrenzt fühlen, vor einem schier unlösbaren Problem stehen. Sie geraten in einen heftigen inneren Konflikt zwischen ihrem Erleben, herabgewürdigt und nicht anerkannt zu sein, und ihrer Verpflichtung, den Eltern gegenüber dankbar sein zu müssen.

Spannungen zwischen Geschwistern haben diese Besonderheit zunächst nicht. Meiner Schwester oder meinem Bruder verdanke ich nicht mein Leben. Aber: Unterdrückung und Ausgrenzung auf der Geschwisterebene sind immer auch Familienthema. Lang dauernde Konflikte zwischen Geschwistern werden den Eltern kaum verborgen bleiben. Schreiten diese dann nicht ein, werden sie im Erleben des benachteiligten Kindes zu Komplizen der unterdrückenden Geschwister. Das schwarze Schaf gerät ins familiäre Abseits – unter dem Blick der Eltern.

Sind bereits »schlechte Gedanken« über die Eltern Anlass für Schuldgefühle, so trifft dies für Handlungen erst recht zu. Richten schwarze Schafe Vorwürfe an die Eltern, vielleicht im Versuch, die Vergangenheit »aufzuarbeiten«, so erleben sie nach meiner Erfahrung nur sehr selten, dass sich Eltern darauf einlassen. Die meisten Menschen, die mir über solche Gespräche berichtet haben, waren frustriert von der Reaktion ihrer Mutter oder ihres Vaters. Auch hier wurde das Argument von der Undankbarkeit am häufigsten gebracht, nur eben jetzt offen ausgesprochen und nicht in der Vorstellungswelt des (nun erwachsenen) Kindes, das Klarheit darüber erlangen will, warum die Dinge so schlecht gelaufen sind. Ebenfalls häufig wurde berichtet, dass die Eltern alles in Abrede gestellt hätten. »Rede dir doch nicht so einen Blödsinn ein« oder »Wie kommst du denn darauf, ist dir das jetzt einfach so eingefallen?«, lautete dann die Entgegnung von Mutter oder Vater. »Bei uns in der Familie war alles in Ordnung und ist alles in Ordnung« ist das Credo der Eltern, die sich nicht auf eine Diskussion über dieses Thema einlassen wollen. Einige der schwarzen Schafe griffen im Verlauf der Beschäftigung mit ihrer Geschichte zum extremen Mittel des Abbruchs der Beziehung zu Eltern und/oder Geschwistern. In aller Regel geschah dies nach einer langen Periode verschiedener Versuche, die familiäre Beziehung zu verbessern. Über das Thema Beziehungsabbruch ist im letzten Teil des Buches mehr nachzulesen. An dieser Stelle nur der Hinweis, dass auch diese Lösung in den allermeisten Fällen von Schuldgefühlen begleitet ist.

Während das Thema Schuld also viel mit der Reaktion auf die erlebte oder so wahrgenommene Ungerechtigkeit innerhalb der Familie zu tun hat, verhält es sich mit der Scham anders. Ganz allgemein formuliert fühlen wir uns schuldig über etwas, das wir getan (oder gedacht) haben, und wir schämen uns dafür, wie wir sind (oder glauben zu sein). Die Scham sitzt also wesentlich tiefer, sie wurzelt in unserem Selbstverständnis als Mensch. Es geht dann nicht mehr nur darum, Schlechtes getan oder gedacht zu haben, sondern darum, ein schlechter Mensch zu sein.

Dieses Lebensgefühl verschließt sich zunächst jeglicher Argumentation. Bei meinen Taten und Gedanken kann ich eine gewissermaßen distanzierte Haltung einnehmen, kann das, was ich getan oder gedacht habe, beurteilen und bewerten. Das Gefühl, einfach schlecht (oder nicht liebenswert oder »vermurkst«) zu sein, kann ich weitaus weniger in Frage stellen. Der Weg aus dieser tief sitzenden Scham ist für schwarze Schafe wesentlich schwieriger als der Umgang mit Schuldgefühlen.

Wie äußert sich die Beschämung? Dazu ein Traum von Thomas (46 J.), einem der schwarzen Schafe, von dem später noch die Rede sein wird:

»Ich komme aus einem dunklen Wald auf eine Lichtung. Dort steht ein Haus, das mir bekannt vorkommt, und doch habe ich Angst vor ihm. Ich gehe langsam näher. Von drinnen dringen Geräusche heraus, Lachen und Musik. Ich blicke durch ein Fenster. Das Haus hat nur einen einzigen Raum. Ich sehe viele Menschen, alle ausgelassen und fröhlich. Offensichtlich feiern sie ein Fest, es herrscht eine Stimmung wie Weihnachten und Silvester gleichzeitig. Mir fällt auf, dass die Menschen alle sehr schön sind, und im Traum weiß ich, dass alle erfolgreich und glücklich sind. Ich kenne keinen der Menschen in diesem Haus. Für einen kurzen Moment verspüre ich den Drang, einzutreten und mitzufeiern. Dann merke ich plötzlich, dass ich schäbige Kleidung trage und unrasiert bin. Mir wird bewusst, dass ich nichts anzubieten hätte in so einer Gesellschaft, und es entstünde eine peinliche Situation, wenn ich hier einfach reinplatzen würde. Alle würden mich anstarren und sich denken: ›O nein, was will der denn hier.‹ Mit einem starken Druck auf der Brust und klopfendem Herzen wache ich auf.«

Dieser Traum ist ein passendes Bild für das Lebensgefühl von Thomas und vielen anderen mit einer Vorgeschichte der Benachteiligung und Ausgrenzung innerhalb der Familie. Der Träumer kommt bezeichnenderweise aus einem dunklen Wald auf eine Lichtung. Schon dadurch wird deutlich, wie die Verteilung von »Licht und Schatten« im Leben des schwarzen Schafes oftmals ist. Die ausgelassene Stimmung im Haus ist für Thomas unerreichbar. Er ist im wahrsten Sinne des Wortes »außen vor«. Alle anderen sind schön, erfolgreich und glücklich, er dagegen trägt schlechte Kleidung und ist ungepflegt. Keiner freut sich, ihn zu sehen, man feiert lieber ohne ihn.

Mehr will ich an dieser Stelle nicht zu Thomas und seinem Traum sagen. Mir geht es hier darum, ein Stimmungsbild zu zeigen für ein Lebensgefühl, das sich durch eine tiefe Beschämung auszeichnet. So klar wie im Traum würden es vielleicht nur wenige formulieren wollen, aber nachts im Schlaf haben wir keinen Einfluss auf die Bilder, die aus der Tiefe der Seele aufsteigen. Insofern herrscht im Traum, so schwierig im Einzelfall die Interpretation auch sein mag, meist große Ehrlichkeit.

Schwarze Schafe fühlen sich oft unwert, ungeliebt, nicht zugehörig. Sie glauben, Glück sei nur für andere da. Sie haben Angst zu stören und sind der Meinung, sie hätten kein Recht darauf, dazuzugehören.

Dies betrifft nicht nur die Position innerhalb der Familie. Thomas kennt in seinem Traum die feiernden Glücklichen nicht, es sind nicht seine Angehörigen. Die Erfahrung, die das schwarze Schaf innerhalb seiner Familie macht, nistet sich tief im Selbstwerterleben ein. Von dort aus breitet sie sich auf alle Beziehungen aus und weist dem Betreffenden generell einen Schattenplatz im Leben zu. Die negativen Erlebnisse mit den Eltern oder Geschwistern sind derart prägend, dass auch Freundschaften, Partnerschaft und beruflicher Erfolg davon betroffen sein können.

Das soll nicht heißen, dass schwarze Schafe generell in diesen Bereichen Probleme haben müssen. Aber wenn man im einzelnen Fall genauer hinsieht, erkennt man oft, dass Partner, Freunde oder Beruf eine gewisse Ausgleichsfunktion haben. Sie sollen »etwas gutmachen« im Leben der schwarzen Schafe. Erkennbar ist dies manchmal an einer gewissen Gezwungenheit und fehlenden Lockerheit in Beziehungen und im Beruf. Das Gefühl, sich beweisen zu müssen, dass man »Beziehungen hinkriegt« oder Erfolg haben kann, lässt Frauen und Männer mit negativen familiären Erfahrungen oft verkrampfen.

Hier ist nicht die Rede davon, dass das Leben eines schwarzen Schafes nur trüb und depressiv abläuft. Obwohl es diese Entwicklungen auch gibt, so berichten doch viele Frauen und Männer darüber, dass sie oft gut zurechtkommen und mit ihrem Leben zufrieden sind, allerdings das Gefühl haben, sich in manchen Zeiten sehr anstrengen zu müssen, dass nichts leicht von der Hand geht, vielleicht auch, dass sie sich manchmal schwertun damit, alleine zu sein oder ihre Beziehungen befriedigend zu gestalten. So unterschiedlich die Folgen familiärer Ausgrenzung auch sein mögen: Spuren hinterlassen sie in jedem Fall.

VON DER OMA BIS ZUM ENKEL

Die mit nichts vergleichbare Beziehung zwischen Eltern und Kindern ist einer der Gründe, warum in diesem Buch vor allem von der Ausgrenzung eines Kindes durch seine Eltern zu lesen ist. Aber innerhalb des komplexen Gebildes Familie gibt es noch weitere Konstellationen, die ein Mitglied in die Rolle des schwarzen Schafes drängen.

Ein häufiger Fall ist die ungleiche Behandlung der Enkelkinder durch Großeltern.

Hanna (46 J.) berichtet darüber: »Dass ich selbst gegenüber meiner Schwester immer das Aschenputtel war, daran habe ich mich ja mittlerweile gewöhnt. Richtig weh getan hat es mir aber, als ich gemerkt habe, dass meine Eltern auch die beiden Töchter meiner Schwester offenbar lieber mögen als meinen Sohn. Ständig wird über die beiden Mädchen geredet, was sie gesagt und getan haben und wie toll sie sich entwickeln. Glauben Sie, meine Mutter würde am Telefon auch nur einmal nachfragen, wie es meinem Jonas geht? Nein, halt, beim letzten Telefonat hat sie danach gefragt. Aber als ich ihr gerade etwas aus dem Kindergarten erzählen wollte, hat sie das gleich zum Anlass genommen, wieder von ihren geliebten Enkeltöchtern zu schwärmen. Verstehen Sie mich nicht falsch, es sind süße Mädels, aber wenn Sie ständig erleben, dass ihr eigenes Kind offenbar keinen interessiert, das ist schon bitter.«

Eine solche Erfahrung ist nicht selten. Aus Hannas erster Bemerkung können wir heraushören, dass sie selbst gegenüber ihrer Schwester in der Außenseiterrolle war und ist. Die Ausgrenzung und Vernachlässigung trifft nun auch ihren Sohn Jonas. Die Rolle des schwarzen Schafes wird sozusagen weitervererbt. Es ist, als ob der Fluch der Benachteiligung wie selbstverständlich auch die nächste Generation treffen würde.

Aber sind die Enkelkinder dabei wirklich gemeint? Ist es nicht vielleicht so, dass sich die (oft unausgesprochene) Missbilligung der Eltern auf alle Lebensbereiche des schwarzen Schafes bezieht, auf die Wohnung, den Beruf, den Partner und eben auch die Kinder? So sind diese dann auch »Enkel zweiter Klasse«, nicht etwa, weil die Großeltern konkret etwas gegen sie hätten, sondern weil sich die Ausgrenzung auf alles und alle im Umfeld des schwarzen Schafes ausweitet.

Dass ihre Benachteiligung lediglich als »Kollateralschaden« gesehen werden kann, hilft den Enkeln aber auch nicht weiter. Mit zunehmendem Alter werden sie deutlich spüren, dass sie ebenfalls von der Ausgrenzung betroffen sind, unter der Mutter oder Vater schon gelitten haben. Schlägt sich die ungleiche Behandlung dann auch im Erbe nieder, kommt noch eine materielle Komponente mit ins Spiel. Von dieser Form der Benachteiligung wird noch die Rede sein. An dieser Stelle nur der Hinweis, dass ausgegrenzte Enkel durchaus Gefahr laufen, das negative Lebensgefühl ihrer Eltern zu übernehmen. Auch wenn uns die Großeltern nie so nahestehen werden wie Mutter oder Vater, sind wir auch in der zweiten Generation noch empfänglich für familiäre Stigmatisierung.

Wie sieht es denn mit dem umgekehrten Fall aus? Gibt es auch ausgegrenzte Väter, Mütter oder Großeltern, die vom Rest der Familie gemieden und an den Rand gedrängt werden? Natürlich kommt so etwas auch vor, und ich werde über einige dieser Schicksale berichten. Sie unterscheiden sich allerdings von der großen Gruppe der »klassischen« schwarzen Schafe. Mangelnde Anerkennung und fehlende Akzeptanz wirken sich umso schlimmer aus, je früher im Leben sie uns treffen. Wächst ein Kind mit dieser Erfahrung auf, so werden die Folgen für das Mädchen oder den Jungen viel negativer sein, als wenn dies einem Erwachsenen widerfährt.

Das bedeutet nicht, dass es nicht auch immer wieder Mütter oder Väter gibt, die über Jahre hinweg ein Schattendasein innerhalb ihrer Familie fristen. Die Beschämung über diesen Zustand und das dadurch entstehende psychische Leid können immens sein.

Nicht immer fällt die Bewertung einer solchen Ausgrenzung leicht. Was wollen wir zum Beispiel von Familien halten, die einen Vater isolieren und an den Rand drängen, der als Trunkenbold und Schläger diese Familie jahrelang terrorisiert hat? Hat »so einer« es nicht geradezu verdient, aus der Gemeinschaft ausgeschlossen zu werden? Wollen wir nicht seiner Frau gratulieren, dass sie die Scheidung »durchgezogen« hat, und sollten wir nicht die Kinder verstehen, die jeglichen Kontakt zu so einem Vater abbrechen? Vordergründig werden viele hier zustimmen. Im Prinzip aber geschieht an dieser Stelle nichts anderes als bei anderen schwarzen Schafen auch: der Ausschluss aus der familiären Gemeinschaft.

Das Beispiel zeigt, dass wir es uns in der Einschätzung nicht so leicht machen dürfen. Ich werde einige Beispiele anführen, in denen schwarze Schafe »selbst Schuld« haben an ihrem Weg in die Isolation. In den allermeisten Fällen haben die Schuldgefühle der schwarzen Schafe allerdings keinen realen Hintergrund, sondern sind Begleiterscheinung der Ausgrenzung.

An dieser Stelle möchte ich der Vollständigkeit halber noch etwas erwähnen, bei dem es ebenfalls um ein aktives Abschieben eines Familienmitglieds geht. Während meiner Zeit als Assistenzarzt am Gesundheitsamt München habe ich mehr-

fach bei älteren Frauen und Männern Hausbesuche durchgeführt, deren Nachbarn sich entweder Sorgen um die Betreffenden gemacht oder die sich über Geruchsbelästigung beschwert
hatten. Die Situation der in den meisten Fällen dement oder
verwirrt aufgefundenen Personen war teils haarsträubend.
Ohne auf Einzelheiten einzugehen: Es bot sich oftmals ein
Bild absolut menschenunwürdiger Lebensumstände. Dass so
eine bedauernswerte Person nahe Verwandte haben könnte,
kam mir zunächst gar nicht in den Sinn. Ich konnte es kaum
glauben, dass in einem Fall die Tochter einer in einer völlig
vermüllten und verdreckten Wohnung lebenden alten Dame
im selben Stadtteil wohnte. In einem Telefonat versicherte sie
mir, von dem desolaten Zustand ihrer Mutter nichts gewusst
zu haben. Die Nachbarin der alten Dame berichtete aber
glaubhaft, seit zwei Jahren einen monatlichen Geldbetrag von
der Tochter zu bekommen. Sie sollte immer wieder »nach der
Mutter schauen«, um auf diese Weise eine Aufnahme in ein
teures Heim zu verhindern.

Natürlich lassen finanzielle und soziale Engpässe vielen
Menschen in manchen Lebensphasen wenig Handlungsspiel-
raum. Dennoch war ich von der menschlichen Dimension
dieser Schicksale beeindruckt, bei denen ein Elternteil ohne
jegliche Fürsorge durch die Kinder seinem Schicksal überlassen wurde. Von den rein materiell bedingten Gründen der
Ausgrenzung von Familienmitgliedern wird in diesem Buch
noch in anderem Zusammenhang die Rede sein.

Wir wollen jetzt einen Blick auf eine besondere Konstellation familiärer Ausgrenzung werfen: Das schwarze Schaf unter Geschwistern. Gemeint sind hier nicht die Fälle, in denen
Geschwister und Eltern gemeinsam daran beteiligt sind, dass
eine Tochter oder ein Sohn sich als Familienmitglied zweiter
Klasse fühlt. Vielmehr ist die Rede von Ausgrenzung rein auf
geschwisterlicher Ebene. Ist so etwas überhaupt vorstellbar?

Sind nicht die Eltern in jedem Fall mit von der Partie, wenn die Rolle des schwarzen Schafes vergeben wird?

Im Prinzip ist das richtig. Der Einfluss der Eltern geht aber deutlich zurück, wenn diese alt, gebrechlich oder krank sind. Oft beginnt auch erst dann die Ausgrenzung eines Einzelnen innerhalb der Geschwisterreihe. Vielleicht war auch die Rolle des schwarzen Schafes in der Familie zuvor schon vergeben und kam nur nicht so zum Tragen, weil die Eltern diese Tendenz bemerkt und das betreffende Kind unterstützt hatten, als sie dazu noch in der Lage waren.

Die andere Variante, bei der eines der Geschwister schon früh in die Rolle des schwarzen Schafes gerät, sind teilnahmslose Eltern. Sie sind zwar körperlich anwesend, aber nicht willens oder in der Lage, in Konflikte ihrer Kinder einzugreifen. In diesen Fällen steht der Aspekt der Vernachlässigung an erster Stelle.

Die Umstände, unter denen jemand innerhalb seiner Familie zum schwarzen Schaf wird, sind höchst unterschiedlich. In vielen Fällen geht die Entwicklung schleichend vonstatten und die familiären Strukturen scheinen lange Zeit intakt. Andere Familien sind schon früh zerrüttet und nicht in der Lage, Schutz und Geborgenheit für ihre Mitglieder zu bieten. Oft entsteht dann der Eindruck, die Familie »brauche« geradezu einen Prügelknaben und Sündenbock, einen Blitzableiter für all die aufgestauten negativen Emotionen.

Nachdem in den bisherigen Fällen meist der Vergleich mit anderen Familienmitgliedern, insbesondere mit den Geschwistern, Anlass war, sich herabgesetzt und weniger geliebt zu fühlen, stellt sich eine Frage: Ist es denkbar, dass auch Einzelkinder zu schwarzen Schafen werden? Immerhin ist in diesem Fall ein Vergleich mit Geschwistern nicht möglich, es entfällt also das quälende »Die Eltern haben meine Schwester oder meinen Bruder lieber«.

Geben Eltern ihrem einzigen Kind das Gefühl, kein vollwertiges Familienmitglied zu sein, entsteht natürlich auch großes Leid für das Kind. Diese Menschen haben später viele Fragen: »Was habe ich an mir, dass meine Eltern mich nicht lieben?«, »Wie wäre es gewesen, wenn ich eine Schwester oder einen Bruder gehabt hätte?«, »Warum haben meine Mutter und mein Vater mich überhaupt bekommen, wenn sie nichts mit mir anfangen konnten?«.

Es sind ähnliche Fragen, wie sie schwarze Schafe haben. Sicherlich geht es hier um das prinzipielle Gefühl, ungeliebt zu sein und weniger um den Gesichtspunkt der Zurücksetzung gegenüber den Geschwistern. Aber im Erleben des Kindes bilden Mutter und Vater eine Einheit, eine Allianz gegen das Kind. Die Eltern leben ein gemeinsames Leben, aus dem das Kind ausgeschlossen ist. Aus diesem Blickwinkel betrachtet sehen wir durchaus die Konstellation, dass ein Mitglied der Familie »außen vor« bleibt. Insofern gibt es durchaus schwarze Schafe, die als Einzelkind aufgewachsen sind.

Und um das Ganze jetzt noch mehr auf die Spitze zu treiben: Wie sieht es mit Einzelkindern Alleinerziehender aus? Kann das einzige Kind einer Single-Mutter oder eines Single-Vaters auch das Lebensgefühl des schwarzen Schafes entwickeln?

Hier stoßen wir jetzt auf ein wirklich wichtiges Prinzip. Ungeliebt und vernachlässigt werden sich auch Kinder fühlen, deren allein erziehender Elternteil sie links liegen lässt. Was fehlt, ist der Aspekt der Zurücksetzung gegenüber anderen Familienmitgliedern. Eine familiäre Gemeinschaft, die ein Mitglied nicht als vollwertiges Mitglied akzeptiert, ist also das grundsätzliche Merkmal der Ausgrenzung als schwarzes Schaf. Während nach dem alten Spruch bei einem Streit immer »zwei dazugehören«, gilt für schwarze Schafe: »Es gehören immer (mindestens) drei dazu«!

Wer als Kind adoptiert wurde oder im Waisenhaus auf-wuchs, hat in der Regel nicht das Lebensthema »Schwarzes Schaf«. Diese Menschen berichten über anders geartete Erfahrungen, die ihre Kindheit und Jugend prägten. Bei vielen steht die Suche nach den leiblichen Eltern im Vordergrund, im Bestreben, die Frage des »Wer bin ich?« aus dem »Woher komme ich?« zu beantworten. Andere haben vielleicht unter den Zuständen im Heim gelitten, unter Vernachlässigung, Ungerechtigkeit, Missbrauch. Gravierende, oft traumatisierende Erfahrungen, die aber sowohl in ihrer Entstehung als auch in der Bedeutung für das Leben des Einzelnen anders einzuschätzen sind als die Umstände in der Entwicklung schwarzer Schafe.

WIR WOLLEN MITSPIELEN!

Wie selbstverständlich nehmen wir hin, wenn jemand sagt, dass Ausgrenzung wehtut. Nicht dazuzugehören, verlassen zu werden, gegenüber einem anderen benachteiligt zu sein verursacht nach unserer Lebenserfahrung Schmerzen. Es tut anders weh als ein kranker Zahn oder ein verstauchter Zeh, aber wir sprechen doch von Schmerzen. Seelischen Schmerzen eben.

Diesem speziellen Schmerz der Ausgrenzung sind wir durch einige Untersuchungen in den letzten Jahren auf die Spur gekommen. Die bekannteste dieser Forschungsarbeiten stammt von der Kanadierin Naomi Eisenberger (1). Im Jahre 2003 hatte sie folgende Idee: In einer speziellen Versuchsan-ordnung (der sogenannten »funktionellen Magnetresonanz-tomographie«) untersuchte sie Änderungen der Durchblu-tung bestimmter Teile des Gehirns. Diese Änderungen entsprechen einer Aktivierung der betreffenden Hirnareale. Man kann sich das in etwa so vorstellen: Zunächst wird eine

Aufnahme (ein dreidimensionales Bild) des gesamten Gehirns gemacht. Dann wird der Testperson etwas gezeigt, und man sieht (farblich dargestellt), wie das Sehzentrum aktiviert wird. Werden dem Probanden Töne oder Musik vorgespielt, zeichnet das Gerät eine Aktivität in den Hirnteilen auf, die für die Verarbeitung von Gehörtem zuständig sind. Wir können also die Reaktion unseres Gehirns auf bestimmte Reize farblich sichtbar machen.

Frau Eisenberger hatte sich etwas ganz Besonderes ausgedacht: Dem Testkandidaten wurde gesagt, er solle sich an einem einfachen Videospiel beteiligen. Dabei konnte er auf einem Bildschirm mit einem virtuellen Schläger einen ebenso virtuellen Ball zwei anderen Mitspielern zuspielen. Was unsere Testperson nicht wusste: Die beiden anderen »Spieler« wurden von einem Computer simuliert. Nach einer gewissen Zeit, in der der Ball zwischen den drei Spielern hin und her gespielt werden konnte, schwenkte das Programm um. Dem Testkandidaten wurde der Ball nicht mehr zugespielt. Für ihn sah es so aus, als würden »die beiden anderen« ihn nicht mehr mitspielen lassen, weil sie sich nur noch gegenseitig den Ball zuschoben und ihn außen vor ließen. In dieser Phase des Versuchs wurde gemessen, welche Hirnareale unserer Testperson aktiviert wurden. Und siehe da: Es war eine ganz eindeutige Aktivität im Schmerzzentrum des Gehirns feststellbar! Hätte man dem Probanden einen körperlichen Schmerz zugefügt, wäre das Ergebnis vergleichbar gewesen. Die Erfahrung, vom Spiel ausgeschlossen zu sein, verursachte also tatsächlich eine messbare Schmerzreaktion.

Körperlicher und seelischer Schmerz sind demnach nicht weit voneinander entfernt. Selbst in einer so simplen und spontanen Situation wie diesem simulierten Spiel mit zwei unbekannten Mitspielern tat es der Testperson weh, dass sie ausgeschlossen wurde. Diesen Schmerz können wir auf einer

Aufnahme des Gehirns farblich sichtbar machen. Medizinische Forschung kann durchaus spannend sein!

Wenn schon in dieser recht banalen und für die Testperson ja an sich unerheblichen Situation Schmerzen durch Ausgrenzung entstehen, ist es einleuchtend, dass bei Zurückweisung und Benachteiligung innerhalb der Familie der seelische Schmerz noch ungleich größer ist.

Alle Aussagen, es sei doch »nicht so schlimm«, als schwarzes Schaf durchs Leben zu gehen, sind vor dem Hintergrund dieser Erkenntnis Unsinn. Im Gegenteil: Es tut verdammt weh, ein Familienmitglied »zweiter Klasse« zu sein. Seelischer Schmerz steht dem körperlichen in nichts nach, was die Beeinträchtigung des gesamten Lebens angeht. Und ebenso wie chronischer körperlicher Schmerz sehr schwer zu ertragen ist, wird auch die oft lebenslange Erfahrung, aus der Familie ausgegrenzt oder innerhalb der Familie benachteiligt zu sein, die schwarzen Schafe quälen, sie belasten und ihnen wehtun.

Die kleine, aber clevere Versuchsanordnung von Naomi Eisenberger macht uns unmissverständlich klar, dass wir hier nicht von einem »Luxusproblem« sprechen. Viele der schwarzen Schafe, die mir gegenübersitzen, versuchen, sich selbst das Problem kleinzureden, indem sie sich vormachen, die Ausgrenzung aus ihrer Familie belaste sie nicht sonderlich. Natürlich, bei so mancher Schilderung habe auch ich den Eindruck, es sei besser für den Betreffenden, die Angehörigen zu meiden. Und dennoch: So einfach können wir uns nicht aus unserem tief in uns angelegten Rollenverhalten lösen. Ob wir wollen oder nicht: Es tut uns weh, wenn wir nicht mitspielen dürfen!

DIE FAMILIE: EIN AUSLAUFMODELL?

Bei so vielen negativen Beispielen von familiärer Ausgrenzung und Benachteiligung könnte man auf die Idee kommen, die soziale Institution Familie ganz in Frage zu stellen. Ist es nicht besser, sich von der eigenen Familie so schnell wie möglich zu lösen, sich gar nicht auf diese spezielle Beziehung zu Eltern und Geschwistern einzulassen? Könnte man sich dadurch nicht viel ersparen? Bevor ich zum schwarzen Schaf innerhalb der Familie werde, lasse ich doch lieber alles hinter mir und suche mir Menschen, die mich lieben und akzeptieren, so wie ich bin.

Aber geht das? Einleitend habe ich geschrieben, wir kämen nicht an der Familie vorbei. Wenn das stimmt, warum ist das so? Wieso können wir nicht einfach beschließen, dass unsere Mutter oder unser Vater oder unsere Geschwister uns nichts mehr angehen, uns nicht mehr interessieren?

Bevor ich mich diesen Fragen widme, möchte ich zunächst darauf eingehen, was »Familie« eigentlich bedeuten sollte. In der Familie finden wir Verständnis, wir können uns unterstützt und geborgen fühlen. Einer ist für die anderen da. Familie heißt, nicht alleine zu sein. Wenn es mir schlecht geht, wenn ich krank bin, wenn ich Blödsinn gemacht habe, wer ist für mich da? Meine Familie. Viele, die innerhalb ihrer Familie gegenteilige Erfahrungen gemacht haben, wollen so etwas gar nicht hören. »Romantisch, realitätsfern, unglaubwürdig«: So lautet die Bewertung dieses Ideals familiären Zusammenhalts, wenn die ganz persönlichen Erfahrungen ein anderes, brutaleres Familienbild vermittelt haben.

Und dennoch ist gerade die Auseinandersetzung mit diesem Familienideal für alle schwarzen Schafe ein schmerzhaftes, aber in meinen Augen unverzichtbares Muss. Bitte ehrlich, liebe schwarze Schafe: Habt ihr euch nicht schon dabei ertappt, Mitglieder glücklicher Familien mit neidischen Augen angeblickt zu haben? War nicht sogar manchmal das Bedürfnis spürbar, diesen »Sonnenkindern« eins auszuwischen? Den positiven Schilderungen ihres Familienglücks entgegenzuhalten, dass sie sich doch sicher nur »etwas vormachen« würden, wenn sie ihre Familie so »idealisieren«? Die (für manchen wiederum sehr schmerzhafte) Wahrheit lautet: Es gibt diese Familien, die ihren Mitgliedern Geborgenheit und Akzeptanz bieten, die Rückhalt geben, Verständnis und bedingungsloses Angenommensein vermitteln. Es gibt sie, und wir sollten uns darüber freuen, dass es sie gibt. Sie sollten der Regelfall sein.

Nun ist es erfahrungsgemäß sehr schwierig, sich über etwas zu freuen, das andere haben und mir versagt ist. »Ich will das auch haben« und »Ich gönne es dem anderen, der es hat, nicht« liegt sehr eng beieinander.

An dieser Stelle stoßen wir auf eine wichtige Frage, die in der Betrachtung unseres Themas noch eine große Rolle spielen wird: Schaffe ich es trotz meiner Erfahrung als schwarzes Schaf, bei mir, meiner Geschichte und meinem Schmerz zu bleiben? Oder schiele ich auf diejenigen, die es »besser haben« als ich, beneide sie heimlich und werte sie nach außen hin ab?

Gerti (48 J.) ist ehrlich: »Vom Kopf her weiß ich ja, dass es mir nichts bringt, wenn ich andere beneide. Aber es ist einfach schwer auszuhalten, wenn ich sehe, wie locker und entspannt manche Leute durchs Leben gehen, weil sie in Familien aufgewachsen sind, in denen sich alle umeinander kümmern. Meine gute Freundin Sylvia ist so eine. Die ist immer gut drauf, aktiv und hat alles im Griff. Ich verstehe mich auch gut mit ihr, außer wenn sie mal wieder von ihrer Familie schwärmt. Sie hat ein gutes Verhältnis zu ihren zwei Schwestern und ihren Eltern, alle paar Wochen treffen sie sich und jede Woche telefonieren sie miteinander. Dabei haben sie durchaus Konflikte, aber dann wird das ausdiskutiert und gut ist 's. Wenn sie so-was erzählt, versuche ich immer, mich mit ihr zu freuen, aber wenn ich ganz ehrlich bin, will ich gar nichts hören von solchen glücklichen Familien. Es ist doch wirklich ungerecht, dass manche so ein Glück haben und andere nicht. Sylvias Positiv-Familie hat unsere Freundschaft schon immer belastet, auch wenn ich das ihr gegenüber nie zugeben würde. Zum Beispiel würde ich meine eigenen familiären Sorgen nie mit Sylvia besprechen, die kann das doch gar nicht verstehen, wie das ist, wenn man der Underdog in der Familie ist. Da rede ich lieber mit anderen Freundinnen drüber, denen es in dieser Beziehung so oder so ähnlich wie mir geht.«

Gerti gönnt Sylvia ihr Familienglück nicht. Sie spürt eine Kluft zwischen ihr und sich, möglicherweise weil sie sie heimlich oder unbewusst beneidet. Aus diesem Neid heraus wertet sie Sylvia ab (»die würde das eh nicht verstehen«). Die an sich gute Beziehung zwischen den beiden gerät in Gefahr. Gerti sieht in diesem Moment noch nicht, dass es keineswegs Sylvias Glück ist, das die Freundschaft der beiden belastet, sondern ihr eigenes Unglück oder besser gesagt, ihr Umgang damit. Würde Gerti es schaffen, sich ehrlich mit ihrer Freundin zu freuen, wenn diese mal wieder von den Familientreffen schwärmt, so könnte dadurch auch die erforderliche Nähe entstehen, von den eigenen, weit weniger erfreulichen Erlebnissen zu berichten. Erst dann würde Gerti erfahren, ob Sylvia wirklich kein Verständnis dafür hat. Vielleicht könnte sie dann auch erst die Erfahrung machen, dass jemand, der unter glücklichen Verhältnissen aufgewachsen ist, durchaus verstehen kann, wie dem anderen ums Herz ist, der innerhalb der Familie ausgegrenzt oder benachteiligt wird. Diese Annäherung innerhalb der Freundschaft wird durch Gerti verhindert, nicht durch Sylvia. Der »Knackpunkt« in dieser Geschichte ist der so harmlos klingende Halbsatz »Würde Gerti es schaffen, sich ehrlich mit ihrer Freundin zu freuen …«. Die Praxis zeigt: Nichts schwerer als das!

Um sich vor dem Hintergrund der eigenen traurigen Geschichte aus ganzem Herzen mit jemandem zu freuen, dem es in dieser Beziehung besser geht, dazu gehört sehr viel. Vor allem ist dafür etwas erforderlich, was uns im Laufe dieses Buches als wichtiger Punkt noch oft begegnen wird: Distanz. Damit meine ich vor allem den Abstand zur eigenen Erfahrung, aus der heraus ich meine Sicht auf die Dinge entwickle. Erst wenn ich mich ein Stück weit lösen kann aus dieser Verstrickung, in die ich als schwarzes Schaf geraten bin, bin ich in der Lage, andere, die es besser haben, nicht ständig dafür abwerten zu müssen. Wie das zu bewerkstelligen ist, soll an dieser Stelle nicht unser Thema sein; ich werde aber noch ausführlich darauf zu sprechen kommen.

Worum es mir hier geht, ist Folgendes: Aus Sicht des schwarzen Schafes ist es völlig normal und nachvollziehbar, wenn das Glück der anderen einen »runterzieht«. Genauso klar ist aber auch, dass dieser Standpunkt uns auf Dauer nicht weiterbringt.

Was wird besser dadurch, dass ich dem anderen sein Glück nicht gönne oder ihn auf eine missgünstige Weise beneide? Mein eigenes Leid wird dadurch nicht kleiner werden. Auch die oft anzutreffende Psychologisierung »Die reden sich die Familie doch nur schön« ist in sehr vielen Fällen schlicht Unsinn.

Die glückliche Familie gibt es, und es ist für schwarze Schafe ein sehr wichtiger Punkt, dieser Tatsache ins Auge zu sehen. Der eigene Schmerz wird dadurch zunächst nicht kleiner, sondern unter Umständen sogar größer. Langfristig aber werden schwarze Schafe nur auf diesem Wege weiterkommen: Der Wahrheit ins Auge zu blicken, so weh sie auch tut.

Insofern ist die Familie sicherlich kein Auslaufmodell, nur weil viele in ihr und durch sie schlechte oder gar schreckliche persönliche Erfahrungen machen.

Kommen wir jetzt zu unserer Frage zurück: Warum wirken diese familiären Bindungen so nachhaltig? Woher kommt es, dass wir sagen, dass »Blut dicker als Wasser« ist? Eine gängige Theorie der Bindungen zwischen Kindern und ihren ersten Bezugspersonen stammt vom Engländer John Bowlby (2). Er ging davon aus, dass das Bindungsverhalten angeboren ist und das ganze Leben lang wirksam bleibt. Durch dieses Verhalten, das je nach Lebensalter in Weinen, Anklammern oder Nachlaufen besteht, sichert sich das Kind die Nähe zu seiner Bezugsperson. Ausgelöst wird dieses Verhaltensmuster durch Trennung, Schmerz und Gefühle des Bedrohtseins. Bowlby bezeichnete dieses Bindungsverhalten als ein Primärbedürfnis des Menschen. Nach dieser Theorie sind wir auf biologische Weise an unsere ersten Beziehungspartner gebunden. Die dabei ablaufenden Interaktionen zwischen Mutter und Kind sind ausführlich erforscht und beschrieben worden. Wir wissen heute, dass sowohl auf Seiten der erwachsenen Bezugsperson als auch auf Seiten des Kindes einiges schieflaufen kann, so dass familiäre Beziehungen bereits in diesem sehr frühen Stadium gestört sein können. Macht das Kind beispielsweise die Erfahrung, dass die Mutter seine Signale nicht richtig deutet oder falsch darauf reagiert, so ist die Entwicklung von Nähe und Bindung behindert. Bereits in den ersten Lebensmonaten kann sich eine gestörte Beziehung zum Kind negativ prägend auswirken und Unsicherheit, Unwohlsein und Verlassenheitsgefühle auslösen. Wer mehr zu diesem Thema lesen will, dem sei das Buch von Karin und Klaus Grossmann (3) empfohlen.

Allerdings sind es nicht nur die ersten Jahre des Lebens, die über Gelingen oder Missraten der Beziehung zwischen Eltern und Kind entscheiden.

Neuere Untersuchungen (4) zeigen, dass Jugendliche mit zunehmendem Alter immer mehr auf soziale Integration Wert legen und deshalb unter sozialer Zurückweisung umso stärker leiden, je älter sie sind. Dies konnte in einer Studie für die Altersgruppe der 7- bis 17-Jährigen gezeigt werden.

Und auch junge Erwachsene zwischen 18 und 25 Jahren reagieren auf Ausgrenzung stärker mit seelischen Schmerzen, als es ältere Menschen tun. Das bedeutet für unser Thema, dass insbesondere die Jahre von der Geburt bis Mitte 20 für die Ausbildung des Gefühls, das schwarze Schaf zu sein, von Bedeutung sind.

Die Ausbildung von Freundschaften kann dieses Gefühl abmildern. Dies ist ein wichtiger Punkt, den wir im Laufe des Buches noch ausführlich betrachten werden. Allerdings stellen Freundschaften nach meiner Erfahrung für die meisten schwarzen Schafe keinen vollwertigen Ersatz für die mangelnde Akzeptanz in der eigenen Familie dar. Ebenso wenig kann die Beziehung zu einem Partner, so wertvoll sie auch für das eigene Leben sein mag, die negativen Erfahrungen mit den eigenen Eltern oder Geschwistern vergessen machen.

Wir sind vom Zeitpunkt unserer Geburt an im Austausch mit unseren ersten Beziehungspartnern, und wir sind biologisch darauf geprägt, Nähe, Zufriedenheit und Sicherheit aus dieser Beziehung innerhalb der Familie zu entwickeln. Die Bedeutung der Qualität familiärer Bindungen in Kindheit und Jugend für unser Lebensgefühl und unseren Selbstwert kann deshalb nicht hoch genug eingeschätzt werden.

Es stimmt schon: An der Familie kommen wir nicht vorbei.

Teil II

KUCKUCKSKINDER, SONNENVÖGEL UND NORMALOS

MIT ZWEIERLEI MASS

Ein entscheidender Punkt im Erleben der Frauen und Männer, die sich innerhalb ihrer Familie benachteiligt oder abgewertet fühlen, ist das Gefühl der Ungerechtigkeit. Sie hat viele Gesichter.

»Als Kind wurde ich zu den Großeltern gegeben«, erzählt Marianne (53 J.), »ich muss so etwa vier Jahre alt gewesen sein. Mein Bruder, der ein Jahr nach mir auf die Welt kam, wuchs bei meinen Eltern auf. In späteren Jahren lief das dann so ab, dass ich in den Ferien bei Oma und Opa blieb und meine Eltern mit meinem Bruder in Urlaub fuhren.«

Gerda (31 J.) berichtet: »Ich bin das mittlere vor drei Kindern. Meine ältere Schwester litt an einer spastischen Lähmung, sie hatte deshalb immer eine Sonderrolle in der Familie. Mein kleiner Bruder war der Prinz, einfach aufgrund der Tatsache, dass er ein Junge war. Ich als ›normales Mädchen‹ hatte von Anfang an die Aschenputtel-Rolle.«

Ein anderes Schicksal hatte Robert (26 J.): »Meine beiden Schwestern sind über zehn Jahre älter als ich. Eigentlich wollten meine Eltern kein Kind mehr, ich kam als ungeplanter Nachzügler zur Welt. Seit ich denken kann, haben mir die Eltern das Gefühl gegeben, es wäre ihnen lieber, wenn ich gar nicht geboren wäre. Irgendwie habe ich durch meine bloße Existenz ihre Pläne durchkreuzt.«

Manchmal ist die Benachteiligung eher subtil, wie im Fall von Manuela (33 J.): »Lange Zeit habe ich mir gedacht, ich bilde mir alles nur ein. Meine große Schwester durfte natürlich immer mehr als ich, einfach weil sie älter war. Aber wenn ich nach etwas gefragt habe, reagierte meine Mutter immer viel genervter als bei ihr. Wenn ich sie nur ansprach, runzelte sie schon die Stirn, bei meiner Schwester lächelte sie. Sie hatte einfach viel weniger Geduld mit mir als mit meiner Schwester. Als wir älter waren, wurde Charlotte [die Schwester] immer in familiäre Entscheidungen mit einbezogen, selbst als ich schon in einem Alter war, dass ich durchaus hätte mitdiskutieren können. Aber meine Argumente wurden einfach nicht ernst genommen. Außerdem wurde sie immer mit ihrem vollständigen Namen angesprochen, während meiner mit ›Manu‹ abgekürzt wurde. Ich glaube nicht, dass das als Koseform gedacht war, eher, dass man mich nie für voll genommen hat. Ist das kindisch von mir, über so etwas nachzudenken?«

In anderen Fällen kann man als Zuhörer nur staunen, wie krass die Ungerechtigkeit war, so im Beispiel von Manfred (44 J.): »Seit ich denken kann, wurde ich von meinem Vater übel verprügelt, und zwar schon wegen Kleinigkeiten. Wenn ich widersprochen hatte, legte mein Vater eine genaue Uhrzeit am Abend fest, an der er mich übers Knie legen würde. ›Da hast du was, worauf du dich freuen kannst‹, hieß es dann.

Oder wenn mir etwas vom Essen nicht geschmeckt hat: Da mussten dann alle am Tisch aufhören zu essen und mir zusehen, bis ich genau das, was ich nicht essen wollte, bis auf den letzten Bissen aufgegessen hatte. Und lauter solche Sachen. Jetzt könnte man meinen, mein Vater war ein Sadist, aber zu meinem großen Bruder und meiner kleinen Schwester war er immer nett und lieb. Ich war einfach der Prügelknabe für ihn. Als ich ihn einmal darauf angesprochen habe, warum das so ist, gab er mir zuerst mal eine Ohrfeige. Dann blickte er mich ganz böse an und sagte: ›Red nicht so einen Blödsinn, du Depp! Denk lieber darüber nach, warum du mich und deine Mutter von früh bis spät ärgern musst. Du bist kein Guter!‹ Dieser letzte Satz tönt mir immer noch ein den Ohren. Das hat mich irgendwie total fertiggemacht und extrem verunsichert. Manchmal dachte ich, vielleicht bin ich vom Teufel besessen und weiß es nur nicht.«

Manfred wurde von seinem Vater im Alter von 16 Jahren von einem auf den anderen Tag vor die Tür gesetzt. Er kam bei einer Tante unter. Den Vater hat er dann fast 30 Jahre nicht mehr gesehen. Erst kurz vor dessen Tod kam es (im Rahmen einer Therapie, die Manfred absolvierte) wieder zu einem Kontakt. Über dieses Treffen werde ich an anderer Stelle im Buch noch berichten.

Nicht ohne Grund zeigen alle diese Beispiele eine Benachteiligung eines Kindes gegenüber den Geschwistern. Dies ist der häufigste Fall familiärer Ungerechtigkeit. Entscheidend ist dabei eines: Diese ungleiche Behandlung, bei der ein Kind weniger ernst genommen, mehr geschlagen, ständig abgewertet oder regelrecht abgeschoben wird, zieht sich wie ein roter Faden durch Kindheit und Jugend. Einzelne Ungerechtigkeiten, wie sie in jeder Familie immer wieder vorkommen, sind hier nicht gemeint. Diese gehören zum Alltag einer normalen Fa-

milie. In einer solchen fühlt sich vielleicht heute Hans ungerecht behandelt und morgen Jutta. Es wird keiner Mutter und
keinem Vater gelingen, Liebe, Zuneigung und Wertschätzung
an allen Tagen in gleicher Weise auf alle Kinder zu verteilen.
Das ist auch nicht nötig und führt nicht zu Störungen bei den
Kindern. Erst wenn die Ungleichbehandlung systematisch
wird, wenn über Monate und Jahre hinweg eines der Kinder
anders behandelt wird als die anderen, kommt es zu dieser
Sonderrolle. Trifft die schlechte Behandlung alle Kinder in
gleichem Maße, so entsteht oft eine Gemeinsamkeit zwischen
den Geschwistern, die ja dann alle »im gleichen Boot sitzen«.

Hört man sich die Erzählungen schwarzer Schafe an, so fällt
auf, dass sich die ungleiche Behandlung gegenüber den anderen Familienmitgliedern meist in drei Gruppen einteilen lässt:

1. Benachteiligung durch ein »zu wenig«:

Es wird etwas Wichtiges vorenthalten. Es kann zu wenig Zuneigung sein, zu wenig Zärtlichkeit. Aber auch Wichtigneh-
men, Akzeptanz, Wertschätzung, Respekt sowie Kommunikation gehören in diese Kategorie. Manchmal zeigt sich die
Benachteiligung auch in materiellen Dingen, es gibt weniger
Taschengeld, keine Geschenke. Nicht weniger bedeutsam ist
das Vorenthalten von Bildung: Das Kind darf nicht wie seine
Geschwister eine höhere Schule besuchen, sondern wird in die
Lehre geschickt. Auch die Ausgrenzung aus dem Familienleben gehört in diese Gruppe: Während die Familie einen
Ausflug macht, muss das schwarze Schaf zu Hause bleiben
und Hausaufgaben machen. Am krassesten kommt dieser
Aspekt zum Tragen, wenn ein Familienmitglied schlicht vor
die Tür gesetzt wird. Auf das Prinzip des Vorenthaltens werden wir im Laufe des Buches immer wieder stoßen.

2. Benachteiligung durch ein »zu viel«:

Dem schwarzen Schaf wird etwas aufgebürdet. Im Gegensatz zu den anderen Mitgliedern der Familie muss es mehr oder härter arbeiten. Es wird unter Druck gesetzt, erpresst, ausgebeutet. Besonders in Berichten von Frauen und Männern, die sich um ihre betagten Eltern kümmern, erfährt man von erpresserischen Schikanen gegenüber dem Kind, das die Hauptarbeit in der Betreuung leistet. Aber auch ständige Telefonanrufe, Überschütten mit Vorwürfen und die Erwartung ständiger Rufbereitschaft gehören hier her.

Natürlich gehen die beiden genannten Prinzipien gerne Hand in Hand. Dann wird zum Beispiel die Tochter, die ihre Mutter seit Jahren betreut, gegenüber den Schwestern abgewertet, sie erhält kein freundliches Wort, wird als Aschenputtel behandelt. Gleichzeitig soll sie stets verfügbar sein, sich um alles kümmern, ein eigenes Privatleben wird ihr nicht zugestanden.

Warum das jemand mitmacht? Wir werden uns dieser Frage widmen, an dieser Stelle nur so viel: Nicht alle Ketten sind sichtbar, und familiäre »Bande« können durchaus die Form von Fesseln annehmen.

3. Benachteiligung durch eindeutig pathologische Verhaltensweisen:

Absichtliche Quälereien, perverser Lustgewinn aus dem Leiden des Familienmitglieds, oft gepaart mit Aspekten von Missbrauch oder Mobbing gehören in diese Gruppe. Auch wenn sie deutlich seltener in Erscheinung treten und die Schilderungen manches Mal schwer zu ertragen sind, müssen sie an dieser Stelle genannt werden. Im Kapitel über die »Horror-Familie« werde ich auf diese Fälle eingehen.

Nachdem all diese schädigenden Verhaltensweisen auch in Familien vorkommen können, in denen mehrere Familienangehörige (zum Beispiel alle Kinder) darunter leiden, möchte ich an dieser Stelle noch einmal darauf hinweisen, dass die spezielle Situation des schwarzen Schafes aus der Tatsache resultiert, dass es als einziges Mitglied der Familie dieser Benachteiligung ausgesetzt ist. Die anderen in der Familie bilden eine Gemeinschaft, aus der das schwarze Schaf durch die ungleiche Behandlung ausgegrenzt ist. Dabei kommt es nicht darauf an, dass es den anderen Mitgliedern der Familie immer gut ginge. In manchen Familien geht es mehreren schlecht, aber trotzdem ist das schwarze Schaf als solches erkennbar. Vielen Frauen und Männern ist ihre Sonderrolle innerhalb der Familie nicht bewusst, aber die meisten werden sehr nachdenklich, wenn man sie darauf anspricht, ob nicht in ihrem Fall eine ungleiche Behandlung, ein Messen mit zweierlei Maß vorliegt.

Innerhalb der genannten drei Grundprinzipien familiärer Ausgrenzung und Benachteiligung gibt es vielfältige Varianten, Vermischungen, Kombinationen. Es lohnt sich für schwarze Schafe, ihre Erfahrungen mit der Familie diesen Kategorien zuzuordnen. Das gibt Übersicht und Struktur und hilft, diesem emotionalen Thema mit Ordnung und Rationalität zu begegnen.

Und wenn wir gerade über die anderen Familienmitglieder nachgedacht haben: Warum hilft dem schwarzen Schaf eigentlich niemand? Warum findet sich keiner, der sie oder ihn verteidigt, beschützt, tröstet?

Betrachtet man allgemein die Gruppendynamik in Fällen der Ausgrenzung oder Unterdrückung einzelner Gruppenmitglieder, so gibt es meist einen Haupt-Aggressor. Dieser schikaniert das Opfer vor den Augen anderer. In unserem Beispiel wären das häufig die Mutter oder der Vater. Die anderen Mitglieder der Gruppe (zum Beispiel die Geschwister) nehmen unterschiedliche Rollen an:

1. Helfershelfer:

Diese sind aktiv an der Ausgrenzung beteiligt und helfen mit, das isolierte Familienmitglied an den Rand der familiären Gemeinschaft zu drängen. Sie wenden ähnliche Methoden wie der Haupt-Aggressor an oder haben ihren eigenen Stil der Unterdrückung und Benachteiligung entwickelt.

2. Zuschauer:

Eine andere Rolle spielen Angehörige, die die Ungleichbehandlung erkennen, aber nichts dagegen tun, sondern quasi als Publikum das Geschehen verfolgen. Sie beteiligen sich zwar nicht aktiv an der Ausgrenzung des schwarzen Schafes, helfen ihm aber auch nicht.

3. Wegschauer:

Eine weitere große Gruppe bilden Familienmitglieder, die so tun, als würden sie nichts von den oft täglich stattfindenden Aktionen mitbekommen. Diese »Raushalter« werden argumentieren, sie hätten nichts bemerkt von den Ungerechtigkeiten, es sei ihnen nichts aufgefallen.

4. Unterstützer:

Eine sehr kleine Gruppe versucht, Beistand zu leisten und das schwarze Schaf vor aktiven Schikanen oder sublimer Ausgrenzung zu schützen oder zumindest ein Gegengewicht zu schaffen. Dies kann durch intensive Zuwendung geschehen oder in Form offenen Widerstandes gegen die offensichtliche Benachteiligung. Existiert eine solche Unterstützung, so kann diese die Entwicklung des benachteiligten Mädchens oder des ausgegrenzten Jungen sehr positiv beeinflussen. Auch wenn ein wirksamer Schutz vor familiärer Abwertung auf diese Weise oft nicht gelingt, so hat das schwarze Schaf doch eine Erfahrung gemacht, die für die spätere Bewertung der familiären Situation sehr bedeutsam sein kann, etwa im Sinne von »Es war nicht alles schlecht« oder »Ich hatte wenigstens einen Verbündeten«. Leider sind solche Erfahrungen selten, die Mehrzahl der schwarzen Schafe berichtet darüber, der Rest der Familie habe sich geschlossen gegen sie gestellt.

Diese gruppendynamische Verteilung bei Familienkonflikten, die durch Ausgrenzung eines einzelnen Mitglieds charakterisiert sind, unterscheidet sich im Übrigen kaum von dem Geschehen in anderen Gruppen. So finden sich vergleichbare Konstellationen bei manchen Arbeitsplatz-Konflikten oder etwa bei Mobbing in der Schulklasse (5).

Auch ganz allgemein ist Zivilcourage nicht gerade sehr verbreitet. Wird ein Einzelner von einem deutlich Mächtigeren bedroht oder drangsaliert, so ist das »Wegschauen« für viele Augenzeugen die verlockendste Option. Egal, ob der Chef die Sekretärin jetzt schon zum dritten Mal in dieser Woche in sein Zimmer zitiert, um sie dort eine Viertelstunde lang anzuschreien, oder ob betrunkene Halbstarke in der U-Bahn einen Rentner in die Mangel nehmen, es sind immer nur einige wenige, die helfen, Beistand leisten oder sich gegen den Aggressor stellen.

Der häufigste Grund dafür ist Angst. Auch wenn viele der Zeugen »eigentlich« nicht damit einverstanden sind, dass hier ein Einzelner ungerechterweise etwas abbekommt, ist die Angst davor, selbst zur Zielscheibe der Aggression zu werden, häufig größer als das Gerechtigkeitsempfinden. Und so sehen wir auch innerhalb der Familie im Umfeld schwarzer Schafe viele Angehörige, die durch Wegschauen verhindern wollen, dass der Zorn oder die Ablehnung der Mutter oder des Vaters sie selbst trifft.

In anderen Fällen hat man den Eindruck, dass es weniger die Angst ist, die die Hilfe für das schwarze Schaf verhindert, als eine Art Vergnügen am Leid des anderen. Gerade jüngere

Kinder finden es gelegentlich amüsant, wenn die Schwester oder der Bruder ständig eins auf die Mütze bekommt. Auch zur Abfuhr eigener Aggressionen eignet sich ein »Prügelknabe« in der Familie bestens. An diesem kann man schon einmal seinen Frust ablassen, ohne Angst haben zu müssen, von den Eltern zur Rechenschaft gezogen zu werden. Skrupel oder Mitgefühl sind seltener, als es wünschenswert wäre.

Zu erwähnen ist auch noch, dass die oben geschilderte Rollenverteilung keineswegs immer die Eltern auf der einen und die Geschwister auf der anderen Seite sieht. Sehr häufig sind auch Berichte wie der von Martin (45 J.):

»Dass mein Vater mich aus mir unerklärlichen Gründen stets abgelehnt hat, ist die eine Sache. Auch dass mir mein Bruder und meine Schwester nicht geholfen haben, nehme ich ihnen zwar übel, aber irgendwie kann ich es ja noch verstehen. Mein Vater konnte ziemlich furchteinflößend sein, da haben sie sich vielleicht gesagt, es ist besser, sich rauszuhalten. Was mir aber wirklich wehtut, ist, dass meine Mutter mich nicht verteidigt hat. Sie hat mich nicht schikaniert wie mein Vater, sondern war zu mir nicht anders als zu meinen Geschwistern. Aber sie hätte doch einmal einschreiten können, wenn der Vater mal wieder aus lauter Wut und eigenem Frust seine hammermäßigen Strafen verhängt hat. Das war so ungerecht, und jeder in der Familie hat es mitgekriegt. Aber kein einziges Mal hat sich meine Mutter getraut, etwas dagegen zu sagen. Sie war nur immer ganz still, wenn der Vater sich mich vorgeknöpft hat. Meistens hat sie meine kleine Schwester geschnappt und ist aus dem Zimmer gegangen. Die Schwester sollte das wohl nicht mitbekommen. Irgendwie habe ich jetzt mit meiner Mutter das größte Problem. Ich muss ihr einfach vorwerfen, dass sie mich im Stich gelassen hat.«

Die Rollenverteilung ist dabei keineswegs so, dass immer die Väter die Aggressoren und die Mütter die »Wegschauer« sind. Gerade Frauen und Männer, die in Familien mit klassischer Rollenverteilung aufgewachsen sind, berichten oft von Müttern, die sie den ganzen Tag über auf die eine oder andere Weise gepiesackt hatten. Wollten sie dann am Abend dem Vater ihr Herz ausschütten, war dieser ungehalten und müde, wollte sich keine Klagen anhören und ermahnte zum »Bravsein«: »Deine Mama wird schon wissen, warum sie dich geschimpft hat und du nicht rausgehen durftest.« Damit war dann für den Vater die Sache erledigt. Auch er hat seiner Tochter oder seinem Sohn nicht geholfen, hat sich rausgehalten und sein Kind, wie Martin es formulierte, »im Stich gelassen«.

Sieht man genau hin, so wird man meist ein Familienmitglied erkennen, das damit begonnen hat, mit zweierlei Maß zu messen. Die anderen ziehen dann mit oder tun nichts dagegen. Für den Umgang mit ihrem Schicksal ist dieser Umstand für schwarze Schafe sehr wichtig. Überhaupt ist eine Vorstellung davon, wie es zur Ungleichbehandlung innerhalb der eigenen Familie kam, für das Verständnis der eigenen Rolle ganz erheblich. Hat man erst einmal den Urheber der Ausgrenzung und Benachteiligung erkannt, so lässt sich das Verhalten der anderen Familienmitglieder oft aus deren Position in der Familie ableiten. So werden Opportunisten sich aktiv an Unterdrückung und Ausgrenzung beteiligen, während sich »schwache« Angehörige eher raushalten werden. Für diejenigen Frauen und Männer, die von gravierenden Benachteiligungen berichten, kann eine präzisere Vorstellung darüber, von wem die Ungleichbehandlung ausging, eine große Orientierungshilfe bedeuten. Haben sie sich klar gemacht, dass sie in einem ihrer Angehörigen die »Wurzel des Übels« ausfindig machen können, so wird sich ein intensives Nachdenken über dessen Motive immer lohnen. Das trifft auch auf die häufigen

Fälle zu, in denen man keine Sicherheit über die Hintergründe erlangen wird. Zumindest hat das schwarze Schaf dann ein Konzept, was wohl an Motiven hinter seinem Leidensweg gestanden haben könnte. Besser eine Idee, was die Ursachen sein könnten, als nur das dumpfe Gefühl, dass etwas nicht gestimmt hat.

In den allermeisten Fällen können wir den Vater oder die Mutter als Ausgangspunkt der Ausgrenzung eines Kindes identifizieren. In Patchwork-Familien kann es auch die Stiefmutter oder der Stiefvater sein. Gelegentlich sieht man aber auch Konstellationen, in denen ein Kind damit beginnt, seine Schwester oder seinen Bruder als Zielscheibe zu benutzen.

DARWIN IM KINDERZIMMER

Geht die Aggression gegen ein Kind von seinen Geschwistern aus, so ist das meist früh erkennbar. Zwischen Schwestern und Brüdern baut sich schon in jungen Jahren eine Hierarchie auf. Dabei ist es keineswegs so, dass immer die älteren die jüngeren dominieren. Sie haben zwar einen gewissen Vorteil, eben weil sie älter sind, häufig wird dies aber wieder ausgeglichen durch Gewitztheit und Raffinesse, die die jüngeren Geschwister an den Tag legen. Auch übliche und bekannte Rollenverteilungen spielen dabei eine Rolle. Die älteste Schwester mehrerer Geschwister berichtet vielleicht, dass sie früh Verantwortung für die kleineren übernehmen musste, sie war der »verlängerte Arm« der Mutter, hat die Schwestern und Brüder mit aufgezogen und erzogen. Einerseits Respektsperson bei den Geschwistern, andererseits in ständiger Pflichterfüllung und durch zu frühe Übernahme von zu viel Verantwortung an der eigenen Entfaltung gehindert – diese Rolle kann Fluch oder Segen sein.

Oder das »Nesthäkchen«: Besonders wenn das jüngste Kind das einzige Mädchen oder der einzige Junge unter gegengeschlechtlichen Geschwistern ist, hat es oft eine Sonderrolle. Verwöhnt, verhätschelt, Mamas oder Papas Liebling – all das assoziieren wir mit dem Nesthäkchen-Begriff. Andererseits kommt es nicht allzu selten vor, dass das Nesthäkchen ein »Nachzügler« ist – die Familienplanung ist schon abgeschlossen, und dann kommt »noch so ein Kind daher«. In diesen Fällen hat die Sonderrolle schnell ein negatives Vorzeichen: Von Anfang an »überflüssig«, wird dieses Kind vielleicht um seine Daseinsberechtigung vom ersten Tag an kämpfen müssen.

Um die Wahrnehmung als eigenständige Person müssen oft auch die »Sandwich-Kinder« ringen. Sie sind weder die oder der »Große« noch das Nesthäkchen, haben somit durch ihre Stellung in der Geschwisterlinie nicht von vorneherein eine besondere Rolle, fühlen sich oft als Kinder zweiter Klasse, als »nicht so wichtig«, als »halt auch mit dabei«. Vom großen Bruder werden sie veralbert, auf die kleine Schwester sollen sie Rücksicht nehmen – na toll. Die Sandwich-Rolle ist eine ganz besondere Herausforderung.

So sind die Karten innerhalb der Geschwister von Anfang an ungleich verteilt. Ob sich die jeweilige Rolle als Vor- oder als Nachteil erweist, hängt von vielem ab. Nicht zuletzt der Einfluss der Eltern entscheidet darüber, dass hier keiner verkümmert oder zum Tyrannen wird. Und damit sind wir beim entscheidenden Punkt. Wird eines der Kinder von seinen Geschwistern erfolgreich in die Rolle des schwarzen Schafes gedrängt, werden wir fast immer bei den Eltern Auffälligkeiten finden. Die beiden Konstellationen, unter denen dies am häufigsten beobachtet wird, habe ich schon genannt: schwache Eltern und teilnahmslose Eltern.

Toni (26 J.) hat eine solche Erfahrung gemacht: »Meine zwei Brüder sind immer auf der Lauer gelegen, bei denen war ich der Außenseiter, solange ich denken kann. Wenn wir alleine waren, haben sie mich gepiesackt, wie sie konnten. Aber mein Vater hat immer zu mir gehalten, der hat mich in Schutz genommen. So mussten sie sich all die Jahre zusammennehmen, weil sie es nicht gewagt hätten, sich mit dem Vater anzulegen. Nach dem Tod meines Vaters vor einem Jahr war es dann wie ein Dammbruch. Ab da sind die beiden nur noch auf mich losgegangen und haben versucht, mich fertigzumachen. Unsere Mutter hat sich schon immer aus unseren Streitigkeiten rausgehalten, die konnte mir nicht helfen.«

Für Toni war so lange Schonfrist, wie der Vater gelebt hat. Nach dessen Tod versuchten die beiden Brüder gemeinsam, ihn um seinen Erbteil und durch verschiedene Vorwürfe sogar ins Gefängnis zu bringen.

Dies ist ein Fall, bei dem das schwarze Schaf erst als Erwachsener in diese Rolle gerät: die beiden feindseligen Brüder, dazu die schwache Mutter, der Wegfall der schützenden Hand des Vaters. Toni musste sich massiv verteidigen, um nicht kriminalisiert zu werden, und er hat von einem Moment auf den anderen seine Familie verloren. Auch wenn hier die tatsächliche Ausgrenzung erst im Alter von 25 Jahren begann, erfolgte die Verteilung der Rollen bereits im Kindesalter. Der Unterschied zu den zahlreichen Fällen, in denen alle Familienmitglieder an der Ausgrenzung beteiligt sind, ist offensichtlich. Tonis Mutter gehört zur Gruppe der »Raushalter«, sie beteiligt sich nicht aktiv an den Schikanen, die Toni durch seine Brüder erduldet, aber sie hilft ihm auch nicht. Der Vater dagegen ist ein klassischer »Verteidiger«. Durch seine Machtposition kann er zeit seines Lebens verhindern, dass Toni aus der Familiengemeinschaft ausgeschlossen wird. Er hält die Situation im Gleichgewicht, was für Toni eine überaus wichtige Erfahrung war. Obwohl die Brüder nach dem Tod des Vaters versuchten, Toni zu unterstellen, er hätte sich bereits zu Lebzeiten des Vaters einen Teil des Erbes »unter den Nagel gerissen«, ihm Anwälte auf den Hals hetzten und ihn bei der Polizei anzeigten, bewies er Standhaftigkeit und wehrte alle diese Angriffe ab. Oft aber saß er kopfschüttelnd und mit Tränen in den Augen vor mir, wenn er über das »Trümmerfeld seiner Familie«, wie er es formulierte, sprach. Eine plausible Erklärung, was die Brüder angetrieben haben könnte, fand er nicht. Er vermutete aber, dass im Laufe der Jahre ein Teufelskreis entstanden war: Zu der primären Feindseligkeit seiner Brüder, so schien es ihm, war Neid hinzugekommen, nachdem diese bemerkt hatten, dass Toni unter dem Schutz des Vaters stand. »Vielleicht haben sie mich als Günstling des Vaters gesehen, als seinen Liebling, was ihre Abneigung gegen mich noch vergrößert hat. Dabei war ich das nicht, ich wurde vom Vater nie bevorzugt, er hat mich nur beschützt, das war alles.«

Während Toni sich noch auf den Schutz seines Vaters verlassen konnte, berichten andere schwarze Schafe, dass beide Eltern nicht in der Lage waren, ihr Kind gegen anhaltende Aggressionen der Geschwister zu schützen.

Manches Mal erfahre ich auch von solchen Geschichten über Umwege: Vor mir sitzt Alfons, ein 74-jähriger pensionierter Beamter. Er hat den Termin vereinbart, weil er »einen Rat braucht wegen seiner Tochter«. Etwas umständlich berichtet Alfons, dass er und seine Frau sich große Sorgen machen um Lydia, die 42-jährige Tochter, die in Österreich lebt. Seit vielen Jahren befinde sie sich in einer Krise. Sie habe beruflich nie richtig Fuß fassen können trotz eines abgeschlossenen BWL-Studiums. Derzeit sei sie ohne Beschäftigung, absolviere eine (von den Eltern finanzierte) Ausbildung zur Heilpraktikerin.

Auch mit Beziehungen habe sie bisher kein Glück gehabt, gerate ständig an den Falschen. Seit vielen Jahren gehe es ihr richtig schlecht, sie rufe immer wieder bei den Eltern an und schildere ihren desolaten Zustand. Mehrere Male seien er und seine Frau schon mitten in der Nacht nach Österreich gefahren, weil sie ein »Notruf« von Lydia erreicht habe. Sie habe auch schon mehrere Therapien hinter sich und mache den Eltern immer wieder große Vorwürfe, dass es in der Familie so kalt zugegangen sei und sie sich nie richtig geliebt gefühlt habe.

Alfons wirkt müde, ausgelaugt. Das Herz macht ihm zu schaffen, seine Frau leidet an Rheuma. Ob ich nicht wisse, was man Lydia noch raten sollte, vielleicht könne ich ja einen Therapeuten in Wien empfehlen. Je mehr ich von der Geschichte höre, umso klarer wird, dass die Tochter sich ausgesprochen unfair gegenüber ihren Eltern verhält. Sie lebt auf deren Kosten, terrorisiert sie mit nächtlichen Anrufen und überzieht sie mit Vorwürfen. Beim nächsten Termin bringt Alfons seine Frau Mathilde mit. Sie ist noch stiller als er und sitzt ratlos vor mir. An sich selbst denken die beiden nicht, sie registrieren zwar, dass die nächtlichen Anrufe und die Autofahrten nach Wien »auf Abruf« anstrengend sind, aber sie wollen ihrer Tochter helfen. Behutsam und vorsichtig versuche ich den beiden etwas mehr Verständnis für die eigene Lage zu vermitteln. Es ist schwierig, sie sind ganz darauf eingeengt, dass die Tochter »die Arme« ist und sie als Eltern doch für sie da sein müssen.

Nach mehreren Terminen mit den beiden erreicht mich eine E-Mail. Sie stammt von Anna, der jüngeren Tochter von Mathilde und Alfons. Beim ersten Termin hatte ich ihn nach weiteren Kindern gefragt und er hatte die 38-jährige Anna erwähnt, bei der »alles in Ordnung« sei. Annas E-Mail spricht eine andere Sprache. Zunächst bezieht sie sich darauf, dass die

Eltern ihr von den Beratungsgesprächen und meiner Einstellung zu Lydia erzählt hätten. Dann schildert sie auf mehreren Seiten ihr eigenes Martyrium mit ihrer Schwester. Von klein auf sei sie von ihr gequält und gepiesackt worden. Lydia sei sehr intelligent und lebhaft. Sie habe Mutter und Vater schon als kleines Kind »in die Tasche gesteckt«. Keiner sei ihrer so richtig Herr geworden, sie glaube, dass die Eltern mit der Erziehung überfordert gewesen seien. Durch ihre schwierige Art habe Lydia schon immer alle Aufmerksamkeit auf sich gezogen. Sie selbst, Anna, sei dabei »ins Abseits geraten«. Mittlerweile würden die Eltern kaum mehr Notiz vom Leben ihrer jüngeren Tochter nehmen, alles drehe sich um Lydia, »wie schon immer«. In mehreren Telefonaten mit Anna offenbart sich das Drama eines schwarzen Schafes, das nicht durch aktive Ausgrenzung, sondern durch völlige Vernachlässigung an den Rand der familiären Gemeinschaft geraten ist. Die Kraft der Eltern, so schien es, hatte gerade für die schwierige Tochter ausgereicht, die brave und problemlose Anna lief so nebenher, um schließlich gar keine Rolle mehr zu spielen. Eine große Sorge von Anna war die Gesundheit der Eltern, deshalb sollte ich nichts davon sagen, wie sehr sie selbst unter der Situation litt. »Es reicht schon, wenn sie sich um Lydia Sorgen machen müssen«. Ein Leben lang zu kurz gekommen, hatte Anna noch Schuldgefühle den Eltern gegenüber, wenn sie eigene Bedürfnisse angesprochen hätte.

In diesem Beispiel waren sowohl Mutter als auch Vater zu schwach, um die Benachteiligung der jüngeren Tochter überhaupt zu bemerken, geschweige denn zu verhindern. So verlief der Verdrängungsprozess unter den Geschwistern ohne Korrektur durch elterliche Einflussnahme. Das Endergebnis war eine Familie voller Traurigkeit, mit Eltern am Rande ihrer Belastbarkeit und einer jüngeren Tochter Anna, die zwar durch eine Psychotherapie ihre eigene Befindlichkeit verbessern konnte, für die aber »Familie« eine sehr enttäuschende Erfahrung war.

Es soll hier nicht Schuld zugewiesen werden. Betrachtet man diese und vergleichbare Schicksale vom Standpunkt des schwarzen Schafes aus, so ist das Versäumnis der Eltern natürlich eklatant. Darf und kann man aber fordern, dass Mutter und Vater die Kraft und Energie haben, um Ausgrenzungen unter den Geschwistern zu erkennen und zu vermeiden? Eine sehr schwierige Frage, auf die ich später im Buch noch eingehen werde.

Bereits erwähnt habe ich mangelnde elterliche Aufmerksamkeit aus Teilnahmslosigkeit. In diesen Fällen ist nicht Schwäche der Grund für den fehlenden Blick ins Kinderzimmer, sondern Desinteresse. Erfahrungsgemäß fällt es besonders schwer, sich solche Eltern überhaupt vorzustellen. Während wir für schwache Eltern noch Verständnis aufbringen können, fragen wir uns, wie man an den eigenen Kindern desinteressiert sein kann!

Hören wir, was Jasmin (22 J.) über ihre Familie erzählt: »Mit meiner großen und meiner kleinen Schwester bin ich ohne jegliche Erziehung aufgewachsen. Unsere Mutter hatte schon damals ihre Depressionen, sie war oft wochenlang in der Klinik. Mein Vater war zwar anwesend, aber nie richtig da für uns. Wenn ich ihn was gefragt habe, hat er mich immer so komisch angeschaut, richtig durch mich durch hat er geschaut. Er hat mir gar nicht zugehört, wenn ich was zu ihm gesagt habe. Als wir älter wurden, war er dann oft tagelang weg. Ich glaube, dass er eine Freundin hatte, aber ich weiß es nicht. Wahrscheinlich hat er das alles nicht ausgehalten mit uns drei Mädchen und die Frau immer depressiv und so. Unsere Mutter hat auch zweimal versucht, sich umzubringen und der

Vater hat sie gefunden und den Notarzt gerufen. Dann war sie wieder wochenlang weg. Wenn sie zu Hause war, mussten wir immer ganz still sein, weil sie alles aufgeregt und nervös gemacht hat.

Zu meiner kleinen Schwester hat mein Vater noch irgendwie eine Beziehung gehabt, sie war sicher sein Liebling. Uns Ältere hat er aber immer weniger beachtet. Luisa [die zwei Jahre ältere Schwester] war für alles verantwortlich, ihr hat der Vater immer gesagt, was sie tun soll, auf uns aufpassen und saubermachen und kochen und so. Irgendwann haben sich dann meine beiden Schwestern gegen mich zusammengetan. Luisa hat mich herumkommandiert und wie eine Dienerin behandelt. Die kleine Schwester wurde von ihr verschont, vielleicht hat sie Angst gehabt, dass sie beim Vater petzen würde. Jedenfalls haben die beiden sich auf mich eingeschossen. Sie haben mich die ganze Zeit entweder ausgelacht oder angeschrien. Ich hatte gar keine Chance, mich mal durchzusetzen, weil die beiden immer gegen mich zusammengehalten haben. Heute glaube ich, dass sie ihren ganzen Frust über dieses miese Zuhause bei mir abgeladen haben. Ich hatte keinen, der mir da raushilft. Vielleicht hätte ich irgendwas anders machen sollen, mich mehr wehren oder so. Aber das wäre eigentlich gar nicht gegangen, weil ich den beiden anderen immer unterlegen war. Ich habe mich dann immer mehr in mich zurückgezogen. Oft habe ich mir gedacht, vielleicht werde ich krank und komme in die Klinik und dort sterbe ich dann. Da hatte ich gar keine Angst davor, dann wäre ich wenigstens da raus gewesen.«

So weit Jasmins trauriger Bericht über ihr Elternhaus. Zwar könnte man in das Verhalten des Vaters auch so etwas wie Überforderung hineininterpretieren, aber eindeutig ist das nicht. Ebenso wahrscheinlich ist, dass er sich einfach aus der für ihn frustrierenden Familie »ausgeklinkt« hatte.

Nicht nur im Umfeld von schwarzen Schafen, sondern auch in anderen Konstellationen trifft man dieses Verhalten an. Meist betrifft es Mütter oder Väter, die nach der Trennung vom Ehepartner plötzlich das Interesse für die Kinder verloren zu haben scheinen. Ähnlich wie Jasmin wachsen diese Kinder dann quasi ohne Eltern auf. Wenn sie Glück haben, gibt es Verwandte, die sich um sie kümmern. Halten die Geschwister zusammen, so wird zumindest die Ausgrenzung Einzelner vermieden. Inwieweit das Defizit wegfallender elterlicher Zuwendung zu psychischen Schäden führt, hängt sehr stark von der Robustheit bzw. Sensibilität des einzelnen Kindes ab.

Teilnahmslosigkeit gegenüber den Kindern ist meist ein Hinweis auf eine psychische Störung der Eltern. Es finden sich Übergänge zu sadistischen oder ihren Kindern gegenüber feindselig eingestellten Müttern und Vätern. Auf diese Phänomene werde ich an anderer Stelle näher eingehen.

Für unser Thema ist für den Moment entscheidend, dass ohne elterliche Kontrolle geschwisterliche Rivalität sehr schnell in Unterdrückung und Ausgrenzung ausarten kann. Dann wird das Kinderzimmer in der Tat zu einem Raum, in dem höhere Werte wie Rücksichtnahme und Fürsorge keine Rolle mehr spielen. Gemäß dem darwinschen Prinzip, dass sich robustere und stärkere Individuen gegenüber schwächeren durchsetzen, bleiben die schwarzen Schafe gegenüber ihren dominanteren Geschwistern auf der Strecke. Wie in William Goldings berühmtem Buch *Herr der Fliegen* (6), in dem die Entwicklung einer Gruppe von Kindern auf einer Insel ohne Erwachsene beschrieben wird, setzen sich »unzivilisierte« Umgangsformen durch. Was im Roman in Mord und Totschlag endet, führt im wahren Leben zur Entwicklung schwarzer Schafe.

ENTERBT – ENTLIEBT

»Ich hätte nie gedacht, dass es in meiner Familie je zu so etwas kommen kann.« Mit diesen oder ähnlichen Worten beginnen die meisten Berichte über Erbstreitigkeiten. Das Zerreißen von Familienbanden aus rein materiellen Gründen ist eine sehr enttäuschende Erfahrung. Was über Jahre und Jahrzehnte als stabile Beziehung erschien, entwickelt sich nun zu einem von Habgier und Gemeinheiten geprägten Kampf unter den Hinterbliebenen. Und in der Tat können Neid, Gier und Eifersucht auch in bislang von Zuneigung und Zusammenhalt geprägten Familien eine zerstörerische Wirkung entfalten.

Die Fälle, in denen einer der Erben alle anderen ausbootet, sollen hier nicht unser Thema sein. Zur Rolle des schwarzen Schafes in der Familie gehört die Isolierung eines einzelnen Mitglieds durch alle anderen. Dies kann noch zu Lebzeiten dessen geschehen, der etwas zu vererben hat:

»An sich gab es bei uns in der Familie keine Ausgrenzung oder Benachteiligung«, berichtet Hilde (63 J.). »Aus beruflichen Gründen bin ich mit Mitte 20 nach München gegangen. Mein Bruder blieb in meinem Heimatdorf, wo er als Hausmeister im einzigen Hotel des kleinen Ortes gearbeitet hat. Die Urlaube verbrachte ich meistens zu Hause in meiner Heimat. Meine Eltern haben dort ein großes Haus. Nachdem sie die Landwirtschaft aufgegeben hatten, konnten sie die umliegenden Felder günstig als Baugrund verkaufen und mussten sich keine Sorgen ums Geld machen. Es war immer sehr schön und harmonisch, wenn ich bei meinen Eltern war. Auch mein Bruder war dann da und wir hatten immer viel Spaß. In die Dorfgemeinschaft war ich trotz der Entfernung weiterhin integriert, es kannten mich ja alle noch aus der Kinderzeit.

Nach dem Tod meines Vaters änderte sich die Situation. Mein Bruder zog zu unserer Mutter ins Haus, um sie zu unterstützen. Er ist handwerklich sehr begabt und war eine große Hilfe für sie. Seit seinem Einzug war aber die Stimmung anders, wenn ich zu Besuch kam. Mein Bruder war einsilbig, er schien den Kontakt mit mir zu meiden. Unsere Mutter gab im Laufe der Zeit immer mehr von ihren Angelegenheiten an meinen Bruder ab. Er machte sich Gedanken über einen Umbau des Hauses und über den Verkauf weiterer Grundstücke. Nach meiner Meinung wurde immer weniger gefragt. Mein Bruder und ich sind beide ohne eigene Familie, und meine Urlaube zu Hause waren immer mehr von dieser schlechten Stimmung dominiert, ich kam mir immer weniger willkommen vor. Natürlich brachte ich das zur Sprache, aber sowohl mein Bruder als auch meine Mutter meinten, ich würde mir das einbilden. Gleichzeitig kamen aber die ersten Bemerkungen, dass ich mich durch mein Leben in der Stadt von den Themen des dörflichen Lebens entfernt hätte. Obwohl ich traurig darüber war, fuhr ich nicht mehr so oft hin. Eines Tages eröffnete mir meine Mutter dann in einem Telefonat, dass sie das Haus und alle Grundstücke an meinen Bruder ›übergeben‹ habe. Ich wusste nicht, was ich sagen sollte, es war, als hätte mich der Schlag getroffen. Ich konnte mich einige Tage auf nichts mehr konzentrieren, ständig gingen mir die Worte meiner Mutter im Kopf herum. So richtig verstanden habe ich erst Tage danach, was wirklich passiert war.«

Natürlich besuchte Hilde Mutter und Bruder umgehend, um über die Angelegenheit zu reden. Der Bruder sei regelrecht feindselig und ablehnend gewesen, die Mutter habe ihr nicht in die Augen schauen können, berichtet sie. In den darauf folgenden Monaten gab der Bruder einen Großteil des noch vorhandenen Geldes dafür aus, neue Anschaffungen und Umbauten zu realisieren. Die Mutter hatte das Wohnrecht auf Lebenszeit, aber alle Immobilien waren im Besitz des Bruders. Das einzige Erbe, das Hilde noch zugestanden hätte, investierte der Bruder mit Billigung der Mutter in Projekte, die letztlich ihm zugute kamen. In vielen Gesprächen und mit Hilfe einer psychotherapeutischen Behandlung konnte Hilde diese schreckliche Erfahrung besprechen und einen Standpunkt dazu erarbeiten. Überwinden konnte sie die Enttäuschung aber nie. »Es geht mir nicht um das Geld, sondern darum, dass ich mir vorkomme, als sei ich bei Nacht und Nebel davongejagt worden. Wie oft habe ich mich gefragt, was ich falsch gemacht habe.« Hilde musste feststellen, dass der Bruder sie auch in der Dorfgemeinschaft angeschwärzt haben muss, denn bei ihrem letzten Besuch in ihrem Heimatort spürte sie auch bei anderen Dorfbewohnern Ablehnung und Misstrauen. Die innere Lähmung, die Hilde zunächst verspürt hatte, wandelte sich in Wut auf ihren Bruder. Aber auch die Haltung der Mutter, die ja alles »mitgespielt« hatte, konnte sie erst allmählich in ihrer ganzen Bedeutung erfassen. »Ich habe nicht nur mein Erbe, nicht nur meine Familie, sondern meine ganze Heimat verloren,« so war Hildes Fazit.

Familiäre Ausgrenzung, die vorwiegend materiell motiviert ist, hat meist etwas Kaltes und Grausames an sich. Hier wird nicht mit hoher emotionaler Beteiligung gestritten, nicht mit rotem Kopf argumentiert. In nahezu allen Fällen, die ich kenne, werden die schwarzen Schafe vor vollendete Tatsachen gestellt. Alles ist bereits in die Wege geleitet und wird innerhalb kurzer Zeit abgewickelt. Wie Hilde erfahren die Ausgebooteten oft am Telefon von der Entscheidung. Wenn die »Bombe platzt«, ist schon alles notariell abgesichert. Vorangegangen sind umfangreiche Planungen, Recherchen beim Notar, wie die Angelegenheit rechtssicher fixiert werden kann, selbst an den Gang zum Hausarzt, der Geschäfts- und Testierfähigkeit attestiert, wurde gedacht. In dieser ganzen Zeit der Vorbereitung spielen die Beteiligten dem schwarzen Schaf eine Rolle vor, lächeln ihm vielleicht ins Gesicht und reiben sich hinter seinem Rücken die Hände.

Dabei ist der finanzielle Verlust für die meisten nicht das größte Problem. Zusammen mit dem Geld werden ihnen Zuneigung, Liebe und Zugehörigkeit zur (familiären) Gemeinschaft entzogen. Die Botschaft lautet: Du bist vielleicht noch unser Kind, unsere Schwester oder unser Bruder, aber letztlich bist du uns nichts mehr wert. Du gehörst nicht mehr dazu, bist enterbt, ausgestoßen, entwertet. Diese Erfahrung kann die Ausmaße eines echten Traumas annehmen und schweres seelisches Leid verursachen. Gerade der Umstand des Unerwarteten, plötzlich über das schwarze Schaf Hereinbrechenden hat eine extrem schädigende Wirkung. Hinzu kommen der Vertrauensverlust und das Gefühl, nicht nur finanziell, sondern vor allem menschlich betrogen und hintergangen worden zu sein. Die Suche nach dem »eigenen Anteil« an dieser Entwicklung ist ein Hinweis auf die oft gravierenden Schuld- und Schamgefühle, unter denen Frauen und Männer, die diese Erfahrung machen mussten, oft leiden. Schuld und Scham als Empfindungen schwarzer Schafe habe ich ja bereits kurz erwähnt (S. 15 ff.) und werde noch ausführlicher auf diese Phänomene eingehen.

Nicht immer kommt die familiäre Ausgrenzung im Zusammenhang mit einem Erbfall so überraschend wie bei Hilde. Wir haben bereits in Tonis Bericht (S. 48 f.) gesehen, dass manche Enterbten bereits zeit ihres Lebens in der Außenseiterrolle waren und der Wegfall des Erbes nur ein weiterer Mosaikstein im Gesamtbild der lebenslangen Benachteiligung ist. Eine besondere Rolle kommt dabei dem in vielen dieser Fälle noch lebenden anderen Elternteil zu. In Hildes Fall ist es die Mutter, die sich offensichtlich nicht gegen die Aktivitäten ihres Sohnes zur Wehr setzen kann oder will. Wie kann es dazu kommen? Oft bestehen Abhängigkeiten zu den dann bevorzugten Kindern. In Hildes Beispiel scheint die Mutter auf den bei ihr im Haus lebenden und sie vor allem handwerklich und organisatorisch unterstützenden Sohn angewiesen zu sein.

Auch die räumliche Entfernung spielt eine große Rolle. Viele schwarze Schafe, deren Ausgrenzung sich im Verlust ihres Erbes manifestiert, leben in einiger Entfernung zur Restfamilie, meist in einer anderen Stadt. So sind sie nicht vor Ort und können nicht in die Entwicklung eingreifen, die sich oft schleichend vollzieht. Sie denken nichts Böses und fallen aus allen Wolken, wenn sie erkennen müssen, dass sich Geschwister und Eltern gegen sie verbündet haben.

Dabei haben nicht immer die Schwestern oder Brüder den schwarzen Peter. Die Ausgrenzung geht oft auch von den Eltern direkt aus.

Josef (44 J.) hat Ähnliches erlebt wie Hilde. Auch er zog in die Stadt, während der Bruder zu Hause in der Landwirtschaft den Eltern half. In seinem Fall hatten die Eltern aber noch zu Lebzeiten Haus und Hof an den jüngeren Bruder Georg übergeben. Dass der Bruder den Löwenanteil des Erbes bekommen würde, war auch Josef klar, immerhin hatte dieser sich besondere Verdienste erworben und die Eltern Tag für Tag in der Landwirtschaft unterstützt. Allerdings hatte auch Josef immer Kontakt zu den Eltern gehalten und in seinem Urlaub bei der Ernte geholfen. Dass er völlig leer ausgehen würde, hätte er sich nie und nimmer vorstellen können:

»Bei mir kam das wie eine Bestrafung an. Es war nie ausgesprochen worden, aber meine Eltern müssen es mir übelgenommen haben, dass ich von zu Hause weggegangen bin. Geredet haben sie aber nie darüber, im Gegenteil, sie schienen mich zu unterstützen und waren immer interessiert, wie es mir gerade ging. Zumindest dachte ich das. Im Nachhinein kommt es mir so vor, als hätten sie mir die ganze Zeit etwas vorgespielt. Übrigens haben sie mir gegenüber so getan, als wäre das alles gar nicht so schlimm. ›Du bist ja abgesichert‹ sagten sie mir. Aber es geht ja nicht um das Finanzielle, sondern darum, dass ich richtiggehend rausgekickt wurde. Auf meinen Bruder bin ich total sauer, der hat schön stillgehalten und das alles eingeschoben. Er hätte ja auch sagen können, dass das nicht geht, dass er alles und ich nichts bekomme.«

Auch in diesem Fall erkennen wir wieder das Prinzip einer langfristigen Entwicklung, von der Josef nichts mitbekommt. Ihm wird eine heile Familie vorgespielt, erst im Nachhinein wird ihm klar, dass er einer Inszenierung aufgesessen ist. Gerade dieser langfristig geplante Betrug, diese kühl berechnende Vorgehensweise ist sehr kränkend und erschüttert die Beziehungen zu den anderen Familienmitgliedern schwer.

KUCKUCKSKINDER UND SÜNDENBÖCKE

In einigen Fällen gibt es scheinbar keine Erklärung dafür, warum eines der Kinder ins Abseits gerät. Wie haben bereits von Manfred (S. 37 f.) gehört. Sein Vater scheint ihn regelrecht gehasst zu haben, während die Geschwister immer gut wegkamen. Nachdem er mit 16 Jahren vom Vater aus dem Haus geworfen wurde, musste er sich alleine durchs Leben schlagen. Mit Mitte 40 kam er zu mir in Therapie, und die Beziehung zum Vater stand zunächst nicht im Vordergrund. Erst nachdem wir einige akute Probleme in seinem Leben aus dem Weg geräumt hatten, konnten wir uns diesem Thema widmen. Wie die sprichwörtliche Katze um den heißen Brei streicht, so wollte Manfred zunächst gar nicht ran an dieses Thema. Seine großen Selbstzweifel, mit denen er sein ganzes Leben zu kämpfen hatte, traten massiv in den Vordergrund, wenn wir vom Vater sprachen. Manfred hatte sich nach seinem Hinauswurf wirklich wie ein Aussätziger gefühlt. Den Kontakt zu seiner Mutter und zu den Geschwistern hatte er abgebrochen. Die Mutter war mittlerweile an einer Krebserkrankung verstorben.

In einem ersten Schritt gelang es Manfred, sich wieder bei seiner Schwester und seinem Bruder zu melden. Die Entfremdung war über die Jahre hinweg deutlich spürbar, die Geschwister reagierten misstrauisch und eher ablehnend auf seine Kontaktaufnahme. Der Vater, so erfuhr er, lebte alleine und isoliert von Frührente. Es dauerte einige Monate, in denen Manfred das Für und Wider immer wieder abwägte, bis er eines Tages bei seinem Vater vor der Tür stand und klingelte. Eine Kontaktaufnahme mit einem Brief oder einem Telefonat wollte Manfred nicht, er hatte sich in den Kopf gesetzt, dem Vater Auge in Auge gegenüberzutreten. Es wurde ein erschütternder Besuch. Der Vater ließ ihn in die Wohnung, vielleicht war der Überraschungseffekt auf Manfreds Seite. Er war ein alter Mann geworden, herzkrank, in ärmlichen Verhältnissen lebend. Von der einstigen Vitalität und Brutalität war nichts mehr übrig. Der Vater schien sich zu freuen über den unerwarteten Besuch. Was Manfred dann zu hören bekam, erschütterte ihn tief.

Sein Vater war immer der Meinung gewesen, dass Manfred nicht sein leiblicher Sohn sei. Er erzählte über ein angebliches Verhältnis, das seine Mutter mit einem Jugendfreund gehabt habe. Bis zu ihrem Tod habe sie dies abgestritten, aber der Vater war sich sicher. Aus allen möglichen Anzeichen in Manfreds Aussehen und Verhalten zog er den immer gleichen Schluss: Manfred war in seinen Augen ein Kuckuckskind.

Nach diesem Besuch hatte Manfred zwar eine Erklärung für die Feindseligkeiten seines Vaters, aber auch eine Menge anderer Fragen. War es denkbar, dass er aus einer außerehelichen Beziehung seiner Mutter stammte? Oder hatte sich der Vater das alles nur eingeredet, warum auch immer? Nachdem die Mutter verstorben war, konnte sie ihm diese Fragen nicht beantworten. Auch seine Geschwister waren keine große Hilfe. Im Gegenteil, sie reagierten sehr ablehnend und wollten von diesem Thema nichts wissen. In der Tat war das alles ja schon Jahrzehnte her, aber für Manfred waren seine Kindheit und Jugend durch das Gespräch mit dem Vater wieder zum Leben erwacht.

Bis heute hat er keine Klarheit über diesen Punkt erlangt. Wie auch, wen hätte er noch fragen können? Aber er konnte aus diesem Verdacht, der das Verhalten seines Vaters ihm gegenüber erklärte, ein neues Selbstverständnis entwickeln. Er erkannte, dass es nicht an ihm gelegen, dass er nichts »falsch gemacht« hatte. »Offensichtlich war ich doch nicht vom Teufel besessen«, konnte er sich von seinen düsteren Kindheitserinnerungen lossagen. Der Vater verstarb übrigens ein halbes Jahr nach Manfreds Besuch.

Manfred hat Glück gehabt. Die Begegnung mit seinem Vater nach über 30 Jahren hätte auch ganz anders verlaufen können. Er hat die Erklärung für seine Rolle als schwarzes Schaf aus erster Hand erhalten. Das ist eine große Ausnahme. In den allermeisten Fällen klären sich Ausgrenzung und Benachteiligung in der Familie nicht so leicht auf.

Der Verdacht, ein Kuckuckskind zu sein, ist immer wieder Thema bei Frauen und Männern, die über die Gründe ihres Ausschlusses aus der Familie rätseln. Gerade in der Konstellation »ablehnender, feindseliger Vater und schweigsame, eingeschüchterte Mutter« sollte man auch über diesen Punkt nachdenken. Erstaunlicherweise wird diese Frage nur selten von den schwarzen Schafen selbst gestellt. Frage ich aber nach »Sind Sie sich sicher, dass Sie das Kind Ihres Vaters sind?«, so ergibt sich aus diesem Denkanstoß meist eine intensive innere Beschäftigung mit dieser Idee. Und es bleibt in fast allen Fällen eine Theorie, ein mögliches Erklärungsmodell neben vielen anderen. Selbst wenn die Mutter noch am Leben ist, gelingt keine Klärung. Ich höre Berichte über Mütter, die auf diese Frage hin schweigen, andere weinen, wieder andere sind entrüstet oder reden von etwas Anderem. Selbst das einfache Dementi »Nein, da ist nichts dran, natürlich bist du das Kind deines Vaters« ist eher die Ausnahme!

So wissen wir nicht, wie viele schwarze Schafe Kuckuckskinder sind. Es liegt ein Mantel des Schweigens über den Familien, was diesen Punkt angeht. Die für die oder den Einzelnen so wichtige Frage bleibt unbeantwortet. Das verstärkt die Unsicherheit und Zweifel und stellt für sich genommen wiederum eine Ausgrenzung dar. Nicht einmal diese so wichtige Information erhält das schwarze Schaf, allein durch das Stellen dieser Frage erfährt es erneut Ablehnung. Man gibt ihm das Gefühl, ein Tabu zu verletzen und die Familie zu beschmutzen. Der Versuch, die Situation zu klären, führt zu ihrer Verschärfung.

Ähnlich ist die Situation bei den Sündenböcken. Sie werden zum schwarzen Schaf gemacht, einfach weil sie zum falschen Zeitpunkt oder unter den falschen Umständen zur Welt kamen. Durch ihre bloße Existenz sind sie an etwas schuld. Meist geht es um eine Verhinderung, eine ungeplante und unpassende Erschwernis im Leben der Eltern. Besonders häufig trifft es die Nachzügler, die den Eltern in die Quere kamen. Ist dieses Kind das einzige Mädchen oder der einzige Junge unter ansonsten gegengeschlechtlichen Geschwistern, besteht immerhin noch die Chance, dass es zum »Nesthäkchen« wird, zur Prinzessin oder zum Prinzen. Ansonsten stehen die Chancen schlecht und der Nachzügler läuft Gefahr, zum lebenden Beweis dafür zu werden, wie schön das Leben doch sein könnte – ohne ihn.

In einer funktionierenden Familie kann ich es als Nesthäkchen sehr gut haben. Die Geschwister sind schon älter, keiner neidet mir etwas, alle haben Geduld mit mir und finden mich süß. Die Eltern freuen sich, weil sie mit dem neuen Baby jung bleiben und reagieren mit Humor, wenn sie auf der Straße als Großeltern angesprochen werden. Die einzige Gefahr besteht in der Verwöhnung, aber damit lässt sich ja noch leben.

Die Rolle des Nachzüglers ist keinesfalls immer eine problematische. Was muss dazukommen, damit es in die falsche Richtung läuft?

Betrachten wir die Familien, in denen ein spät geborenes Kind einzig durch seine Existenz zum schwarzen Schaf wird, so werden wir bei Mutter oder Vater oder auch bei beiden Eltern nicht selten eine große Unzufriedenheit mit der allgemeinen Lebenssituation entdecken. Frustriert von Partnerschaft und Familie, nimmt der Gedanke an die »ungelebten« Möglichkeiten einen immer größeren Stellenwert ein. Sehnsüchtig nach Abwechslung, aber festgefahren im Alltag, geht man in die Warteschleife, bis die Kinder »aus dem Gröbsten raus« sind. Vielleicht gibt es auch schon den einen oder anderen konkreten Plan zum beruflichen Wiedereinstieg oder zu bisher nicht realisierten Reisen. Mit der neuerlichen Schwangerschaft zerplatzt dieser Traum dann wie eine Seifenblase. Statt Selbstverwirklichung in Beruf oder Hobby heißt es bald wieder Windeln wechseln, und die Reisepläne sind auf Jahre hinaus zunichte. Die Schuld daran trägt im Erleben vieler Eltern dann das spät geborene Kind, das sich zwischen alle Planungen schiebt und diese mit seinem Anspruch auf elterliche Versorgung im Handumdrehen in Luft auflöst.

Eine andere Konstellation, in der das Kind als Sündenbock

herhalten muss, sind Trennungen. Vor allem wenn das Kind noch klein ist, kommt auf den nach einer Trennung allein erziehenden Elternteil (in der Regel ist das die Mutter) eine Menge Arbeit zu. Neben häufig bestehenden finanziellen Sorgen ist eine berufliche Vollzeit-Tätigkeit meist nicht möglich. Das Privatleben wird von der Versorgung des Kindes bestimmt, das Kennenlernen eines neuen Partners dadurch erschwert. Allein erziehende Mütter haben es in dieser Hinsicht nach meiner Erfahrung übrigens deutlich schwerer als allein erziehende Väter. Frauen mit Kind scheinen für einen potentiellen neuen Partner an Attraktivität einzubüßen, während Männer mit Kindern oft sehr schnell wieder eine Partnerin finden. Die möglichen Gründe hierfür würden uns zu sehr von unserem Thema entfernen, aber das Resultat ist, dass es nicht wenige schwarze Schafe gibt, die über eine Kindheit bei einem allein erziehenden Elternteil, meist bei der Mutter, berichten.

Moment, werden jetzt aufmerksame Leser einwenden, wie war das noch mal mit Kindern allein erziehender Mütter und Väter? Richtig ist, dass das schwarze Schaf neben der Erfahrung der Zurückweisung immer auch eine Situation erlebt, in der ein anderes Mitglied der Familie ihm vorgezogen wird oder in der alle anderen gegen es Front machen. In einer Zweierbeziehung ohne Geschwister mit einem allein erziehenden Elternteil fehlt dieser Aspekt aber. Das bedeutet, dass es erst zur typischen Ausgrenzung kommen kann, wenn ein neuer Partner in die Familie kommt. Erst dann ist eine Situation entstanden, in der die Entwicklung zum schwarzen Schaf beginnt.

»Mit meiner Mutter bin ich nie gut ausgekommen«, berichtet Konstantin (23 J.). »Ich denke, ich habe sie viel zu sehr an meinen Vater erinnert, den sie ja nach der Trennung richtiggehend gehasst hat. Sie hat es mich immer spüren lassen, dass ich ein »Überbleibsel« aus einer gescheiterten Beziehung war. Richtig übel wurde es aber, als sie Horst kennenlernte und er bei uns einzog. Auch er konnte mich vom ersten Moment an nicht ausstehen und führte sich gleich auf, als wäre er mein Vater und hätte mir etwas zu sagen. Er verprügelte mich und ließ seine ganze Wut an mir aus. Meine Mutter half mir nicht. Sie schlug mich nicht, aber es war deutlich spürbar, dass sie mich am liebsten losgehabt hätte. In dieser Situation, ich war damals neun Jahre alt, beschloss ich, nur irgendwie durchzuhalten, bis ich alt genug sein würde, um abzuhauen.«

Konstantin fühlte sich bereits alleingelassen und ungeliebt, als er noch mit seiner Mutter zu zweit war. Sein Leidensweg als schwarzes Schaf, als Ausgestoßener und Gedemütigter innerhalb der Familie, begann ab dem Moment, als ein Stiefvater ins Haus kam und er sich nun mit zwei Menschen konfrontiert sah, die gemeinsam gegen ihn Front machten und ihn drangsalierten.

Kuckuckskinder wie auch Sündenböcke haben zumindest ein Erklärungsmodell für die schlechten Erfahrungen, die sie innerhalb ihrer Familie machen. Entscheidend ist in beiden Fällen, an diese Möglichkeiten überhaupt erst zu denken. Es gehört zu den Eigentümlichkeiten unserer Psyche, dass die meisten Frauen und Männer in einer solchen Konstellation die Schuld für ihre Ausgrenzung zunächst bei sich selbst suchen. Spricht man dann über die Frage, ob die oder der Betreffende nicht als Sündenbock herhalten muss oder gar der Verdacht im Raum steht, ein Kuckuckskind zu sein, so eröffnen sich plötzlich neue Wege, ein Verständnis für den eigenen Leidensweg zu entwickeln. Wie gesagt, das bleibt oft eine Idee unter anderen, denn selten wird man eine Bestätigung dafür erhalten. Aber es ist allemal sinnvoller, fünf gute Theorien zu haben, wie es zur Benachteiligung innerhalb der Familie kam, als mit einem mulmigen Gefühl eigener Minderwertigkeit durchs Leben zu gehen.

WEISSE SCHAFE, LEUCHTEND WEISS

Ich komme jetzt zu einer eigenartigen Form familiärer Ausgrenzung. Weil sie so ungewöhnlich, ja geradezu paradox ist, hatte ich sie zunächst gar nicht mit dem Thema des schwarzen Schafes in Verbindung gebracht. Dann aber fiel es mir im Gespräch mit Martin (33 J.) wie Schuppen von den Augen.

Er kam zu mir mit der Bitte um ein paar Coaching-Stunden. Hintergrund war, dass er mit einem Kollegen in der Unternehmensberatung, in der er tätig war, in eine Konkurrenzsituation geraten war, die er nicht alleine auflösen konnte. Martin war ein sehr sympathischer Mann, intelligent, gutaussehend, charmant. Seine steile Karriere in diesem arbeitsintensiven Umfeld mit großer Konkurrenz wunderte mich nicht. Auffällig waren aber gewisse Ticks, die er an den Tag legte, wenn er über die erwähnten Konflikte mit dem Kollegen sprach. Er kam dann ins Zwinkern und Räuspern, rutschte auf dem Sessel herum und fühlte sich sichtlich unwohl. Das wunderte mich, da es so gar nicht zu seiner ansonsten ruhigen und ausgeglichenen Art passte, und ich sprach ihn darauf an. In den folgenden Wochen achtete er darauf, in welchen Situationen diese auffälligen Ticks auftraten. Erstaunlicherweise kam es selbst in großen Stressphasen bei Kunden oder in Meetings nicht zu diesem Herumrutschen, Zwinkern und Räuspern. Er erzählte aber, dass seiner Frau aufgefallen war, dass er bei bestimmten privaten Themen dieselben Symptome zeigte.

Auf diese Weise kamen wir auf seine Biographie zu sprechen. Martin hatte sich bei unserem Erstgespräch bewusst auf die berufliche Situation fokussieren wollen, nun aber schien es erforderlich, sich auch diesem Punkt in seinem Leben zuzuwenden. Offensichtlich wurde in der Spannungssituation, die er mit seinem Kollegen erlebte, eine Ebene in ihm berührt, die mehr mit Martin als Mensch als mit seinem Beruf zu tun hatte.

Geboren wurde er in einer Handwerkerfamilie. Der Vater war Schreiner, der es bis zu einem eigenen kleinen Betrieb gebracht hatte. Die Mutter half in der Buchhaltung des Geschäftes mit und kümmerte sich um den Haushalt. Martin hatte einen um drei Jahre älteren Bruder, der ebenfalls eine Schreinerlehre und danach eine Weiterbildung zum Restaurator absolviert hatte. Auch er arbeitete mittlerweile im elterlichen Betrieb. Und auch dessen Ehefrau, die halbtags als Büroangestellte tätig war, lieferte ihren Beitrag in der Schreinerei, in der sie für bestimmte Verwaltungsarbeiten zuständig war. Martins Bruder hatte zwei kleine Kinder, die einzigen Enkelkinder, da Martin und seine Ehefrau das Kinderthema noch vertagt hatten. Als Schüler hatte Martin erstaunlich gute Leistungen gezeigt, so dass er, anders als sein Bruder, der die Mittlere Reife hatte, aufs Gymnasium kam. Auch dort fiel er durch seine Intelligenz und sein schnelles Auffassungsvermögen auf. Es gab nie Probleme, Martin marschierte durchs Gymnasium mit den besten Zensuren, er lernte selbständig, seine Lehrer waren begeistert von ihm. Dabei war er alles andere als ein Streber. Er spielte im Schulorchester Geige und war Mitglied der Handballmannschaft. Das Abitur legte er mit einem Schnitt von 1,3 ab. Während seines BWL-Studiums in St. Gallen war er semesterweise in England, auch hier begeisterte er seine Professoren. Nach dem Studium konnte er sich seine Stelle quasi aussuchen, er wäre bei mehreren Unternehmensberatungen untergekommen. Im ersten Jahr in der neuen Stelle arbeitete Martin von früh bis spät, erzielte auch hier schöne Erfolge, war bei Kollegen und Vorgesetzten beliebt. Er lernte Hanna kennen, die gerade ihr Jura-Studium abschloss. Sie heirateten nach einem Jahr.

»Das war irgendwie ein Wendepunkt, und ich weiß bis heute nicht, wieso eigentlich«, berichtete Martin. »Bis zu meiner Heirat war die Beziehung zu meiner Familie noch so einigermaßen in Ordnung, aber irgendwie waren sie mit Hanna nicht einverstanden.«

Aus Martins Erzählungen hatte ich allerdings einen anderen Eindruck gewonnen. Bereits in der Schule war er aufgrund seiner außerordentlichen Leistungen in eine Sonderrolle innerhalb der Familie geraten. Er interessierte sich für Themen wie Wirtschaft und Politik, während der Vater und der Bruder über die Schreinerei redeten. Er strich die Violine im Schulorchester, der Vater und der Bruder spielten beide in der Blaskapelle. Die Mutter äußerte sich mehrfach besorgt über Martins Pläne, sie hatte Angst, er könne Schiffbruch erleiden. Besonders das Studium in der Schweiz und die Auslandssemester machten ihr zu schaffen. Während dieses Studiums kam es zu einer ersten deutlichen Entfremdung zwischen Martin und seiner Familie. »Sie konnten einfach nichts damit anfangen, dass mein Leben so völlig anders war als ihres. Ich freute mich immer, wenn ich nach Hause fuhr, aber manchmal kam ich mir vor wie ein Fremdkörper.«

Nach seiner Heirat machten dann die Eltern und der Bruder Stimmung gegen Hanna. Sie warfen ihr vor, sie würde Martin der Familie entfremden. Während Martin in seiner Single-Zeit zwischen Großstadt und seinem Heimatort wohnte, um zwischen Arbeitsstelle und Elternhaus besser pendeln zu können, zog er jetzt mit seiner Ehefrau ganz in die Stadt. Es kam zum Bruch mit der Familie. Bei seinem ersten Besuch bei mir hatte er seit drei Jahren keinerlei Kontakt mehr zu den Eltern. Mit dem Bruder schrieb er sich gelegentlich belanglose E-Mails.

Martin war sehr verwurzelt in seiner Familie, er litt außerordentlich unter dem Kontaktabbruch, hatte aber die Erfahrung gemacht, dass er bei gelegentlichen Telefonaten mit der Mutter nur Vorwürfe zu hören bekam. Beklagte er sich selbst über das in seinen Augen ungerechte Verhalten der Eltern, weinte die Mutter und legte auf.

Auch während unserer Gespräche über seine Familie zeigte Martin wieder die Ticks, so wie es auch seine Frau beschrieben hatte. Die Situation setzte ihm so sehr zu, dass alle Versuche, das Thema zu verdrängen, zu regelrechten Bewegungsstörungen geführt hatten.

Nachdem wir erst einmal diese belastende Lebenssituation als einen wesentlichen Teil des Problems geortet hatten, konnte Martin den Konflikt mit seinem Kollegen rasch aus der Welt schaffen. Die Hilflosigkeit, die er in dieser Situation gespürt hatte, war letztlich eine Übertragung seiner aus der Familiengeschichte stammenden Gefühle von Ohnmacht und fehlender Kontrolle auf seine Arbeitssituation. Nachdem er erkannt hatte, dass ihn vieles an seinem Kollegen, der ein Stück älter war als er selbst, an seinen Vater erinnerte, konnte er wieder zu einem professionellen Umgang mit der Konfliktsituation zurückkehren. Wir beschlossen, die restlichen noch verbleibenden Stunden auf die Aufarbeitung seiner familiären Situation zu verwenden.

Bezüglich seiner Familie war Martin hin- und hergerissen. Einerseits sagte er sich, dass er ja nichts falsch gemacht habe, andererseits verbrachte er viel Zeit damit, sich zu rechtfertigen, warum er nicht in diese Familie hineinpasste. Wir waren uns bald einig, dass die Heirat mit Hanna nur der Endpunkt einer Entwicklung war, durch die Martin aus der familiären Gemeinschaft ausgeschlossen worden war.

Er überragte einfach die Eltern und den Bruder im Hinblick auf Intelligenz, Bildung, Ehrgeiz. Er interessierte sich für ganz andere Themen als Fußball, Schreinerei und Blasmusik. Die Analyse der Unterschiede zu seiner Familie kostete Martin viel Kraft. Er wollte sich »nicht erheben« über die anderen, wollte nicht »arrogant wirken«. Erst der Einwand, dass er in seiner Art ja auch eine Chance für Eltern und Bruder gewesen sei, die diese aber nicht nutzen konnten, ließ ihn nachdenklich werden. »Wenn die einzige Möglichkeit, akzeptiert zu werden, hieße, dass ich nicht anders hätte sein dürfen als sie, dann konnte das ja nicht gutgehen«, erkannte er. Und: »Anstatt sich mit mir zu freuen, dass ich meinen eigenen Weg gefunden habe, auch wenn sich dieser total von dem ihrigen unterscheidet, haben meine Eltern und mein Bruder mich ausgestoßen. Sie wollten mich loswerden, weil sie nichts mit mir anfangen konnten. Vielleicht war ich ihnen unheimlich oder so, jedenfalls passte ich nicht in ihre Gemeinschaft.«

In der Tat ist Martin zum schwarzen Schaf geworden, nicht weil er im darwinschen Überlebenskampf mit seinem Bruder unterlegen gewesen wäre; auch war er kein Sündenbock oder hatte sonst etwas an sich, dass ihn von vornherein in die Position eines Underdogs gebracht hätte. Im Gegenteil, er war nur besonders gut, besonders strebsam, besonders intelligent. Er entwickelte sich zielstrebig aus dem bisher Gewohnten in dieser Familie hinaus. In den Augen seiner Verwandten wurde er dadurch zum Außenseiter, und sie brachen die Beziehung zu ihm ab. Die Vorwürfe seiner Frau gegenüber waren nur ein Vorwand der Familie, um sich dafür nicht schuldig fühlen zu müssen. Martin war, um im Bild zu bleiben, ein blendend weißes Schaf. Er war ein Sohn, der wohl die meisten anderen Eltern und Geschwister mit großem Stolz erfüllt hätte, zumal er sich nichts einbildete und niemals etwas »Besseres« hätte sein wollen. Martin musste erkennen, dass er sein Bestes gegeben hatte, seine Familie aber damit nicht zurechtgekommen war.

In einer solchen Konstellation ist es natürlich für die ausgrenzende Familie entscheidend, dem blendend weißen Schaf entsprechend negative Absichten oder Eigenschaften zu unterstellen, um seine Abwertung und die Ausgrenzung aus der Gemeinschaft für sich zu rechtfertigen.

Martin gelang es übrigens, wieder Kontakt zu seiner Familie herzustellen. Nachdem er sich über die Zusammenhänge klargeworden war, konnte er seine (mittlerweile auch verhärtete und gekränkte) Position verändern und auf eine sehr sinnvolle Weise Brücken zur Verständigung bauen, die so tragfähig wurden, dass zumindest die Funkstille beendet und ein regelmäßiger Kontakt möglich wurde.

Das Drama des blendend weißen Schafes ist, dass es sich mit logischen Mitteln kaum erklären kann, warum es ausgegrenzt wird. Anders als bei den bisherigen Beispielen schwarzer Schafe wird es nicht runtergemacht und mit Vorwürfen überzogen. Oft stehen am Anfang sogar Lob und Bewunderung für die guten Leistungen. Je mehr aber sichtbar wird, dass hier jemand einen völlig neuen Weg einschlägt und zum Beispiel als Einziger in der Familie Abitur macht oder studiert, desto größer wird die Gefahr, dass die anderen Mitglieder der Familie sich zurückziehen. Zunehmend werden dann dem weißen Schaf Entfremdung von der Familie oder Arroganz vorgeworfen. Ich selbst kenne kein einziges blendend weißes Schaf, auf das diese Beschreibung zutreffen würde. In meinem Erleben sind das meist sympathische und wohlmeinende Menschen, die ihren erfolgreichen Lebensweg gerne mit der Familie teilen würden, wenn man sie denn ließe.

»FLIEG FÜR MICH, SONNENVOGEL«

In dem wunderbaren Roman *Der Sonnenvogel* von Wilbur Smith (7) steht dieser Satz für die Aufforderung, sich im übertragenen Sinne in die Lüfte zu erheben, stellvertretend für alle, die nicht fliegen können. Der Sonnenvogel steigt empor, die anderen blicken ihm voller Sehnsucht nach und identifizieren sich mit seinem Flug. Ähnlich wie in der berühmt-berüchtigten Schlagzeile »Wir sind Papst« fliegt der Sonnenvogel für die gesamte Gemeinschaft, aus der er stammt – ein Stellvertreter, auf den alle stolz sind.

Problematisch wird es nur, wenn sich Einzelne oder alle im Gefieder des Sonnenvogels festkrallen, um ebenfalls mit aufzusteigen. Damit sind wir wieder bei unserem Thema.

Den Sonnenvögeln geht es ähnlich wie den »blendend weißen Schafen«. Auch sie sind erfolgreich, leistungsfähig und belastbar. Das Problem ist dabei, dass ihnen dadurch eine Sonderrolle zufällt, nämlich, etwas ganz Besonderes zu leisten, um dadurch Glanz in die Familie zu bringen. Eine andere Variante besteht in der Forderung, die Familie oder einzelne Mitglieder zu »retten«. Auch auf diesem Wege kann, nicht weniger paradox als im letzten Kapitel, Ausgrenzung erfolgen.

Katja (19 J.) ist das einzige Kind ihrer Eltern. Sie hat ein ausgezeichnetes Abitur geschrieben. Die Eltern möchten, dass sie Zahnmedizin studiert, um »später mal die besten Chancen im Leben« zu haben. Der Vater ist Verwaltungsbeamter, die Mutter Sekretärin. Beide Eltern sind kreuzunglücklich mit ihren Berufen. Es sind stille, fast depressive Menschen. Katja würde gerne eine Ausbildung zur Finanzwirtin zu machen, ihr Lebensplan sind ein ruhiger Job und eine Familie. Der ständig als »Wir wollen doch nur dein Bestes« verklausulierte Auftrag der Eltern, deren eigene Frustration durch einen »tollen Beruf« auszugleichen, setzt Katja so sehr unter Druck, dass sie selbst depressiv wird.

Johannes (34 J.) versteht die Welt nicht mehr. Er blickt auf eine schier unglaubliche Karriere in einem Versicherungsunternehmen zurück. Er spricht sechs Sprachen, hat im Rahmen seiner beruflichen Tätigkeit die halbe Welt bereist, besitzt eine Eigentumswohnung und zwei Autos. Er regelt alles in seinem Leben selbst, darüber hinaus kümmert er sich um seine Eltern und seine zwei Schwestern, denen er in allen Fragen des Lebens beisteht. Wer auch immer in der Familie ein Problem hat, ein Anruf bei Johannes genügt und er wird tätig. Seit zwei oder drei Monaten fühlt sich Johannes aber zunehmend müde und erschöpft. Seine Interessen für die Hobbys haben nachgelassen, bei der Arbeit ist er unkonzentriert. Was ist für seinen beginnenden Burnout verantwortlich? Neben einer unachtsamen Lebensführung erfüllt auch er einen unausgesprochenen Auftrag seiner Familie. Als Einziger, der es »zu etwas gebracht hat« soll er sich um seine nicht so erfolgreichen Angehörigen kümmern. Das Problem dabei ist, dass sowohl die Eltern als auch die Geschwister das Ganze als eine Selbstverständlichkeit ansehen. Nicht etwa, dass sie sich Ratschläge und Anweisungen bei Johannes abholen und dadurch eigene Fortschritte machen würden, nein, sie haben sich im Laufe der Jahre aufs Konsumieren verlegt. Johannes versorgt seine Familie, gar nicht so sehr mit Geld, aber mit Energie, Lebenskraft, zeitlichem Einsatz. Bei den Gesprächen mit Johannes gingen mir Bilder von vollgesaugten Zecken durch den Kopf, keine sehr schöne Assoziation zugegebenermaßen. Johannes selbst hatte sich so sehr an seine Rolle gewöhnt, dass er sie nicht mehr hinterfragte. Wie nicht anders zu erwarten, hatte er mit Schuldgefühlen zu kämpfen, als es darum ging, einen anderen Umgang mit seinen Angehörigen zu finden.

Die Ausgrenzung bei den Sonnenvögeln besteht nicht in der Abwertung, so wie es noch bei den blendend weißen Schafen zu sehen ist. Vielmehr handelt es sich um ein beständiges Ausnutzen der besonderen Lebenstüchtigkeit dieser Frauen und Männer. Ohne Rücksicht auf die gesundheitlichen Belange des erfolgreichen und freigiebigen Kindes profitieren Eltern und Geschwister in einem reinen Einbahnstraßen-System. Im Einzelfall ist vielleicht noch so etwas wie Dankbarkeit erkennbar, meist aber stellt sich bei den Angehörigen eine Haltung ein, die sich eher noch durch Vorwürflichkeit auszeichnet, wenn es einmal nicht schnell genug geht. Der Druck, unter dem Johannes und andere Sonnenvögel stehen, ist enorm. Die meisten verinnerlichen dieses System so sehr, dass sie sich im Laufe der Zeit als verantwortlich für alle Belange der Familie erleben.

Veronika (46 J.) ist erfolgreiche Anwältin, verheiratet, zwei Kinder. Sie führt eine gute Ehe mit einem Lehrer, lebt im eigenen Haus. Neben der beruflichen Tätigkeit findet sie Zeit für den Chor und den Elternbeirat der Schule. Veronika macht alles richtig. Ihr vier Jahre jüngerer Bruder ist das Gegenteil. Etliche abgebrochene Ausbildungen, gescheiterte Beziehungen, Alkohol, Schulden. Der Unterschied zu seiner Schwester könnte nicht größer sein. Die Eltern sind einfache Leute, voller Angst um den Sohn, das Sorgenkind der Familie. Über die Jahre hinweg hat Veronika eine Menge an Geld, Zeit und Gesprächen in ihren Bruder investiert. Ihre Erfahrung ist, dass es sich nicht lohnt, weil er nicht lernfähig scheint. Die ganze Familie gerät aber in eine immer stärker fordernde Haltung Veronika gegenüber. Sie, der es gut geht, müsse doch »irgendetwas machen können«, um dem Bruder auf die Beine zu helfen. Vorwürfe macht Veronika niemand, aber täglich rufen die Eltern an mit den neuesten »Wasserstandsmeldungen« aus dem zunehmend verpfuschten Leben des Bruders. Der Druck wird unerträglich, da Veronika längst realisiert hat, dass sie keinen Einfluss auf den Bruder hat. Die Mischung aus Ohnmacht und sie überfordernden Appellen der Familie lässt Veronika fast verzweifeln.

Auf diese Weise geraten Frauen und Männer in die Rolle des schwarzen Schafes in einem familiären Umfeld, in dem Forderungen nach Unterstützung anderer Familienmitglieder zur extremen Belastung mutieren. Die Folgen sind fast immer gesundheitliche Schäden, Schuldgefühle, Belastungen im eigenen Privatleben und Gefährdung der beruflichen Leistungsfähigkeit.

NICHT ERNST GENOMMEN: BUNTE SCHAFE

Ins Abseits kann auch geraten, wer auf ganz andere Weise nicht ins familiäre Bild passt. Gerade künstlerische Naturen haben es oft nicht leicht, innerhalb der Familie akzeptiert zu werden, insbesondere wenn sie die Einzigen sind, die solchermaßen »aus der Art schlagen«. So wird der Künstler in der Beamtenfamilie als »Nichtsnutz« und »Tunichtgut« gehandelt, im Handwerkerbetrieb der Eltern als »arbeitsscheu« deklariert und im Mittelstand als Peinlichkeit gewertet.

Bereits an der Wortwahl sieht man, wohin hier die Reise geht: Das bunte Schaf ist zu nichts nutze, sein »Tun« ist nicht gut. Die negative Bewertung leitet sich aus dem – in den Augen der Familie – fehlenden Gewinn für die Gemeinschaft ab. Dabei fließen in diese Gewichtung ausschließlich materielle Werte ein. Natürlich dreht sich auch hier sehr viel ums Geld. Durch seine »brotlose Kunst« ist das bunte Schaf auf finanzielle Zuwendungen angewiesen. Der Künstler liegt seiner Familie auf der Tasche und trägt nichts zu seiner materiellen Absicherung bei. Dadurch entsteht bei vielen Frauen und Männern, die den Weg der Kunst für sich als richtigen erkannt haben, ein gewaltiger Druck. Nicht nur die Eltern, sondern auch Geschwister, die einer »ehrlichen Arbeit nachgehen«, sind oft sauer auf die Schwester oder den Bruder, die »es sich leicht machen«, morgens ausschlafen können und sich nicht an Konventionen halten.

Auch nach außen hin stehen konservativ orientierte Familien mit einem Künstlerkind in der Kritik. Tuschelnde Nachbarn, missbilligend den Kopf schüttelnde Verwandte machen es nicht leichter, sich hinter die Tochter oder den Sohn zu stellen, die in Malerei oder Musik ihre Bestimmung sehen. Vielleicht rechnen es sich die Eltern als Erziehungsfehler an, dass eines der Kinder »vom richtigen Weg abgekommen« ist. In diesem Fall versuchen Mutter und Vater dann mit mehr oder weniger sanftem Druck, den Abweichler zu einer »sinnvollen« Ausbildung oder einem »bodenständigen« Beruf zu nötigen. In einigen Familien herrscht schon Erleichterung, wenn sich das Musenkind in irgendeinen Studiengang einschreibt, sei es auch Philosophie oder Theaterwissenschaften. Dann kann man nach außen hin wenigstens kommunizieren, dass die Tochter jetzt studiert. Und auch der Sohn, der »Praktika im sozialen Bereich« macht, ist wieder »vorzeigbar«. Auch wenn er nur einmal in der Woche die alte Frau Lehmann im Rollstuhl zum Seniorentreff schiebt und ansonsten den Stromverbrauch des Haushaltes mittels E-Gitarre in die Höhe treibt.

Es gibt natürlich auch jede Menge wohltuender Beispiele von Familien, die geschlossen hinter dem Künstlerkind stehen, die sich freuen, dass auch dieser Aspekt des Lebens in der Familie Platz hat und ihren Stolz nicht verhehlen, wenn der Sohn seine Bilder in der Sparkasse ausstellt oder die Tochter als Frontfrau in der Band singt.

Aber leider erleben sich viele Künstler als ausgegrenzt innerhalb der Familie, als Außenseiter und Versager.

Was hat Bernd (26 J.) nicht schon alles versucht, um sich eine »bürgerliche Existenz« aufzubauen. Von Kindesbeinen an ist sein Talent fürs Malen aufgefallen. Schon im Kindergarten wurde seine Phantasie von den Erzieherinnen gelobt. In der Schule verblüffte er seine Lehrer durch die ungewöhnliche Farbgebung seiner Bilder wie auch durch die Entschlossenheit seiner Skizzen. Bernd zeichnete für sein Leben gern, er hatte tausend Ideen, die er alle umsetzen wollte. Seine Schulhefte sahen bald alle aus wie kleine Kunstwerke, weil er ständig alles vollmalte, mit Bleistift, Kuli, Buntstift. Diese ungewöhnliche Gestaltung seiner Mathematik- und Deutsch-Hefte fand erwartungsgemäß nicht bei allen Lehrern Zustimmung. So begannen schon in der Schule sein Talent und seine Leidenschaft zum »Problem« zu werden. Mit zunehmendem Alter wurden Bernds Eltern darauf hingewiesen, dass die künstlerische Begabung des Sohnes ja ganz nett sei, man diese aber besser »kanalisieren« müsse und dass Sonnenuntergänge in den verschiedensten Farben nichts zwischen mathematischen Gleichungen zu suchen hätten. Außerdem solle er sich mit seinen Karikaturen etwas zurückhalten, da nicht alle Lehrer sich auf diese Weise porträtiert sehen wollten.

Bernd schaffte die Mittlere Reife ohne Probleme, er war intelligent und musste nicht viel lernen, um gute Leistungen zu erzielen. Seine Leidenschaft für die Malerei wurde immer stärker, er landete schließlich bei den Ölfarben und seine Formate wurden größer und größer. Neben dem Platzproblem stand zunehmend die Frage nach der Finanzierung. Die Eltern sprachen von einem »teuren Hobby«, Bernd selbst wollte immer nur malen. Schließlich drehten die Eltern den Geldhahn zu. Erst solle er einen Beruf erlernen, dann könne er sich wieder seinem Hobby widmen. In den folgenden Jahren begann Bernd mehrere Ausbildungen – als Erzieher, in der Jugendhilfe, einmal sogar im Büro. Nirgends hielt er durch, alles brach er ab. Für seine Eltern war dies ein klares Zeichen, dass er entweder ein Faulpelz oder ein Rebell sei. Beides müsse man ihm austreiben. So kam er zur Therapie – als einer, mit dem »irgendetwas nicht stimmt«. In der Tat war er niedergeschlagen, lustlos, ohne Schwung. Kam man aber auf seine Bilder zu sprechen, dann war er wie ausgewechselt. Er wurde richtiggehend redselig und seine Augen leuchteten. Natürlich hatte er all die Jahre heimlich weiter gemalt und gezeichnet, wenn auch in kleinen Formaten und ohne Öl. Seine Werke breitete er auf dem Boden des Therapiezimmers aus. Hier, wo keine Einschränkungen herrschten, sah man seine Leidenschaft eindrucksvoll aufblühen. Nach einigen Monaten war klar: Bernd war ein Künstler durch und durch. Kein Faulpelz, kein Verweigerer, sondern ein Mensch, den die Muse sehr heftig geküsst hatte. Seine durchaus ernsthaften Bemühungen, in einem von den Eltern favorisierten Beruf Fuß zu fassen, waren zum Scheitern verurteilt.

Als »buntes Schaf« war er innerhalb seiner Familie abgewertet und massiv unter Druck gesetzt worden. Mit der Abwertung seiner Kunst erlebte er sich auch als Mensch wertlos. Durch die Therapie fand er zurück zu seinem Selbstverständnis als Künstler. Solchermaßen gestärkt stand er nun vor der Frage, wie er seinen Lebensunterhalt bestreiten sollte, denn mit dem Verkauf von Bildern ließ sich noch kein Staat machen. Tatsächlich landete er in einem Bürojob, der so gar nichts Künstlerisches hatte. Aber Bernd war clever und konnte sich arrangieren. Er lebte weiter für seine Kunst, verdiente aber sein Geld ganz pragmatisch auf andere Weise. Aus dem »entweder – oder« war ein »sowohl als auch« geworden. Voraussetzung dafür war, dass er seine Selbstdefinition als

Künstler leben durfte und er sich als Mensch vollwertig fühlen konnte. Erst dadurch war der Schreibtischjob möglich geworden.

Wenn in diesem Fall eine Therapie die Wende brachte, bringt mich das zu einer anderen Gruppe, die ich auch unter die »bunten Schafe« zählen möchte: Frauen und Männer mit einer psychischen Erkrankung. Gemeint sind hier nicht Menschen, die als Folge ihrer Entwicklung zum schwarzen Schaf psychische Probleme bekommen haben. Die Rede ist hier vielmehr von der umgekehrten Entwicklung: Durch die Erkrankung entsteht eine Sonderrolle in der Familie, die zu Ausgrenzung und Benachteiligung führt.

Als Facharzt für Psychiatrie sehe ich viele solcher schwarzer Schafe in der Praxis. Der eine Teil leidet, weil die Familie ihn aufgrund seiner Krankheit nicht für voll nimmt, der andere, weil die Krankheit als solche nicht akzeptiert wird.

In ersterem Fall kann die Ausgrenzung eher subtil erfolgen mit allen Übergängen zwischen sinnvoller Rücksichtnahme auf die besonderen Belange des Kranken und einem erniedrigenden Nicht-ernst-Nehmen. In unserer fortschrittlichen und aufgeklärten Gesellschaft sind Zustände, wie sie früher in einfachen, oft ländlichen Gebieten üblich waren, selten. In diesen dunklen Zeiten wurde schon mal der minderbegabte Sohn innerhalb des Hofes unter Bedingungen gehalten, wie sie sonst dem Vieh vorbehalten sind. An diesen mittelalterlich anmutenden Umständen wird die ganze Grausamkeit deutlich, unter der ein psychisch auffälliger Mensch in der Familie sein Dasein fristen musste. Andererseits hatten psychisch Kranke innerhalb der Dorfgemeinschaft gelegentlich eine Sonderrolle, die ihnen zumindest ein Miteinander ermöglichte. Aus meinen Kindertagen kann ich mich noch an die »alte Kathl« erinnern, die in dem kleinen Dorf wohnte, in dem meine

Großeltern lebten. Aus heutiger Sicht wird man bei ihr unschwer Symptome einer schizophrenen Psychose erkennen, damals war sie nur als »die Narrische« bekannt. Die Kinder hatten große Angst vor ihr, wenn sie schimpfend und in verkrümmter Haltung, gewandet in Säcke und geschmückt mit Hühnerfedern, durch die Straßen zog. Bei der Messe am Sonntag, so erzählte man mir, erschien sie für gewöhnlich bei der Wandlung, stellte sich im hinteren Bereich der Kirche auf und vollführte Bewegungen wie ein Fluglotse, in jeder Hand ein ellenlanges Messer. So weit ich weiß, wurde sie nie zwangsweise in die Klinik eingewiesen, alle waren von ihrer Harmlosigkeit überzeugt. Sie wohnte alleine mit ihrem Ziegenbock in ärmlichsten Verhältnissen, Essen erhielt sie von mitleidigen Nachbarn und von der Kirche. Sie war auf eine absonderliche Weise ein Mitglied der Dorfgemeinschaft.

In heutigen Tagen und in der Großstadt sind psychisch Kranke meist medizinisch besser versorgt. Auf ihre Akzeptanz innerhalb der Familie hat dies aber oft keinen Einfluss. So viele Beispiele ich auch nennen könnte, in denen Familien liebevoll und mit Verständnis mit psychisch erkrankten Mitgliedern umgehen, so oft treffe ich auch auf das Gegenteil.

Betroffen von innerfamiliärer Ausgrenzung sind häufig Frauen und Männer mit chronischen psychischen Störungen wie schizophrenen Psychosen. Gerade diese Erkrankung bedingt oft Eigenheiten in Verhalten und Selbstdarstellung, die der Außenwelt nicht verborgen bleiben. Viele Familien schämen sich schlicht ihrer psychisch kranken Mitglieder. Hinzu kommen Stigmatisierung in der Gesellschaft und den Medien. Darstellung von schizophren Erkrankten als »Psychokiller« in einschlägigen Filmen, entsprechend aufgebauschte Zeitungsmeldungen über »irre« Amokläufer tragen dazu bei, dass die Existenz eines schizophrenen Kindes vertuscht werden soll. So kommt es auch hier zu einer Entwicklung, an deren

Ende der Patient nicht nur durch seine Erkrankung, sondern ebenso durch die Ausgrenzung innerhalb seiner Familie gehandicapt ist. Auch schwarze Schafe mit psychischer Grunderkrankung haben Schuldgefühle, manche schämen sich regelrecht ihrer Existenz und befürchten, die Familie zu belasten. Sie spüren deutlich, dass sie nicht ernst genommen, dass sie wie Menschen zweiter Klasse behandelt werden.

Paradoxerweise ist dies besonders schlimm, wenn die psychische Störung als solche von Eltern und Geschwistern ignoriert oder negiert wird. »Eine Psychose in unserer Familie? Kann nicht sein!« Aus dieser Einstellung heraus entwickelt sich ein Verhalten, das die nötige Rücksichtnahme gegenüber dem erkrankten Familienmitglied völlig vermissen lässt.

Georg (42 J.) leidet seit seinem Zwanzigsten Lebensjahr an einer sogenannten schizo-affektiven Störung. Zeiten der schweren Depression, in der er kaum aus dem Bett kommt, wechseln sich bei ihm ab mit manischen Phasen, in denen er kaum schläft, sich wie der King fühlt und voller (unrealistischer) Pläne steckt, die er alle gleichzeitig umsetzen will. In seinen Krankheitsphasen hat er aber auch Symptome, die bei einer Schizophrenie vorkommen, wie Stimmenhören und das Gefühl, von fremden Mächten gesteuert zu sein. Zwischen diesen Phasen ist er ausgeglichen, allerdings fehlt ihm dann die Energie, er fühlt sich schwunglos und leer. Vor allem ist er dann nicht belastbar, schon kleinere Anstrengungen und jede Art von Stress bringen ihn aus der Fassung. Georgs Eltern verhalten sich wenig einfühlsam. Trotz wiederholter Klinikaufenthalte, während derer sie von den behandelnden Ärzten über die Erkrankung ihres Sohnes aufgeklärt wurden, verschließen sie die Augen davor, dass seine Störung eine Krankheit ist. Während seiner depressiven Phasen geben sie ihm Ratschläge »zur besseren Motivation« und unterstellen ihm Müßiggang. Seine manischen Zustände akzeptieren sie insoweit, als er ihnen dann »tatkräftig« erscheint, seine wilden Pläne in diesen Zeiten nennen sie »unreif«, seine überhöhten Geldausgaben »unverantwortlich«. An die Stelle eines Verständnisses der psychischen Erkrankung des Sohnes treten Wertungen, die bei psychisch Gesunden angebracht sein mögen, am Wesen einer Psychose aber völlig vorbeilaufen.

Zu Beginn einer solchen Erkrankung muss man sicher den Angehörigen eine gewisse Zeit des Verdrängens und Verleugnens zubilligen, aber Georgs Eltern verhalten sich seit 22 Jahren so. Dadurch sieht sich Georg unter einem ständigen Druck, der eine psychische Stabilisierung verhindert. Es wird ihm schlicht nicht zugestanden, dass er nicht mit derselben Elle wie ein psychisch stabiler Mensch gemessen werden kann. Anstelle von Verständnis und Entlastung in depressiven Phasen erfährt er Vorwürfe und wird unter Druck gesetzt, und auch während der manischen Zeiten erkennen die Eltern nicht die Krankheit in seinen Aktionen. Aufgrund seiner Erkrankung und seiner bleibenden Leistungseinbußen bezieht Georg mittlerweile eine Erwerbsunfähigkeitsrente. Auch in Bezug darauf verhalten sich die Eltern wenig hilfreich. Jede Woche erhält Georg von seinem Vater Stellenanzeigen oder Angebote zur Umschulung, was davon zeugt, dass die psychische Realität ihres Sohnes von den Eltern nicht akzeptiert wird. Angewiesen auf die (auch finanzielle) Unterstützung durch die Eltern, lebt Georg seit vielen Jahren in einem Zustand ständiger Überforderung und dem Erleben, dass ein prägender Teil seines Lebens, nämlich seine psychische Erkrankung, von Mutter und Vater ignoriert wird. Mindestens zwei seiner zahlreichen stationären Aufenthalte gehen in meinen Augen auf das Konto dieser ihn völlig überfordernden Einstellung seiner Eltern.

Die Thematik des »bunten Schafes« zeigt sich natürlich besonders in den Fällen, in denen psychische Erkrankung und künstlerische Ambitionen gemeinsam auftreten. Nicht selten sind ja die ungewöhnlichen Erfahrungen, die im psychischen Ausnahmezustand der Psychose gemacht werden, ein Einstieg in die künstlerische Darstellung dieses Erlebens. In meinen Augen ist es kein Wunder, dass wir viele Künstler kennen, die an einer psychischen Störung litten, als Beispiel seien stellvertretend für viele andere nur Vincent van Gogh und Rainer Maria Rilke genannt. Anders als bei diesen berühmten Vertretern der Kunst haben es psychisch kranke Maler und Dichter, die »im stillen Kämmerlein« ihre Werke produzieren und es nie zu öffentlichem Ruhm bringen werden, in ihren Familien oft schwer. Nicht ernst genommen, abgewertet und verleugnet, sind sie die schwarzen Schafe der Familie.

DIE »NORMALOS«

Nachdem zuletzt von Frauen und Männern die Rede war, die sich deutlich vom Rest ihrer Familie unterscheiden, sei es durch ungewöhnliche Erfolge, künstlerische Begabung oder eine psychische Erkrankung, soll noch einmal darauf hingewiesen werden, dass keinesfalls immer die Auffälligen in der Familie Gefahr laufen, zum schwarzen Schaf zu werden. Wir haben bereits Beispiele gesehen, in denen gerade die stillen, zurückhaltenden Familienmitglieder in diese Rolle gedrängt wurden. Insbesondere wenn Geschwister existieren, die ihrerseits etwas Besonderes an den Tag legen, haben es die »Normalos« manchmal schwer.

Häufig handelt es sich um eine Erkrankung der Schwester oder des Bruders, welche die gesamte Aufmerksamkeit der Eltern absorbiert. Da bleibt dann zu wenig Energie übrig, um sich auch noch um das unauffällige Kind zu kümmern, das die besondere Zuwendung der Eltern »nicht so nötig hat«. Berichte von schwarzen Schafen, die auf diese Weise zum vernachlässigten Familienmitglied wurden, zeugen von großer Traurigkeit und Entbehrung.

»Natürlich habe ich es immer eingesehen, dass meine Eltern sich mehr um meinen Bruder kümmern mussten«, berichtet Susanne (27 J.). »Mit seiner Mukoviszidose war er das Sorgenkind der Familie. Ich selbst bin halt irgendwie zurechtgekommen. Oft habe ich versucht, meine Mutter zu trösten. Wenn ich heute so zurückblicke, ist einfach nichts für mich übriggeblieben von der Kraft meiner Eltern. Die ganze Liebe, die sie hatten, mussten sie meinem Bruder geben.«

Das moralische Dilemma, in dem das schwarze Schaf in dieser Konstellation steckt, wird aus diesem Zitat deutlich. Dass ein erkranktes Kind die besondere Fürsorge der Eltern benötigt, leuchtet jedem ein. Schwierig, da noch eigene Bedürfnisse geltend zu machen. Das auf solche Weise ins Hintertreffen geratene Kind möchte den Eltern »nicht auch noch Kummer machen«, sie nicht belasten oder stressen.

Selbst wenn die Erkrankung aus Kindertagen im Erwachsenenleben abgeklungen oder gar ausgeheilt ist, bleibt die Rollenverteilung oft dieselbe. In alter Familientradition genießen die Tochter mit Kinderlähmung oder der Sohn mit Anfallsleiden die besondere Aufmerksamkeit von Mutter und Vater, auch wenn die Krankheit längst keine große Rolle mehr spielt. Aber selbst dann noch fällt es den ein Leben lang zu kurz Gekommenen schwer, die Ungerechtigkeit in der Familie anzusprechen. Dies ist dann oft die große Zeit der Selbstbeschwichtigungen. »Ich muss ja froh sein, dass ich selbst nicht krank war« oder »Ich will nicht ungerecht sein, meine Eltern hatten so viel mit meiner Schwester am Hals, die konnten sich ja auch nicht klonen«, lauten die Botschaften, die das schwarze Schaf sich selbst schickt, um die Familie in Schutz zu nehmen vor dem eigenen Gefühl, zu kurz gekommen zu sein. Und es ist ja auch etwas Wahres in diesen Sätzen enthalten. Das Problem ist nur, dass diese rationalen Beschwichtigungen nichts am negativen Lebensgefühl ändern werden. Auch hier hat ein Mädchen oder ein Junge die Erfahrung gemacht, gegenüber einem Geschwister benachteiligt worden zu sein. Diese Erfahrung ist schmerzhaft und setzt sich fest, ob wir es wollen oder nicht.

Bei aller Einsicht in die Situation der Eltern wollen Kinder einfach geliebt sein und nicht ständig die zweite Geige spielen, wodurch auch immer das bedingt ist. Für die Eltern baut sich an dieser Stelle auch ein gewaltiger Druck auf. Wie sollen sie diese Gerechtigkeit herstellen, wie für alle Kinder das gleiche Maß an Liebe und Aufmerksamkeit bereitstellen, wenn die eigenen Kräfte begrenzt sind?

Manche Familiengeschichten haben so etwas regelrecht Tragisches, die Benachteiligung des »normalen« Kindes scheint unausweichlich und vorprogrammiert.

Ergänzend sei an dieser Stelle noch angemerkt, dass die Tragik in dieser Konstellation beim Tod eines Kindes noch verheerender ihre Unausweichlichkeit zeigt. Stirbt eine Tochter oder ein Sohn, so steht die Familie vor einer Zerreißprobe. In einem mir bekannten Fall erkrankte nach dem Tod seines Bruders der zweite Sohn einer Familie an einer langdauernden, aber nicht potentiell lebensbedrohenden Krankheit. Seine Eltern, die den Bruder bis zu seinem Krebstod aufopferungsvoll gepflegt und betreut hatten, wendeten sich nun von ihrem zweiten Kind ab. Es war keine Kraft mehr da, um sich mit einer neuerlichen, ebenfalls Energie raubenden Erkrankung innerhalb der Familie zu beschäftigen. So machte der noch verbliebene Sohn zwei grausame Erfahrungen: Er musste den Tod seines älteren Bruders verkraften und erlebte, wie er selbst von Mutter und Vater im Stich gelassen wurde. Eine echte Tragödie, überaus schmerzlich und verstörend.

Als »einzig Normale unter lauter Irren« beschreibt sich Irene (58 J.). Mutter und Vater kennt sie nur als Alkoholiker, die Schwester leidet an einer schweren Zwangsstörung und der Bruder ist ein Lebemann, der auch dem Alkohol zuspricht, sich aushalten lässt und keinerlei Verantwortung übernimmt. Kindheit und Jugend in dieser Familie müssen wohl ein einziges Chaos gewesen sein. Irene ist trotzdem eine patente Frau geworden, die lange Jahre in einem Schreibbüro gearbeitet hat und jetzt aufgrund von orthopädischen und rheumatischen Leiden frühberentet ist. Der Vater ist vor fast zehn Jahren verstorben. Zusammen mit ihrem Ehemann kümmert sich Irene um die über 80-jährige Mutter. Wobei »kümmern« nicht der richtige Ausdruck ist: »Es ist ein einziger Terror. Meine Mutter trinkt jeden Tag einen Kasten Bier und raucht zwei Schachteln Zigaretten. Jeder andere wäre schon längst gestorben, aber sie ist fitter als ich. Mein Mann und ich fahren ihr einmal in der Woche die Bierkästen hin. Aber glauben Sie nicht, dass sie danke sagen würde. Wir müssen uns noch von ihr beschimpfen lassen. Ich weiß gar nicht, wann sie giftiger ist, mit oder ohne Alkohol. Zum Arzt geht sie nicht, obwohl sie manchmal hustet wie verrückt. Wenn es ihr langweilig ist, ruft sie bei uns an und röchelt irgendwas ins Telefon. Wie oft wir schon hin sind und gedacht haben, wir finden sie halbtot vor, kann ich gar nicht mehr zählen. Aber jedesmal war sie topfit und hat losgeschimpft, dass sie neues Bier braucht oder neue Zigaretten. Meine Mutter ist ein richtiges Monster, so etwas können Sie sich nicht vorstellen. Wenn mein Mann mich nicht so toll unterstützen würde, wüsste ich nicht, wie ich das schaffen sollte. Meine Schwester ist ja, was die Mutter angeht, ein Total-ausfall, die kriegt schon Zustände, wenn sie nur von ihr hört. Und mein Bruder ist ein Meister darin, sich rauszuhalten. Irgendwie war das schon immer meine Rolle in der Familie. Jeder hat vor sich hingesponnen und ich war diejenige, die sich um alle kümmern musste. Glauben Sie mir, ich bin Arbei-ten wirklich gewohnt; seit ich 14 bin, habe ich durchgearbei-tet. Ich kann schon was wegstecken, aber das wird mir irgend-wann mal zu viel werden.«

Eine heftige Schilderung dieser familiären Situation, aber beileibe kein Einzelfall! In dieser Konstellation besteht die Be-nachteiligung nicht in einem Zuwenig an Liebe oder Auf-merksamkeit für das schwarze Schaf. Nach Irenes Schilderung haben auch ihre Geschwister unter der Situation dieser deso-laten Familie gelitten. Zusätzlich zu dieser negativen Erfah-rung hat aber Irene eine Sonderrolle bekommen, die ihr ein Übermaß an Arbeit und Mühe aufbürdet, dem sie kaum ge-wachsen ist. Im Prinzip ist sie für ihre Mutter eine kostenlose Dienstmagd, die schuften muss und dafür noch beschimpft wird. Die sicherlich bedauernswerte kranke Schwester und der Lebenskünstler-Bruder sind dabei außen vor, sie haben sich, jeder auf seine Weise, dem Zugriff der Mutter entzogen. Ihre Zugehörigkeit zu dieser Familie hat Irene in eine aus ihrer Sicht nahezu aussichtslose Situation gebracht. »Schuld daran« ist in ihren Augen die Tatsache, dass sie das »einzig normale« Familienmitglied ist.

Auch in anderen Fällen scheint mir bei schwarzen Schafen aus der »Normalo«-Fraktion vor allem Ratlosigkeit zu herr-schen, wie sie diese Rolle ablegen können. Und in der Tat sind solche Konstellationen sehr schwer aufzulösen. Dies kontras-tiert dann oft mit der Einstellung von Freunden und Bekann-ten, die mit Bemerkungen wie »so etwas würde ich nie mitmachen!« oder »lass dir das doch nicht bieten, wieso lässt du dich so ausnutzen?« zusätzlich Öl ins Feuer gießen und den Druck auf das schwarze Schaf noch erhöhen. Viele Frauen und Männer in einer solchen Situation erleben ihre Familie wie ein Gefängnis. Da es sich oft um Entwicklungen handelt, die über Jahre und Jahrzehnte gehen, haben viele bereits resigniert und die Hoffnung auf einen Ausweg aufgegeben. Nicht wenige denken an Selbstmord, um aus dieser Zwickmühle herauszukommen. Deshalb ist schwarzen Schafen in so einer misslichen Situation der Gang zum Arzt anzuraten, aber dazu später mehr.

An dieser Stelle kommt es mir darauf an zu zeigen, dass die unselige Entwicklung hin zum schwarzen Schaf der Familie wirklich jeden treffen kann und dass gerade die »Normalos« manchmal das schwerste Los haben. Bei ihnen sind auch alle Übergänge zwischen subtiler Benachteiligung über Vernachlässigung bis hin zu Ausgrenzung bzw. Überbeanspruchung innerhalb der Familie zu sehen.

PATCHWORK-PROBLEME

Schwarze Schafe entstehen in Patchwork-Familien meist dann, wenn zwischen den Kindern aus beiden Familien ein nennenswerter Altersunterschied besteht. Zunächst einmal verwundert das. Man möchte doch meinen, dass es eher zur Eifersucht kommt, wenn die Kinder einer Altersstufe angehören und um die Gunst der Eltern buhlen oder befürchten, von der neuen Mama oder dem neuen Papa benachteiligt zu werden. Andererseits sind gerade Familien, die sich neu als Gemeinschaft finden, in vielen Fällen durch ein hohes Maß an Toleranz ausgezeichnet. Haben beide Partner bereits Kinder, besteht oft eine große Bewusstheit, dass in dieser Situation besonders auf die Bedürfnisse der Töchter und Söhne geachtet werden muss.

Die Situation, in denen Patchwork-Familien entstehen, ist ja auch oft dadurch geprägt, dass große Freude über die neue Familie herrscht. Vielleicht hat einer der beiden Partner sich gerade aus einer unbefriedigenden Beziehung gelöst, ein anderer ist glücklich, weil er das Alleinsein satt hatte. Auch die Betreuung der Kinder wechselt nun vom Alleinerziehungs-Modus hin zum Familienleben. In so einer Situation achten meist alle Beteiligten darauf, dass es der neuen Familie gut geht. Aufkommende Eifersucht oder Machtkämpfe unter den neu als Halbgeschwister aufgestellten Kindern finden unter den wachsamen Augen der Eltern statt, die sich das neue Familienglück nicht vermiesen lassen wollen.

Eine ganz andere Konstellation schildert Marianne (43 J.):
»Meine Eltern haben sich getrennt, als ich Anfang 20 war. Warum sie so lange durchgehalten haben, weiß ich nicht, denn ihre Ehe war nie gut. Während meine Mutter dann Single geblieben ist, hat mein Vater nach kurzer Zeit wieder geheiratet. Mit meiner Stiefmutter bin ich nie klargekommen, sie ist eine kalte und berechnende Frau. Jedenfalls haben die beiden dann noch zwei Kinder bekommen. Anfangs habe ich mich noch für meinen Vater gefreut, aber ich musste bald erkennen, dass ich seither bei ihm abgeschrieben war. Seine Frau wollte mich gar nicht an meine beiden kleinen Halbgeschwister ranlassen, das kam mir schon komisch vor. Aber auch mein Vater selbst hat sich mehr und mehr von mir zurückgezogen. Ich habe immer darauf geachtet, dass ich im Trennungsstreit meiner Eltern keine Stellung beziehe und mich nicht auf eine Seite schlage, daran kann es also nicht gelegen haben. Es wurde immer klarer, dass ihm seine beiden neuen Kinder wichtiger waren und ihm mehr bedeuteten als ich. Das hat mich überaus

traurig gemacht, denn ich hatte zu meinem Vater zuvor eine sehr herzliche Beziehung. Natürlich hatte ich nicht erwartet, dass ich in seine neue Familie voll integriert sein würde, ich hatte ja zu der Zeit auch schon mein eigenes Leben. Aber mein Vater hat sich eigentlich gar nicht mehr bei mir gemeldet. Er hat nie von sich aus angerufen. Wenn ich mich bei ihm gerührt habe, kam ich mir immer irgendwie abgefertigt vor, so als sei es ihm lästig, sich mit mir auseinandersetzen zu müssen. Anfangs war ich sauer auf seine neue Ehefrau, weil ich vermutete, dass sie dahintersteckte. Aber mittlerweile finde ich das Verhalten meines Vaters viel schlimmer. Dass die Stiefmutter nichts mit mir am Hut hat, ist ja noch verständlich. Aber er als mein Vater hätte sich schon um mich kümmern können. Für ihn gab es aber nur noch seine Tochter und seinen Sohn aus zweiter Ehe.«

Die schwierige und enttäuschende Beziehung zu ihrem Vater gipfelte für Marianne in späteren Jahren auch in einer sehr belastenden Situation, nachdem der Vater sie quasi enterbte. Die emotional schädigende Bedeutung einer solchen Maßnahme haben wir ja bereits kennengelernt (S. 55 f.). Für Marianne war es der vorerst letzte Akt der Benachteiligung und Ausgrenzung in dieser Patchwork-Situation.

Existieren aus der ersten Beziehung mehrere Kinder, so können diese wenigstens untereinander die schwierige Situation kommunizieren und sich gegenseitig stützen. Wie auch in anderen belastenden familiären Konstellationen verhindert eine Schwester oder ein Bruder, mit denen ich »im gleichen Boot sitze«, in vielen Fällen, dass ich die typische »Schwarze-Schaf-Erfahrung« mache. In diesem Fall kann das Sprichwort vom »geteilten Leid«, das den eigenen Schmerz abmildern kann, durchaus seine Richtigkeit haben. Bin ich aber das einzige Kind, das in einer solchen Patchwork-Situation emotional auf der Strecke bleibt, so ist es schwer, mit dieser Erfahrung des Ausgebootet-Werdens umzugehen.

Schwarze Schafe sind in dieser Konstellation in den meisten Fällen Einzelkinder aus der ersten Ehe.

Allerdings gibt es durchaus auch Beispiele, in denen zwei Geschwister aus einer früheren Beziehung vorhanden sind und nur eines der beiden in der Patchwork-Konstellation ausgegrenzt wird. Bezeichnenderweise waren es in den mir bekannten Fällen immer die Töchter, die dieses schwere Los getroffen hat. Während die Kinder aus der neuen Beziehung als »Lieblingskinder« zu identifizieren waren, hatte der Sohn aus erster Ehe in diesen Fällen deutlich mehr Kontakt zum Vater oder der Mutter, die in einer neuen Familie lebten. So sind auch in der Patchwork-Konstellation familienübergreifende Unterschiede im Umgang mit den Kindern aus der früheren Beziehung erkennbar, die das Ausmaß echter Ausgrenzung eines einzelnen Kindes erreichen.

Der umgekehrte Fall, dass nämlich ein Kind aus einer neuen Beziehung gegenüber seinen Halbgeschwistern aus einer früheren Partnerschaft von Mutter oder Vater in nennenswerter Weise benachteiligt worden wäre, ist mir bisher noch nie begegnet.

In der Patchwork-Situation spielt auch das Verhalten des jeweils anderen Elternteils, der keine Ausgrenzung des eigenen Kindes gegenüber einer neuen Familie betreibt, eine große Rolle. Natürlich wird der Schmerz darüber, vom eigenen Vater im Vergleich mit dessen Kindern aus der neuen Beziehung benachteiligt zu werden, immer groß sein. Auf der anderen Seite bleibt mir dann ja immer noch die Mutter, die diese Vernachlässigung nicht mitmacht.

Leben nach einer Trennung beide Eltern in neuen Beziehungen und bin ich als Kind in zumindest eine dieser neuen Familien eingebunden, so wird die Entwicklung zum schwarzen

Schaf meist nicht einsetzen. Die Erfahrung, dass ich als älteres Halbgeschwister eine wichtige Rolle in der neuen Familie meiner Mutter oder meines Vaters spiele, ist dabei sehr wichtig. So kann die Enttäuschung darüber, dass der andere Elternteil mich aufs emotionale Abstellgleis schiebt, abgemildert werden.

DIE MAUSEFALLE

Ich habe etwas gezögert, ob ich diese Thematik in diesem Buch besprechen soll. Es gibt einige Besonderheiten, die diese Konstellation von den bisher dargestellten unterscheiden. Auf der anderen Seite handelt es sich um eine Situation eindeutiger Ausgrenzung innerhalb einer Familie mit oft großem Leid für Frauen und Männer, die diese Erfahrung machen. Insofern findet sich auch hier ein im Familienverbund isoliertes schwarzes Schaf, dessen Bedürfnisse in fataler Weise zu kurz kommen. Aus diesem Grund passt diese spezielle Situation dann eben doch in unser Thema.

Bevor ich lange erkläre, sollen wieder die schwarzen Schafe selbst zu Wort kommen. Hier also der Bericht von Johannes (49 J.):

»Ich habe spät geheiratet, erst mit 42 Jahren. Meine Frau habe ich in der Arbeit kennen gelernt. Sie ist zwölf Jahre jünger als ich und hat bei uns in der Firma in der Buchhaltung gearbeitet. Vom Wesen her sind wir sehr unterschiedlich. Während ich immer schon eher der Stille war, ist meine Ehefrau sehr temperamentvoll. Sie hat mich von Anfang an begeistert und mitgerissen. Ich war sehr glücklich über diese Beziehung, da ich bisher keine guten Erfahrungen mit Frauen gemacht hatte. Zuerst war auch alles wunderschön. Wir haben nach einem Jahr geheiratet und wollten Kinder haben.

Nach der Geburt unserer Tochter wurde die Beziehung dann schwieriger. Meine Frau war sehr eingespannt mit der Betreuung unserer Kleinen. Wir haben diese klassische Rollenaufteilung, sie ist zu Hause, ich gehe arbeiten. Das wollte sie auch so, sie hat es selbst vorgeschlagen. Ich habe mich auch immer sehr bemüht, meine Frau zu entlasten, konnte es ihr aber irgendwie nicht recht machen. Die Stimmung zu Hause war sehr angespannt in den ersten Monaten nach der Geburt. Aber das ist ja auch normal, oder? Na ja, jedenfalls wurde sie sehr schnell wieder schwanger. Diese zweite Schwangerschaft war komplizierter als die erste, meine Frau musste viel liegen. Da wir keine Verwandten in der Nähe haben, stellten wir jemanden ein, der sich um den Haushalt kümmerte.

Nach der Geburt der zweiten Tochter wurde aber alles noch schlimmer. Meine Frau war ständig gereizt. Sie war unzufrieden mit ihrer Rolle und wollte wieder arbeiten. Unsere Beziehung wurde immer schlechter, es gab fast täglich Streit. Zärtlichkeiten spielten überhaupt keine Rolle mehr, von Sex ganz zu schweigen. Da meine Frau ständig an der Grenze ihrer Belastbarkeit war, kümmerte ich mich immer mehr um die Töchter.

Als die ältere in den Kindergarten ging, engagierten wir ein Kindermädchen, das sich um die kleine kümmerte. So konnte auch meine Frau wieder arbeiten gehen. Zufrieden wurde sie dadurch aber nicht, sondern bemängelte, dass es ihr an Freizeit fehle. Ich übernahm die Betreuung unserer Töchter zusammen mit dem Kindermädchen nun fast alleine. Ich hatte Mitleid mit meiner Frau und wollte sie entlasten. Sie widmete sich auch immer mehr ihren Hobbys, machte Salsa-Kurse und ging zur Gymnastik. Mit meiner Arbeit und der Betreuung der Töchter war ich so ausgelastet, dass ich nicht bemerkte, dass meine Frau sich veränderte. Sie wurde mir gegenüber immer kühler und schnippischer. Jetzt ging sie auch immer öfter am Abend alleine aus. Der Verdacht, dass sie mich betrügen könnte, kam mir erst spät. In meiner Not las ich die SMS auf ihrem Handy und entdeckte eindeutige Botschaften. Ich stellte sie zur Rede, daraufhin machte sie mir eine Szene, weil ich ihr nachspioniert hatte. Seither ist kein Tag mehr vergangen, an denen sie mich nicht beschimpft und anschreit. Ich habe versucht, mich mit ihr auszusprechen. Die einzige Bemerkung, die sie gemacht hat, geht in die Richtung, ich sei ›ein einziger Irrtum‹ gewesen. In einem Streit hat sie zugegeben, mich nur geheiratet zu haben, weil sie Kinder wollte. Im Falle einer Scheidung würde sie alle Hebel in Bewegung setzen, um mir die Kinder wegzunehmen. Ich solle sie in Ruhe ihr Leben leben lassen, sonst würde ich alles verlieren.«

Wäre nicht das Geständnis von Johannes' Ehefrau, dass sie ihn nur wegen der Aussicht auf Kinder geheiratet hatte, so hätten wir hier eine dieser traurigen Entwicklungen, bei denen Paare scheitern, wenn aus der Partnerschaft Familie wird. Diese Fälle haben oft etwas Tragisches an sich, da keiner der beiden diese Ausweglosigkeit geahnt hatte, die schließlich zum Zerbrechen der noch jungen Familie führt. Auch in diesen Fällen gibt es hin und wieder Vorwürfe, dass einer der beiden Partner nur aus Berechnung geheiratet und Kinder in die Welt gesetzt habe. Ist die heiße Phase der Trennung dann aber vorbei, so beruhigen sich die Gemüter oft wieder und die Ex-Partner arrangieren sich zum gegenseitigen Wohl und zu dem des Kindes.

In Johannes' Geschichte trägt hat das Vorgehen seiner Ehefrau aber weniger Züge eines tragischen Irrtums, sondern erscheint zielstrebiger, wenn nicht planvoll. Man kann durchaus den Eindruck gewinnen, dass Johannes in eine Falle getappt ist.

Ein anderes Beispiel ist Martha (47 J.). Nach mehreren gescheiterten Beziehungen, in denen sie sich oft ausgenutzt vorkam, lernt sie Bernd kennen. Er ist Anfang 50 und seit zwei Jahren verwitwet. Mit seinen beiden Kindern im Pubertätsalter lebt er in ländlicher Umgebung im eigenen Haus. Bernd macht Martha nach allen Regeln der Kunst den Hof. Er ist großzügig, charmant, zuvorkommend. Ihr anfängliches Misstrauen weicht bald dem Gefühl, jetzt endlich einmal Glück mit einer Beziehung zu haben. Immer mehr Zeit verbringt sie mit Bernd, immer öfter auch in seinem Haus. Seine Tochter und sein Sohn sind ebenfalls freundlich, »gut erzogen« und behandeln sie respektvoll. Nach einem Jahr kündigt Martha ihre Stadtwohnung und zieht zu Bernd. Die Hochzeit ist bereits geplant. Was dann passiert, beschreibt Martha so:

»Es war, als hätte jemand einen Schalter umgelegt. Mit meinem Einzug ins Haus änderten sowohl Bernd als auch die beiden Kinder ihr Verhalten von einem auf den nächsten Tag. Plötzlich wurden alle möglichen Forderungen an mich gestellt. Ich sollte das Haus in Schuss halten, Wäsche waschen und Essen kochen. Geschockt hat mich aber, mit welcher Unverfrorenheit und Respektlosigkeit das alles ablief. Bernd präsentierte sich plötzlich als absoluter Pascha, der mit größter Selbstverständlichkeit mir die Rolle der Dienstmagd zuwies. Seine Komplimente und seine Höflichkeit waren verschwunden, es gab keine Blumen mehr, keine Einladungen zum Essen, keine Beteuerungen, dass ich seine Traumfrau sei. Ich konnte das gar nicht fassen. Es war nichts zwischen uns vorgefallen, kein Streit, kein Zerwürfnis, nichts. Ich würde es noch verstehen, wenn wir uns im Laufe von Jahren auseinandergelebt hätten, aber diese Kehrtwendung ist quasi über Nacht erfolgt. Und nicht nur Bernd hatte sich geändert, auch die Kinder verhielten sich mir gegenüber nur noch fordernd und sprachen im Kommandoton mit mir.

Als ich meinen ersten Schock überwunden hatte, stellte ich Bernd zur Rede. Er war sehr unwirsch und warf mir Undankbarkeit vor. Nach allem, was er für mich im letzten Jahr getan hatte, sei es doch nicht zu viel verlangt, wenn ich ihn und die Kinder jetzt etwas in der Haushaltsführung unterstützte. Das hat mich sehr verunsichert und nachdenklich gemacht. Vielleicht hatte er ja Recht und ich verhielt mich wirklich wie eine verwöhnte Prinzessin. Also beschloss ich abzuwarten, wohin sich die Dinge entwickeln. In den darauf folgenden Wochen und Monaten änderte sich aber nichts zum Guten, vielmehr wurde ich immer respektloser behandelt. Es hatte wirklich den Anschein, als hätten die drei nur darauf gewartet, wieder eine Frau im Haus zu haben, die die ganze Arbeit macht und die sie rumkommandieren können. Der Gedanke an die Hochzeit, die in einem halben Jahr geplant war, machte mir allmählich Angst.«

Auch Martha ist mit einer plötzlichen Änderung im Verhalten ihrer neuen Familie konfrontiert. Auch sie fragt sich, ob sie sich nicht allzu vertrauensvoll und blauäugig auf etwas eingelassen hat, das sich als große Mogelpackung entpuppt. Noch viel krasser als in Johannes' Geschichte setzt die Ernüchterung von einem auf den anderen Tag ein.

So entsteht das Bild einer Falle, die aufgestellt wurde und die jetzt zuschnappt. Und wenn man mit Speck Mäuse fängt, dann war das Lockmittel in diesen beiden Fällen emotionale Zuwendung, Großzügigkeit, Vorgeben eines echten Interesses am Gegenüber.

Natürlich kann der Wind sich auch in den besten Beziehungen drehen und Gefühle können sich ändern. Eine Garantie, dass die Liebe bleibt, gibt es in keiner Partnerschaft. Aber so etwas geht schleichend vonstatten und kaum je über Nacht. In Marthas Fall entsteht der Eindruck einer schlicht vorgetäuschten Zuneigung, wobei der Umstand, dass auch die beiden Kinder in dieser Weise am »Aufstellen der Falle« beteiligt waren, schon etwas Skurriles hat.

Marthas Hauptproblem ist dabei nur vordergründig, dass sie ihre Wohnung in der Stadt gekündigt hat und nun in Bernds Haus festsitzt. Denn das ließe sich, wenn auch mit gewissen Schwierigkeiten, wieder auflösen. Wesentlich belastender wirkt sich die Erfahrung aus, in Liebesdingen reingelegt worden zu sein. Die Verunsicherung, die mit diesem Erleben verbunden ist, geht tief. Obwohl Martha mit der Realität konfrontiert ist, kann sie emotional nicht von dem einmal eingeschlagenen Weg lassen. Sie beginnt an sich selbst zu zweifeln und lässt sich von Bernd weiter verunsichern. Der nahende Hochzeitstermin erscheint ihr nicht mehr als Tag der Freude, an dem eine glückliche Beziehung durch das gegenseitige Ja-Wort weiter gefestigt wird, sondern als Horror-Termin, durch den sie noch weiter in eine fatale Abhängigkeit gerät.

Johannes und Martha sollen hier als Beispiele für die Spannbreite dieser Mausefallen-Konstellation dienen. Das Entscheidende ist auch hier das Erleben einer erniedrigenden und auf Ausgrenzung oder Ausnutzung angelegten Rollenzuweisung innerhalb eines familiären Umfeldes. Dieses Umfeld mag noch locker aufgestellt sein wie bei Martha in ihrer Patchwork-Situation oder schon deutlich gefestigter wie in Johannes' Fall mit Trauschein und zwei gemeinsamen Kindern. Beiden gemeinsam ist die berechnende Handlungsweise des Partners, mit der ein Mitglied der Familie in eine schwer erträgliche Situation gebracht wird. Auch hier ist es wichtig zu betonen, dass es sich nicht um eine reine Beziehungsproblematik zwischen zwei Partnern handelt. In allen diesen Fällen ist ein familiärer Rahmen vorhanden, der Einfluss auf die weitere Entwicklung hat.

Für Martha war es möglicherweise sogar von Vorteil, dass sich Bernds Kinder ihr gegenüber so eindeutig negativ verhielten. Die Frage »Warum mache ich das eigentlich alles mit?« hatte bei ihr den unausgesprochenen Beisatz »Es sind ja noch nicht mal meine eigenen Kinder!« Eine Abgrenzung von dieser Situation fiel ihr deswegen leichter. Letztlich bestand die Schwierigkeit für Martha darin, sich aus den Hoffnungen zu lösen, die sie durch das erste Jahr mit Bernd aufgebaut hatte und von denen sie nicht ablassen konnte: endlich »den Richtigen« gefunden zu haben, endlich angekommen zu sein, endlich geliebt zu werden.

Glaubt man das erreicht zu haben, gibt man nicht so schnell auf. Deshalb war sie zögerlich und abwartend, obwohl sie tagtäglich erlebte, in welche Falle sie gegangen war.

Für Johannes stellte sich die Situation noch wesentlich schwieriger dar. Er liebte seine Frau und seine Töchter, sah sich also für den Fall einer Trennung einem Verlust ausgesetzt, den er nicht glaubte ertragen zu können. Die Tatsache, dass er nicht nur als Partner an einen Punkt gekommen war, der ihm unerträglich wurde, sondern auch als Vater in eine Familie eingebettet war, die er nicht verlieren wollte, ließ ihn verzweifeln.

So wird gerade bei Johannes deutlich, dass er das schwarze Schaf seiner Familie geworden ist. Er sitzt in der Falle, soll alles aushalten, was ihm seine Ehefrau zumutet und darf sich nicht entziehen, weil er sonst seine Kinder zu verlieren droht.

Anfangs habe ich davon gesprochen, dass sich diese Konstellation von anderen hier im Buch dargestellten unterscheidet. Wir finden im Fall von Johannes bei genauer Betrachtung nur die Ehefrau, die ihn ausgrenzt und ausnutzt. Die Kinder sind noch zu klein, um ihn entweder zu unterstützen oder sich auf die Seite der Mutter zu schlagen und sich an der Ausgrenzung zu beteiligen. In Marthas Beispiel verhalten sich die beiden Kinder ihr gegenüber zwar ebenso abwertend wie ihr

Vater, aber Martha fehlt der emotionale Bezug zu den beiden. So sieht sie sich zwar wie das typische schwarze Schaf einer Gruppe von Familienmitgliedern ausgesetzt, die sich auf sie »eingeschossen« haben, die eigentliche Herausforderung aber ist die Abgrenzung gegen ihren Partner und gegen das eigene Wunschdenken.

Die »Mausefalle« markiert einen Randbereich unseres Themas der Ausgrenzung innerhalb von Familien. Ich habe sie trotzdem hier mit aufgenommen, weil es doch viele Überschneidungen zum typischen Geschehen in Familien mit »klassischen« schwarzen Schafen gibt. Das Entscheidende ist das grundsätzlich gleiche Erleben in beiden Fällen, nämlich innerhalb einer familiären Gemeinschaft ausgegrenzt zu werden. Auf gewisse Weise sitzen alle im selben Boot, die diese prinzipielle Erfahrung machen.

Schicksale wie die von Martha und Johannes sind keineswegs selten. In diese Falle tappen meist gutmütige Menschen, die wenig argwöhnisch sind, wohlmeinend, aber bedürftig, hoffnungsvoll, aber manchmal fast naiv.

MITLEID MIT PECHMARIE?

»Bin ich nicht selbst schuld an meinem Schicksal?« Diese Frage bewegt viele Frauen und Männer, die in der Familie benachteiligt werden. Ihre Angehörigen sind meist die Letzten, die da widersprechen würden. Die beiden häufigsten Erwiderungen auf Vorhaltungen eines schwarzen Schafes sind »Das bildest du dir alles nur ein« und »Das hast du dir selbst zuzuschreiben«. Im einen Fall heißt das: »Hier wird niemand benachteiligt, alles Hirngespinste«, im anderen wird die ungleiche Behandlung zugegeben, die Verantwortung dafür aber abgelehnt. Wie schwarze Schafe mit diesem Problem umgehen sollten, wird uns an anderer Stelle beschäftigen. Hier möchte ich darauf hinweisen, dass selbstverständlich nicht jede Form von Benachteiligung durch Eltern und Geschwister ungerechtfertigt ist.

Im Märchen »Frau Holle« begegnen wir schon ganz zu Beginn einem schwarzen Schaf. Es ist die Stieftochter einer Witwe, die von dieser gegenüber ihrer leiblichen Tochter schwer benachteiligt wird. Während die leibliche Tochter auf der faulen Haut liegt, muss die Stieftochter alle Arbeit tun. Als ihr eine Spule beim Spinnen in einen Brunnen fällt, zwingt die Stiefmutter sie, hinterher zu springen. In einer anderen Welt angekommen, muss die Stieftochter verschiedene Prüfungen bestehen, in denen ihr Fleiß und ihr Mitgefühl auf die Probe gestellt werden. Schließlich landet sie bei Frau Holle und entlastet diese bei ihrer Arbeit, nämlich die Betten schütteln, damit es auf der Welt schneit. Nach einiger Zeit verlässt die Stieftochter Frau Holle wieder und kehrt nach Hause zurück. Beim Durchschreiten des Tores an der Grenze zwischen den beiden Welten wird sie mit Gold überschüttet und heißt fortan »Goldmarie«.

Die faule Tochter möchte da nicht hintanstehen und springt ebenfalls in den Brunnen. Bei den darauf folgenden Prüfungen und Aufgaben einschließlich des Bettenschüttelns erweist sie sich aber als so faul und unnütz, dass sie bei ihrer Rückkehr unter dem Tor mit Pech überschüttet und »Pechmarie« genannt wird.

Während in diesem Märchen also ein schwarzes Schaf zur Goldmarie wird, fühlt sich Pechmarie von Frau Holle ungerecht behandelt. Schließlich ist sie genau wie ihre Stiefschwester in einen Brunnen gesprungen und hat eine Zeit lang bei Frau Holle gelebt. Ist das nicht eine grobe Benachteiligung, dass jetzt die eine mit Gold und die andere mit Pech übergossen wird?

»Pechmaries« zeichnen sich dadurch aus, dass sie tatsächlich benachteiligt werden, dafür aber selbst die Verantwortung tragen. Durch ihr Verhalten ziehen sie Ablehnung und Zorn ihrer Familie auf sich.

Es muss viel passieren, bis es so weit kommt. In einer »gesunden« Familie herrschen gegenseitiger Respekt und Wohlwollen. Gelegentliche Verstöße gegen die Familienregeln werden zwar geahndet, aber verziehen und führen nicht zur Ausgrenzung. Mal ist der eine faul und mal der andere, heute gibt es Probleme mit Josef, morgen mit Claudia. Erst wenn eines der Familienmitglieder über einen sehr langen Zeitraum zu erkennen gibt, dass es nicht gewillt ist, sich an die sozialen Erfordernisse einer Gemeinschaft mit Rechten und Pflichten anzupassen, entsteht eine familiäre Schieflage.

Ein Umstand erschwert die Unterscheidung von schwarzem Schaf und Pechmarie erheblich: Es gibt Entwicklungen, bei denen sich Fehlverhalten eines Familienmitglieds und ausgrenzende Sanktionen der anderen in einer Spirale aus Aktion und Reaktion verstärken. Am Ende kann dann keiner mehr so recht erkennen, was zuerst da war: die Faulheit der Pechmarie oder die Bestrafung durch die Familie. Die Familie wird sagen: »Sie hat es sich selbst zuzuschreiben«, und Pechmarie wird sich als Opfer von Ausgrenzung und Unterdrückung sehen. Erschwerend kommt hinzu, dass viele schwarze Schafe naturgemäß irgendwann einmal auf die Benachteiligungen durch ihre Familie reagieren müssen, was ihnen dann den Vorwurf einbringt, sich unsozial zu verhalten.

Im persönlichen Kontakt kann man schwarze Schafe und Pechmaries meist an einem Paradox unterscheiden: Die Frage »Kann es sein, dass Sie sich diese schlechte Behandlung durch ihre Familie selbst zuzuschreiben haben?« wird bei den allermeisten schwarzen Schafen Nachdenklichkeit und Selbstzweifel auslösen. Gerade diese Frage stellen sie sich ohnehin die ganze Zeit! Die Schuld bei sich zu suchen ist eine der häufigsten Reaktionen von Frauen und Männern, die unter Benachteiligung durch ihre Familie leiden. Pechmaries hingegen werden auf diese Frage empört oder gekränkt reagieren. Ihr Gewissen ist rein, sie haben sich nichts vorzuwerfen, Schuld sind die anderen. Nennt man Beispiele für ihr Fehlverhalten, verstärken sich Empörung und Gekränktheit noch. Das sei doch alles nur die Reaktion auf das »unmögliche Verhalten« ihrer Familie, man werde sich doch noch verteidigen dürfen. So befinden sich Pechmaries entweder in einem anklagenden oder einem beleidigten Modus. Den eigenen, schwerwiegenden Anteil am Zustandekommen des familiären Zerwürfnisses sehen sie nicht, sondern stilisieren sich zum Opfer, wo sie selbst die Hauptverantwortung tragen.

Auf diese Weise lassen sich Pechmaries dann doch in den meisten Fällen von schwarzen Schafen unterscheiden. Schwarze Schafe zweifeln an sich, Pechmaries sind überzeugt, im Recht zu sein. An dieser Stelle muss jetzt auch einmal der Hinweis kommen, dass die »Pechmarie« beileibe nicht immer weiblich ist. Es gibt natürlich genauso viele »Pechmarios«!

In ihren Familien sorgen Pechmaries für große Unruhe. Durch ihre ständigen Anklagen und Vorhaltungen machen sie allen das Leben schwer. Kompromisslösungen und Vermittlungsangebote lehnen sie entrüstet ab und sehen in diesen nur den Beweis, dass man sie weiter benachteiligen und über den Tisch ziehen will.

Hubert und Stefan sind Brüder. Während der ältere Stefan sein Leben geradlinig angegangen ist und mittlerweile beruflich fest im Sattel sitzt, hat Hubert nichts zu Wege gebracht und lebt von Hartz IV. Auch im Privatleben könnten die beiden unterschiedlicher nicht sein. Stefan ist verheiratet, hat eine Tochter, während Hubert auf einige gescheiterte Beziehungen zurückblickt. Jetzt, mit Ende 40, bestimmen weniger persönliche Beziehungen als vielmehr der Alkohol und das Automatenspiel sein Leben. Die Eltern haben sich stets bemüht, trotz dieser augenfälligen Unterschiede beiden Söhnen ein gleiches Maß an Liebe, Verständnis und finanzieller Unterstützung zu bieten. Während Stefan das Beste daraus gemacht hat, ist Hubert chronisch unzufrieden. Er wirft den Eltern und dem Bruder vor, er sei ein »Sohn zweiter Klasse«. Man achte und respektiere ihn nicht, blicke auf ihn herab, nur weil er nicht so erfolgreich sei wie Stefan. Alle Beteuerungen, dass Hubert, trotz seines schwierigen Lebens, immer noch der geliebte Sohn seiner Eltern sei, prallen an ihm ab. Als Hubert durch seine Spielsucht in zunehmende finanzielle Not gerät und die Eltern wie auch Stefan nicht mehr bereit sind, ihm Geld zu geben, eskaliert die Situation. Hubert verliert seine Wohnung und wird obdachlos. Jetzt zieht er durch die Straßen und erzählt jedem, der ihm zuhört, von seiner »reichen Familie«, die ihn fallengelassen habe. In seiner Gedankenwelt ist er das Opfer. Seinen Anteil an der Entwicklung sieht er nicht. Alle Bemühungen seiner Eltern und seines Bruders, ihm unter die Arme zu greifen und ihn wieder von der Straße zu holen, lehnt er ab, sieht darin nur wieder den Versuch, ihn spüren zu lassen, dass er nichts wert sei.

Hubert ist kein schwarzes Schaf, auch wenn er sich gerne so darstellt. Er wird innerhalb seiner Familie nicht ausgegrenzt, nicht benachteiligt. Vielleicht hat ein gehöriges Maß an Pech in seinem Leben eine Rolle gespielt, vielleicht hat er in manchen Situationen die falschen Entscheidungen getroffen. Für die Isolation innerhalb seiner Familie aber ist er selbst verantwortlich.

HORROR

Am 19. April 2008 wurde eine schwer kranke, von Krampf-
anfällen geschüttelte 19-Jährige in das Krankenhaus Mostvier-
tel im österreichischen Amstetten eingeliefert. Begleitet wurde
sie von ihrem Großvater, der angab, die junge Frau sei von ihrer Mutter in seinem Haus quasi abgelegt worden. Diese Mutter sei seit Jahren mit unbekanntem Wohnsitz verzogen und
habe bereits mehrfach Enkelkinder zur Versorgung bei ihm
abgegeben. Nachdem die Ärzte dringend nähere Angaben zur
Vorgeschichte der Patientin benötigten, wurde nach der Mutter gefahndet, sowohl behördlich im gesamten europäischen
Raum und schließlich, als auch ein Verbrechen nicht mehr
auszuschließen war, mit einem Aufruf über die Medien. Eine
Woche später tauchte die Frau dann überraschend im Krankenhaus auf und wurde festgenommen. Die Angaben, die sie
bei der Polizei machte, klangen zunächst unglaublich und of-
fenbarten ein Schreckensszenario von ungeahntem Ausmaß.
Sie berichtete, sie sei gerade erst nach einer jahrelangen Ge-
fangenschaft freigelassen worden. Die Geschichte wird den
meisten Lesern bekannt sein, weil die Medien im Jahr 2008
voll davon waren. Die Fakten seien hier noch einmal kurz wie-
dergegeben:

Der Horror beginnt 1984. Am 18. August dieses Jahres lockte
der damals 49-jährige Josef Fritzl (8) seine 18-jährige Tochter
Elisabeth in den Keller des Einfamilienhauses, in dem die Familie lebte, betäubte sie und schloss sie ein. Die Kellerräume
hatte er zuvor zu einem Verlies umgebaut, zu dem nur er Zu-
tritt hatte. In diesem Gefängnis hielt Fritzl seine Tochter rund
24 Jahre lang gefangen, vergewaltigte sie regelmäßig und
zeugte mit ihr sieben Kinder, von denen eines kurz nach der
Geburt starb. Drei dieser Kinder lebten die gesamten Jahre

mit ihrer Mutter im Verlies des Wohnhauses im Keller, drei andere »adoptierte« Fritzl, in dem er angab, sie seien von seiner Tochter bei ihm abgegeben worden. Das Verschwinden der Tochter erklärte er damit, dass sie sich davongemacht habe und nur gelegentlich telefonischen Kontakt hielt. Offiziell hatte er seine Tochter als vermisst gemeldet.

Fritzl inszenierte die Tochter im Keller und deren Kinder als seine »Familie«, er hielt sie am Leben, drohte aber, sie zu töten, sollten sie versuchen zu entkommen. Eine Flucht war aber ohnehin aufgrund der mehrfachen Sicherheitsvorkehrungen, die Fritzl getroffen hatte, unmöglich. Neben dieser »Familie« im Keller war Fritzl auch ganz »normal« verheiratet und hatte mit seiner Ehefrau außer der im Verlies gefangenen Elisabeth weitere sechs Kinder. In einem Aufsehen erregenden Prozess, in dem Fritzl wenig Einsicht in die Unrechtmäßigkeit seiner Handlungen erkennen ließ, wurde er zu einer lebenslangen Freiheitsstrafe verurteilt. Nach einem psychiatrischen Gutachten war er voll zurechnungsfähig.

Josef Fritzl und seine Taten markieren ein Extrem. Hier wird der Begriff »Familie« in einen Zusammenhang gebracht mit Perversion und Verbrechen. Wenn auch solche Horror-Fälle selten sind, kommen wir nicht um die Tatsache herum, dass innerhalb der Gemeinschaft »Familie« einem einzelnen Mitglied manchmal Schreckliches angetan wird. Unser Motiv des »schwarzen Schafes« ist hier verzerrt bis zur Unkenntlichkeit, und doch sehen wir die Gemeinsamkeiten mit all den bisher besprochenen Fällen in der Isolation und Unterdrückung eines Familienmitgliedes.

Bei Fritzl und anderen ähnlich gelagerten Fällen kommt noch der Aspekt des Missbrauchs hinzu. Das Missbrauchs-Thema soll und kann hier nicht in aller Breite dargestellt werden, darüber gibt es andere Publikationen. Nur kurz so viel:

Im Zusammenhang mit dem Motiv des »schwarzen Schafes« tritt sexueller Missbrauch nur in Ausnahmefällen auf. Wir sehen hier eine Überlappung zweier Themen, die beide eine deutliche Asymmetrie der Beziehungsebene aufweisen, ansonsten aber nur wenig miteinander zu tun haben.

Josef Fritzl ist kein Einzelfall. Ein ähnliches Verbrechen ist aus Brasilien bekannt: José Agostinho Pereira (9) wurde 2010 festgenommen. Man warf ihm vor, seine Tochter in einer nur mit einem Kanu erreichbaren Hütte gefangengehalten und mit ihr sieben Kinder gezeugt zu haben. Die Leidenszeit der Tochter habe begonnen, nachdem ihr Vater von seiner Frau verlassen worden war. Pereira wurde 2011 bei einer Gefängnisrevolte von Mitgefangenen getötet.

Die Familie als Ort des blanken Horrors erlebte auch Jessica (10), deren Fall 2005 die Schlagzeilen beherrschte. Über Jahre hinweg von ihren Eltern unter erbärmlichsten Umständen und unvorstellbarer Vernachlässigung versteckt gehalten, starb sie im Alter von sieben Jahren an den Folgen ihres Martyriums. Bei ihrem Tod wog sie gerade einmal 9,6 Kilogramm. Einer in ihrem Kinderzimmer installierten Stromfalle, die das Mädchen töten sollte, entging sie wohl nur aufgrund der Entkräftung. Beide Eltern wurden wegen Mordes zu lebenslangen Haftstrafen verurteilt.

Im Januar 2004 wurde die dreijährige Karolina (11) in der Damentoilette eines Krankenhauses abgelegt. Zu diesem Zeitpunkt war das Kind bereits tot, war seinen schweren Verletzungen erlegen, die es durch wochenlang andauernde Folter seitens des Lebensgefährten der Mutter erlitten hatte. Das Gericht wollte sich den Zweifeln des Gutachters an der Schuldfähigkeit des Angeklagten nicht anschließen und ging auch im Strafmaß für die Mutter über die Forderung der Staatsanwaltschaft hinaus. Es ergingen (im Rahmen des Revisionsprozesses) für beide Angeklagten lebenslange Freiheitsstrafen.

Diese Beispiele mögen genügen, um darauf hinzuweisen, dass die Familie, mit der wir Begriffe wie Geborgenheit, Schutz und Liebe verbinden, für einige zu einer höllischen Falle werden kann. In all diesen Fällen wurde in der Öffentlichkeit intensiv diskutiert, inwieweit der Staat das Recht und die Pflicht hat, Einblick in den geschützten Bereich der Familie zu nehmen und Kontrolle auszuüben, um schutzlose Mitglieder dieser Horror-Familien zu retten. Die Gerichte haben in den geschilderten Fällen keinen Zweifel daran gelassen, dass die Schwere der Verbrechen auch darin bestand, dass gerade der geschützte Raum der Familie für schreckliche und unvorstellbar grausame Verbrechen missbraucht wurde.

Familiärer Horror endet nicht immer in Mord und Totschlag, und beileibe nicht jede Familien-Hölle kommt in die Schlagzeilen. Gerade wenn es sich weniger um körperliche Auseinandersetzungen als um seelische Grausamkeiten handelt, bleibt er meist eine innerfamiliäre Angelegenheit. Hinter Spitzengardinen und Vorgärten wird aber nicht selten über Jahre und Jahrzehnte hinweg schikaniert und gequält.

Den Begriff »Mobbing« kennt man aus zwei Bereichen: dem Arbeitsleben und der Schule. In den letzten Jahren ist durch das sogenannte »Cybermobbing«, das sich in den virtuellen Räumen von Internet, Twitter, Facebook & Co. abspielt, noch eine Variante hinzugekommen. Auch wenn gerade in den Medien der Mobbing-Begriff gerne leichtfertig für alle möglichen Formen verschiedenster Konflikte herangezogen wird, so ist er dennoch keine Modeerscheinung.

Die Mobbing-Forschung in Bezug auf das Arbeitsleben begann Mitte der 1990er Jahre, die auch als »Bullying« bezeichneten systematischen Schikanen unter Schülern waren bereits deutlich vorher Gegenstand von Untersuchungen. Vor allem die skandinavischen Länder (insbesondere Schweden und Norwegen) haben die Beschäftigung mit diesem Thema vorangetrieben. Das Schlagwort »Mobbing in der Familie« ist gelegentlich zu hören. Macht das Sinn oder sollte man auf diese Formulierung verzichten? Was ist eigentlich Mobbing genau?

Einige Gesichtspunkte unterscheiden Mobbing von anderen Auseinandersetzungen und Konflikten. Immer handelt es sich um ein systematisches Schikanieren einer einzelnen Person, die sich nur schwer zur Wehr setzen kann, weil zwischen ihr und dem Mobber ein Macht-Ungleichgewicht besteht. Im Falle kindlichen Mobbings kann das schon alleine durch die körperliche Kraft und ein, zwei Jahre Altersunterschied gegeben sein. Im Arbeitsleben sind es meist Abhängigkeitsverhältnisse (in der Mehrzahl der Fälle mobbt der Chef!), die zur relativen Wehrlosigkeit des Opfers beitragen. Außerdem finden die Schikanen mindestens einmal wöchentlich statt, und das über einen mindestens mehrere Monate andauernden Zeitraum. Während das Ziel des Mobbings im Betrieb immer die Entfernung des Opfers von seinem Arbeitsplatz ist (12), geht es bei Kindern und Jugendlichen häufig um die reine Machtdemonstration, um die Untermauerung und Festigung der Hackordnung innerhalb der Klasse oder der Peergroup.

Lassen sich diese Regeln auch auf Familien anwenden? Ich meine ja. Monate- oder jahrelange absichtliche und gezielte Unterdrückung Einzelner haben wir ja bereits in einigen Beispielen kennengelernt. Auch die unterschiedlichen Zielsetzungen sind uns bereits begegnet: Ausgrenzung und Benachteiligung innerhalb der Familie können sehr wohl den Aspekt von Machterhalt und Herrschsucht beinhalten. Und dass in Einzelfällen auch der Ausschluss aus der familiären Gemeinschaft das Ziel sein kann, ist uns beispielsweise bei den »Kuckuckskindern« aufgefallen.

Es wäre aber falsch, wollte man nun alle schwarzen Schafe unter der Überschrift »Mobbing« sehen. Weder die »Sonnenvögel« noch die »weißen« oder »bunten« Schafe gehören in diese Kategorie, und auch bei der »Mausefalle« geht es nicht um Mobbing. Eher fühlen wir uns bei den gezielten Bosheiten im Rahmen von Erbstreitigkeiten oder beim Umgang mit den »Sündenböcken« daran erinnert.

Von Mobbing in der Familie spreche ich nur beim Vorliegen einer der beiden folgenden Konstellationen:

1. Die Schikanen, denen das schwarze Schaf ausgesetzt ist, erscheinen als Selbstzweck, dienen also mehr dem Quälen und Piesacken an sich als sonst einem Zweck (zum Beispiel haben alle Fälle, in denen gleichzeitig auch ein Missbrauchsaspekt vorliegt, nichts mit Mobbing zu tun).
2. Das schwarze Schaf soll in letzter Konsequenz aus dem Familienverbund ausgeschlossen werden.

Trifft also einer der genannten Punkte zu, so ist die Bezeichnung »Mobbing in der Familie« korrekt. Ganz allgemein wäre ich zurückhaltend, diesen Begriff allzu schnell bei innerfamiliären Konflikten heranzuziehen. Er wird ohnehin bereits inflationär und schlagwortartig (dazu meist falsch!) verwendet, so dass er schnell auf Ablehnung und Skepsis stößt. In Fällen, in denen eines der beiden oben genannten Kriterien zutrifft, sollte er aber Verwendung finden, und zwar aus einem bestimmten Grund: Mobbing-Konflikte lassen sich nicht durch Kompromisse oder »weiche« Lösungen beenden. Am Ende des Buches werde ich Hinweise geben, wie schwarze Schafe mit ihrer Rolle umgehen oder sich gar aus ihr befreien können. Muss ich als schwarzes Schaf feststellen, dass ich Opfer familiären Mobbings bin, hat dies unmittelbare Konsequenzen für meine weiteren Handlungen. Ich kann nicht hoffen, die Situation »im Guten« entschärfen zu können. Das Ziel des Mobbings aus Sicht des Mobbers ist niemals die Beendigung desselben, sondern im einen Fall seine zeitlich unbegrenzte Fortsetzung, im anderen Fall der Ausschluss des Opfers aus der familiären Gemeinschaft. Es ist also eine Erkenntnis mit Konsequenzen, wenn ich bei kritischer Prüfung zum Ergebnis komme: Ich werde in meiner Familie gemobbt!

Zwei abschließende Anmerkungen noch zu diesem Thema: Keinesfalls ist es so, dass immer eine Gruppe mobbt (auch wenn wir uns unter einem »Mob« eine aufgebrachte Menge vorstellen). Statistisch gesehen sind sogar die Fälle in der Überzahl, in denen das Mobbing von einem Einzelnen ausgeht. Die anderen Mitglieder der Gruppe positionieren sich dann so, wie bereits im einleitenden Kapitel zu Teil II (S. 42) gezeigt, nämlich als Helfershelfer, Zuschauer, Wegschauer oder Unterstützer. Der zweite Punkt betrifft die Verwendung des Begriffes »Opfer«. Vielleicht ist es aufgefallen, dass ich diesen Begriff nur und ausschließlich beim Thema »Mobbing« verwende. Das hat seine Erklärung darin, dass nur in diesem speziellen Fall eine klassische »Täter-Opfer-Beziehung« vorliegt. Bei allen anderen »schwarzen Schafen« verzichte ich auf diese Bezeichnung, um nicht eine vorschnelle Festlegung von Rollen vorzunehmen, die im Einzelfall in die Irre führen und den Umgang mit der Situation erschweren könnte.

Mobbing, Missbrauch, Folter und Mord sind extreme Auswüchse einer familiären Fehlentwicklung. Sie markieren das schreckliche Ende des Spektrums, das bei subtiler Benachteiligung einzelner Familienmitglieder beginnt und innerhalb dessen viele Mädchen und Jungen, Frauen und Männer zu schwarzen Schafen werden.

Teil III

TATORT FAMILIE

ZUM SCHWARZEN SCHAF GEMACHT

Wenn man sieht, auf welche Weise schwarze Schafe durch Ausgrenzung und Benachteiligung innerhalb ihrer Familie ins Abseits geraten, stellt sich automatisch die Frage nach dem »Warum?« Gleichzeitig dürfte dies die Frage sein, auf die wir erfahrungsgemäß am seltensten eine befriedigende Antwort bekommen. Bereits in der Einleitung habe ich geschrieben, dass viele, wenn nicht die meisten schwarzen Schafe nie so richtig Klarheit erlangen, warum es gerade sie getroffen hat. Eines kommt noch hinzu: Es geschieht nur ausgesprochen selten, dass jemand aus der betreffenden Familie Rede und Antwort steht. Eine Ausnahme haben wir bereits kennengelernt. Manfred (S. 37 ff., 60 ff.) konnte viele Jahre nachdem er von seinem Vater vor die Türe gesetzt worden war, in einem persönlichen Gespräch mit diesem die Hintergründe aufklären. Für ihn war das eine große Entlastung, wenn es auch neue Fragen aufgeworfen hat. Die meisten schwarzen Schafe aber kommen nicht weiter als bis zu Vermutungen. Natürlich ist das zunächst einmal unbefriedigend. Wer möchte nicht wissen, warum gerade er gegenüber den anderen Familienmitgliedern benachteiligt wurde?

Die meisten Frauen und Männer mit einer Vorgeschichte von Ausgrenzung aus der eigenen Familie neigen dazu, den »Fehler« bei sich selbst zu suchen. Vor diesem Hintergrund ist eine gute These darüber, was wirklich passiert sein mag, außerordentlich wichtig. So drehen sich viele Gespräche, die ich mit schwarzen Schafen führe, um genau diesen Punkt: Wenn ich schon nicht Gewissheit bekomme, brauche ich zumindest eine Theorie meiner Familie, die in sich stimmig ist und mir ein Erklärungsmodell bietet, mit dem ich leben kann.

Dieses Vorgehen hat sich in sehr vielen Fällen bewährt. Es handelt sich dabei nicht um ein »Schönreden« oder einen Versuch, sich mit selbst-entlastenden Spekulationen eine Scheinwelt aufzubauen. Eine Theorie über meine Herkunftsfamilie wird mich nur befriedigen, wenn sie eine innere Logik und Wahrheit aufweist. Dazu muss ich einen Standpunkt einnehmen, von dem aus ich die Geschehnisse und die Konstellationen in meiner Familie überblicken und beurteilen kann.

Wieder treffen wir hier auf das Prinzip des Abstandes, der erst einen deutlicheren Blick auf das Ganze ermöglicht. Wenn ich im Wald stehe, kann ich vielleicht die einzelnen Bäume beurteilen, aber es ist mir nicht möglich, etwas über den Wald als solchen auszusagen. Wie groß ist er? Wie sind seine Form und seine Ausdehnung? Woran grenzt er? Diese und andere Fragen kann ich nur aus der Distanz beantworten. Ich muss vielleicht auf einen Berg steigen, um den Wald in seiner Gesamtheit zu überblicken, oder noch besser, mich in einen Helikopter setzen. In gleicher Weise muss ich als schwarzes Schaf immer mehrere Schritte zurücktreten, um meine Familie aus diesem Abstand heraus beurteilen zu können. Das fällt umso schwerer, je mehr meine emotionale Beteiligung mich in Konflikten mit Eltern und Geschwistern hält. Erfahrungsgemäß gelingt ein distanzierter Standpunkt am besten durch ein Gespräch mit einem Außenstehenden, der Erfahrung in diesen Dingen hat, am ehesten einem Therapeuten. Auch ein guter Freund kann hier hilfreich sein, wenn er in der Lage ist, einigermaßen rational zu bleiben und wenn er analytisches Geschick hat. Gespräche mit Familienmitgliedern über dieses Thema führen nach meiner Erfahrung häufiger in die Irre, als dass sie hilfreich wären. Das bedeutet nicht, dass ich als schwarzes Schaf die Kommunikation mit meinen Angehörigen einstellen soll, ganz im Gegenteil. Nur kann ich eine differenzierte Analyse meiner Familie nicht oder nur in den seltensten Fällen von meiner Schwester oder meinem Bruder erwarten, sie sind zu stark ins Geschehen involviert. Um einen distanzierten Standpunkt zu erlangen, helfen Gespräche mit Familienmitgliedern also nicht viel, so aufschlussreich sie auch sonst sein mögen.

Eine griffige Theorie zu entwickeln, wie ihre Familie tickt, ist nicht nur für schwarze Schafe selbst schwierig, sondern auch für ihre Therapeuten. Abgesehen von ganz wenigen Ausnahmen habe ich selbst nie mit Familienangehörigen sprechen können, war also immer auf die Angaben der Frauen und Männer angewiesen, die als schwarze Schafe vor mir saßen. Andererseits bekommt man gerade in meinem Beruf mehr Einblick in familiäre Verhältnisse als in den meisten anderen. Schädliche Familienstrukturen und ihre Auswirkungen auf die einzelnen Mitglieder der Familie sind deshalb nicht wirklich ein Geheimnis. Im Gespräch mit dem schwarzen Schaf geht es dann darum, die subjektiven Berichte aus Kindheit, Jugend und Gegenwart abzugleichen mit bekannten und häufigen Mustern familiärer Schieflagen. So entstehen in den meisten Fällen sinnvolle und logisch zufriedenstellende Theorien darüber, was dazu geführt hat, dass ein Mitglied dieser Familie in gravierender Weise benachteiligt wurde oder durch Überforderung beziehungsweise Überfrachtung mit ausgesprochenen oder verdeckten Aufträgen ins Abseits geriet. Jedes schwarze Schaf braucht also eine stimmige These darüber, wie es gewesen sein *könnte*. Auch wenn das weniger ist, als die ganze Wahrheit von einem der Beteiligten zu erfahren, so ist es allemal besser, als mit Ratlosigkeit und (Selbst-)Zweifeln durchs Leben zu gehen.

Einige der familiären Muster, innerhalb derer ein Einzelner zum schwarzen Schaf wird, möchte ich im Folgenden vorstellen. Die Aufzählung ist nicht vollständig. Es sind lediglich ein paar Schlaglichter auf besonders prägnante oder immer wieder zu beobachtende Konstellationen. Familiäre Strukturen sind ungeheuer komplex, und so wie kein Mensch dem anderen je völlig gleicht, so wenig ist die eine Familie eine Kopie der anderen. In vielen der folgenden familiären Themen werden sich schwarze Schafe wiedererkennen. Sollte die eigene Familie aber ganz anders gestrickt sein, so ist das nur der Beweis dafür, dass wir zwar Strukturen beschreiben, die Realität aber niemals in ihrer Gänze abbilden können.

VERNACHLÄSSIGUNG

Kein Geld, krank, überfordert

Beispiele für die Folgen einer Vernachlässigung einzelner Kinder habe ich bereits aufgeführt. Meist entstehen solche Entwicklungen vor dem Hintergrund elterlicher Überforderung. Für diese wiederum sind mehre Faktoren verantwortlich. Einer der banalsten, gleichzeitig aber auch häufigsten, ist wirtschaftliche Unsicherheit. Ständige Sorge um das Geld führt zu einer inneren Anspannung bei den Eltern, die nicht ohne Folgen für die Kinder bleibt. Wenn die finanzielle Notlage dann durch ein Übermaß an Arbeit ausgeglichen werden soll, kommt noch die Erschöpfung hinzu. Kein Wunder, dass (um die nach wie vor häufigste Konstellation zu bemühen) der Vater, der sich an sechs Tagen die Woche in die Arbeit hineinkniet, am Feierabend vor dem Fernseher einschläft, während die Mutter, die sich rund um die Uhr um die vier Kinder kümmert, ohnehin schon völlig entnervt ist. Oder nehmen wir die Langzeit-Arbeitslosigkeit. In Familien mit diesem Problem sind die Eltern oft gleichermaßen beschämt wie gestresst von der Situation.

Das soll nicht heißen, dass in diesen Familien in jedem Fall die Kinder die Leidtragenden sind. Aber der wirtschaftliche Druck erhöht einfach den Stresspegel und damit die Gefahr, dass die Eltern sich nicht im erforderlichen Umfang um ihre Kinder kümmern können bzw. nicht die Nerven haben, mit der nötigen Gelassenheit in der Erziehung zu agieren.

In einem solchen Umfeld kommt es dann nicht selten zu dem bereits beschriebenen Phänomen »Darwin im Kinderzimmer« (S. 46 ff.).

Die Vernachlässigung betrifft in diesen Familien zunächst alle Kinder gleichermaßen. Im täglichen »Überlebenskampf« innerhalb der kindlichen Hierarchie um die Machtposition unterhalb der Elternebene bleiben dann endgültig diejenigen auf der Strecke, die in besonderem Maße auf die Förderung und Unterstützung der Eltern angewiesen wären.

Gleiches gilt auch für andere Belastungen, die den Eltern die Aufrechterhaltung der Gerechtigkeit unter den Geschwistern erschweren. Häufig berichten schwarze Schafe über chronische Krankheiten der Eltern, die diesen jegliche Energie und Kraft geraubt haben, so dass auch in diesen Fällen zu wenig Einfluss auf die Kinder genommen werden konnte. Dass eine kranke Schwester oder ein kranker Bruder ebenfalls zur Benachteiligung eines gesunden Geschwisters führen kann, haben wir bereits gesehen (S. 84 ff.).

Durch all diese Familien weht ein Hauch von Tragik, die Situation erscheint ausweglos, was die Vernachlässigung einzelner Kinder angeht. Gleichzeitig lähmen diese schicksalshaften Konstellationen auch die schwarzen Schafe bei der späteren Aufarbeitung. Was hätten die Eltern tun sollen in dieser Lage? Kann man von ihnen fordern, auch unter großer eigener Belastung sich um jedes Kind mit der erforderlichen Sorgfalt zu kümmern? Meist schaffen es die Eltern noch, ein Mindestmaß an Hygiene, Ernährung und Ordnung aufrechtzuerhalten, sieht man von den krassen Fällen der »Horror-Familien« (S. 105 ff.) ab. Mehr geht oft nicht. Vermittlung vernünftiger Werte, Verhinderung von chronischen Fehlentwicklungen innerhalb der Geschwisterbeziehungen, bei denen es zur Ausgrenzung Einzelner kommt, sind dann ein »Luxus«, für den die Kraft und die Konzentration nicht reichen. Man sollte nicht die Augen davor verschließen, dass gesellschaftliche Schieflagen, Armut oder schwere Krankheiten direkt an der Brandmarkung schwarzer Schafe beteiligt sind. Das soll nicht als Rechtfertigung für jede Form elterlichen Versagens dienen, sondern ist als Hinweis gedacht, nicht die Eltern alleine im Fokus zu haben, wenn wir nach den Verantwortlichen für vernachlässigte Kinder suchen.

Ganz anders sieht die Situation bei desinteressierten oder gleichgültigen Eltern aus. Die Erfahrung, der eigenen Mutter oder dem eigenen Vater egal gewesen zu sein, ist sicherlich eine der am nachhaltigsten schädlichen. Selbst Prügel sind ja noch eine Form des Kontaktes, wenn auch eines hochproblematischen. Der wütende Blick der Mutter oder die Zornesfalten des Vaters lassen sich später besser in einen Kontext kindlicher Erfahrung einbauen als das Desinteresse der Eltern. Oftmals verbirgt sich gerade hinter Erinnerungen wie »Ich hatte als Kind alle Freiheiten« oder »Meine Eltern waren sehr wenig einschränkend, ich durfte schon mit 14 weggehen, so lange ich wollte« und ähnlichen scheinbar positiven Schilderungen bei näherer Betrachtung ein elterlicher Standpunkt, der eher fehlendes Interesse am Kind ausdrückt als permissive Großzügigkeit. Desinteressierte Eltern haben für mich immer etwas phänomenologisch Unbiologisches. Die Hinwendung zum eigenen Nachwuchs im Sinne der »Brutpflege« ist ja noch weit diesseits von Begriffen wie Liebe und bewusste

Fürsorge fester Bestandteil unseres Verhaltensrepertoires und findet sich bei den meisten höher entwickelten Lebewesen, insbesondere bei Säugetieren. Wie kann es also sein, dass bei einigen Menschen dieses biologisch so sinnvoll verankerte Muster nicht greift und sie ihren Kindern gegenüber gleichgültig sind?

Ausgeschaltet

In vielen Fällen haben diese Eltern psychische Störungen. Das können Depressionen sein, eine Schizophrenie oder verschiedene Formen von Persönlichkeitsstörungen.

Entgegen der landläufig verbreiteten Meinung, die Depression sei eine Erkrankung mit tiefer Traurigkeit, ist in schweren Fällen das genaue Gegenteil der Fall. Die Stimmungslage des Depressiven ist meist nicht traurig, sondern leer, versteinert, erstarrt. Das »Gefühl der Gefühllosigkeit« quält die betroffenen Frauen und Männer in besonderem Maße, gerade wenn sie feststellen, dass sie für ihre Nächsten, mithin auch für die Kinder, keine Gefühle mehr aufbringen können. Dieser Zustand steigert die Selbstvorwürfe und Schuldgefühle Depressiver noch einmal erheblich. »Was muss ich für ein schlechter Mensch sein, dass ich nicht einmal mehr für meine Kinder etwas empfinden kann.« So lautet die Selbstbewertung depressiver Patienten. Zusammen mit der Hemmung von Antrieb, Schwung und Initiative kann ein depressiver Elternteil den Kindern in der Tat im Zustand der Krankheit nicht viel bieten. Dass dennoch in Familien mit einer depressiven Mutter oder einem depressiven Vater nach meiner Erfahrung eher selten schwarze Schafe zu finden sind, hat mehrere Gründe. Zum einen sind Depressionen gut behandelbare Krankheiten, wenn sie denn schnell erkannt und auch therapiert werden. Auch unbehandelt dauert eine depressive Phase meist nicht länger als einige Monate. Dieser Zeitraum, obwohl für den Betroffenen eine schreckliche Zeit, ist zu kurz, um zu einer andauernden Vernachlässigung der Kinder zu führen.

Leidet ein Elternteil an einer Depression, so besteht meist kein erhöhtes Risiko, zum schwarzen Schaf zu werden. Eine Ausnahme stellen chronisch verlaufende Depressionen dar. Bei diesen dauert der Zustand der inneren Leere und Teilnahmslosigkeit nicht Monate, sondern Jahre. Während im Falle einer nur phasenhaft bestehenden Depression meist die Familie zusammenhält, kommt es bei den chronischen Verläufen irgendwann zu einer Überforderung des gesamten Familiengefüges. Der nicht an Depression erkrankte Elternteil hat ja nicht nur die gesamte Arbeit innerhalb der Familie zu leisten, sondern muss sich oft auch um den Familienunterhalt kümmern. Schließlich führt eine schwere und lang dauernde Depression sehr häufig zu Arbeitsunfähigkeit, in Einzelfällen auch zu Arbeitslosigkeit oder Frühberentung. An diesem Punkt sind wir wieder bei der Überforderung der Familie durch chronische Krankheiten angelangt.

Nicht nur die Depression, sondern in deutlich stärkerem Maße die Schizophrenie ist eine Erkrankung, die große Auswirkungen auf die familiäre Struktur haben kann. Auch hier muss ich zunächst eine nur schwer auszurottende Fehlinformation korrigieren. Schizophrenie hat nichts mit der sogenannten »Persönlichkeitsspaltung« zu tun. Die Vorstellung, ein Schizophrener bestehe aus verschiedenen Persönlichkeiten, ist falsch. Die »Spaltung« des Erkrankten, wenn man diesen Begriff denn verwenden will, findet zwischen den unterschiedlichen Bereichen der Psyche statt, also zwischen Denken, Fühlen, Wahrnehmen und Handeln. Bestes Beispiel dafür ist der sogenannte »parathyme Affekt« bei Schizophrenen. So kann der Patient davon berichten, ihm seien Verfolger auf den Fersen, die ihn fangen und foltern wollen, und gleichzeitig dabei lächeln. Diese Mischung erzeugt beim Zuhörer ein befremdliches Gefühl, denn wir sind gewohnt, dass unsere Denkinhalte und unsere Emotionen zusammenpassen. Gerade das ist beim schizophren Erkrankten nicht der Fall. Hinzu kommen Wahnstörungen wie die Überzeugung, verfolgt oder bedroht zu sein. Nicht selten hört der Kranke Stimmen, die ihm Befehle erteilen oder ihn beschimpfen. Der Realitätsgehalt dieses Erlebens ist für den Schizophrenen so eindeutig, dass er meist danach handelt. Das bedeutet, dass an Schizophrenie Erkrankte zunehmend in ihrer eigenen Welt leben. Wird die Störung nicht behandelt, so verläuft sie in vielen Fällen chronisch und verschlechtert sich nicht selten kontinuierlich.

In diesen Fällen steht der an einer schizophrenen Psychose erkrankte Elternteil für die Versorgung der eigenen Kinder kaum mehr zur Verfügung. Die Schizophrenie führt nicht nur zu einer schweren Verformung der Persönlichkeit beim Kranken, sondern reißt die betroffene Mutter oder den betroffenen Vater in vielen Fällen ganz aus dem familiären Gefüge.

So stehen weder der affektiv »versteinerte« Depressive noch der in seinem Verhalten meist ganz auf sich selbst zurückgezogene Schizophrene als erziehender Elternteil zur Verfügung. Neben dem großen persönlichen Leid, das diese Krankheiten für die Patienten bedeuten, sollte auch dieser Umstand Anlass sein, sich möglichst frühzeitig in Behandlung zu begeben. Bei rechtzeitig einsetzender Therapie sind die Chancen wesentlich besser, ein »normales« und glückliches Leben führen zu können!

Die »Gefühllosigkeit« gegenüber den Kindern ist also in den beiden genannten Fällen krankheitsbedingt. Das Risiko, dass dadurch eines der Kinder »auf der Strecke bleibt« und durch stete Vernachlässigung von seinen robusteren Geschwistern ausgegrenzt oder unterdrückt wird, steigt mit der Dauer der Erkrankung. Obwohl die Mutter oder der Vater dem Kind gegenüber teilnahmslos ist, werden wir ihr oder ihm ebenfalls nicht den Vorwurf eines Versäumnisses machen können, da die genannten Krankheiten nicht durch bloße Willenskraft überwunden werden können.

Entsteht die Vernachlässigung dagegen durch persönlichkeitsbedingte Defizite, sieht die Sache anders aus. Gemeint ist hier ein Spektrum von Auffälligkeiten, das sich von einer gewissen Unreife der Persönlichkeit bis hin zu schweren Störungen der Gesamtpersönlichkeit erstreckt.

Unreife Eltern

»Meine Mutter war 15 Jahre alt, als sie mich bekommen hat«, berichtet Bianca (19 J.). »Entstanden bin ich wohl nach einer Party, als meine Mama stockbetrunken war. Na ja, immerhin hat sie mich nicht abgetrieben, da habe ich wohl noch Glück gehabt. Aber mein Papa wollte unbedingt das Kind haben und hat sich die ganze Schwangerschaft durch super um meine Mutter gekümmert. Damals war er jünger, als ich heute bin, mich wundert das total, dass er da so ein Verantwortungsgefühl hatte. Jedenfalls gab es dann Probleme, als ich so etwa zwei Jahre alt war. Meine Eltern haben sich damals immer gestritten, hat mir meine Oma erzählt. Wahrscheinlich waren sie wohl doch zu jung, um das mit der Familie durchzuziehen. Jedenfalls hat sich meine Mama nicht mehr richtig um mich gekümmert und soll dann wohl immer wieder fremdgegangen sein. Irgendwann hat es meinem Papa dann gelangt, und er ist gegangen. Meine Oma sagt, er hätte mich wirklich geliebt. Aber es ist ihm wohl zu viel Stress gewesen mit der Mama. Ich bin dann mehr oder weniger von meiner Oma aufgezogen worden. Mama kam immer wieder vorbei, um nach mir zu schauen, aber ich glaube nicht, dass sie großes Interesse an mir hatte. Bei meiner Oma war es leider auch total bedrückend, weil mein Opa irgendwie ständig krank war. Er lag meistens im Bett im dunklen Zimmer. Ich musste immer leise sein. Wenn ich so zurückdenke, kommt es mir vor, als wäre ich im Halbdunkel aufgewachsen. Es war eine total düstere Atmosphäre bei Oma und Opa. So mit sechs oder sieben Jahren habe ich eine Zeit lang gedacht, sie hätten mich irgendwo gefunden und aus Mitleid mitgenommen. Es war alles so anders als bei den anderen Kindern im Kindergarten oder später in der Schule. Ich konnte das auch keinem erklären, warum ich kein so echtes Zuhause habe wie die anderen. Ich habe es ja selber nicht kapiert. Vielleicht wäre alles anders gelaufen, wenn ich noch Kontakt zu meinem Vater gehabt hätte. Aber den habe ich bis heute nicht mehr gesehen. Ich kenne ihn nur von Bildern.«

Bianca hatte doppeltes, nein dreifaches Pech. Als Tochter einer Jugendlichen, die von der Mutterrolle völlig überfordert war und sich rasch wieder ins Vergnügen stürzen wollte, blieb ihr zunächst nur der Vater, von dem berichtet wird, er habe sie anfangs sehr geliebt. Wie es kam, dass auch er plötzlich weg war, bleibt für Bianca ein Rätsel (das ihr übrigens mehr Probleme bereitet als die Mutter, zu der sie einen lockeren, wenngleich sehr problematischen Kontakt hat). Um das Maß an trauriger Kindheitserfahrung voll zu machen, herrscht dann bei den Großeltern eine bedrückende Atmosphäre, die nicht geeignet war, ein kleines Mädchen unterstützt und gefördert aufwachsen zu lassen.

Wie beurteilen wir Biancas Mutter, wie ihren Vater? Haben wir Verständnis dafür, dass eine 15-Jährige zu unreif ist, um eine Familie zu gründen, oder fallen uns gleich einige Gegenbeispiele gelungener Familiengründungen im Jugendlichenalter ein? War die Liebe von Biancas Vater einfach nicht groß genug oder verstehen wir, dass er sein Heil in der Flucht gesucht hat, nachdem seine junge Ehefrau immer öfter fremdgegangen ist? Das Verständnis, das wir bei krankheitsbedingter Vernachlässigung der elterlichen Pflichten noch aufbringen können, fällt uns hier viel schwerer. Die Frage nach der Verantwortung dem Kind gegenüber stellt sich hier in einem größeren Maße.

Zur Vernachlässigung führende Unreife ist nicht immer ein Problem jugendlichen Alters. Auch im fortgeschrittenen Lebensalter gibt es unreife Persönlichkeiten, die von der Elternschaft überfordert sind. Gerade wenn sich die Eltern getrennt haben, besteht die Gefahr einer Kindesvernachlässigung. Die Kinder schweben in der Gefahr, vom verlassenen Elternteil als »lästiges Überbleibsel« aus der gescheiterten Beziehung angesehen zu werden. Wachsen die Kinder bei diesem frustriert und gekränkt zurückgebliebenen Elternteil auf, kann es geschehen, dass sie sich selbst überlassen werden.

Anna (29 J.) erinnert sich: »Nach der Scheidung meiner Eltern bin ich mit meiner kleinen Schwester und meinem kleinen Bruder bei der Mutter geblieben. Ich war damals zehn Jahre alt. Einerseits war ich fast erleichtert, dass die jahrelangen Streitigkeiten zwischen Mutter und Vater endlich ein Ende hatten. Vor der Trennung war es echt die Hölle, der Vater ständig betrunken, ein einziges Geschrei und Geschimpfe. Nachdem der Vater weg war, lief zwar alles ruhiger ab, aber es dauerte nicht lange, da war auch unsere Mutter weg. Nicht richtig weg, aber es kam auf dasselbe raus. Sie hatte irgendwie jegliches Interesse an uns Kindern verloren, lediglich zu meinem Bruder schien sie noch eine gewisse Zuneigung zu haben. Nach ein oder zwei Monaten schlief sie nicht mehr in der Wohnung. Ich weiß nicht, ob sie damals einen oder mehrere Freunde hatte, weil sie mit uns nie darüber gesprochen hat. Ich war für uns Kinder zuständig. Morgens habe ich die Kleinen aufgeweckt, ins Bad getrieben und Frühstück gemacht.

Danach ging's weiter mit Anziehen, und so gegen halb acht haben wir drei uns dann auf den Weg gemacht. Zuerst haben wir Julian in den Kindergarten gebracht, dann sind wir Mädchen in die Schule. Nach außen hin habe ich meine Mutter immer geschützt; wenn jemand gefragt hat, wie es zu Hause läuft, habe ich immer so getan, als wäre alles in Ordnung. Ich hatte Angst, dass das auffliegt, dass wir ins Heim müssen oder so. Das Problem bei der Sache war, dass das nur so etwa ein halbes Jahr gutging. Dann ist mein kleiner Bruder irgendwie durchgedreht und hat sich von mir nichts mehr sagen lassen. Meine Schwester wurde auch immer schwieriger, wahrscheinlich weil es allmählich total stressig wurde. Unsere Mutter ist dann auch mehr und mehr ausgeflippt, weil nichts mehr geklappt hat. Meistens war ich die Schuldige, weil ich es nicht geschafft habe, ihr für ihr Leben den Rücken freizuhalten.«

Erst spät, mit Ende 20, konnte Anna erkennen, welche Überforderung ihr die Mutter aufgebürdet hatte. Bis dahin begleiteten sie ständige Schuldgefühle, den damaligen Anforderungen nicht gewachsen gewesen zu sein. Erstaunlicherweise vergingen einige Jahre, bis auch in diesem Fall die Kinder zu Verwandten kamen. Annas Geschwister sind mittlerweile ebenfalls in Behandlung, der Bruder wegen eines Aufmerksamkeits-Defizit-Syndroms, die Schwester wegen Magersucht. Anna selbst leidet unter ständigen Selbstzweifeln, einer inneren Anspannung und darunter, dass sie sich mit partnerschaftlichen Beziehungen überaus schwer tut. In typischer Weise war sie in der Klemme zwischen den Anforderungen der Mutter und den revoltierenden kleinen Geschwistern. Sie bekam den Druck von beiden Seiten ab. Während ihre Schwester und ihr Bruder vorwiegend unter der allgemeinen Vernachlässigung innerhalb dieses Systems gelitten haben, kamen bei Anna noch der Druck der Überforderung und die ständigen

Tadel der Mutter hinzu. So gesehen hat sie den schwersten Stand gehabt, sie ist das klassische schwarze Schaf dieser Familie.

Das Desinteresse von Annas Mutter macht auf uns einen sehr egoistischen Eindruck. Der Aufgabe, nach der Trennung aus einer unglücklichen Beziehung sowohl das eigene Leben wieder in die richtigen Bahnen zu lenken als auch den Kindern eine sinnvolle und geförderte Jugend zu ermöglichen, war sie nicht gewachsen. Die Kinder, insbesondere Anna, haben in diesem Fall die Zeche bezahlt.

Es soll hier nicht der Eindruck entstehen, dass die Herausforderung für Annas Mutter eine kleine gewesen wäre, weit gefehlt. Allerdings berücksichtigte die Lösung, die sie für sich wählte, ausschließlich ihre eigenen Interessen und führte zu einer folgenschweren Vernachlässigung ihrer mütterlichen Pflichten. Anna beurteilt ihre Mutter heute anders als Kinder, deren Eltern sich *krankheitsbedingt* nicht in ausreichendem Maße kümmern konnten.

Neben persönlicher Unreife sind also vor allem egoistische Motive für die Vernachlässigung der Kinder verantwortlich. In manchen Fällen besteht auch eine Kombination aus beidem.

Gestörte Persönlichkeiten

Manchmal können wir aus Berichten schwarzer Schafe auch Kennzeichen echter Persönlichkeitsstörungen bei ihren Eltern erkennen. Das Konzept der Persönlichkeitsstörung wird in der Medizin nicht einheitlich verwendet. Während einige Psychiater darunter vorwiegend anlagebedingte Störungen verstehen, favorisieren andere ein Konzept, das frühkindliche Kommunikationsstörungen zwischen Mutter und Kind verantwortlich sieht. Möglicherweise liegt die Wahrheit auch hier in der Mitte und die Persönlichkeitsstörung ist ein Produkt aus einer genetisch bedingten Anlage der Grundpersönlichkeit und der hieraus resultierenden Interaktions-Problematik im Säuglings- und Kleinkindalter.

Die für das Kapitel »Vernachlässigung« relevanten Persönlichkeitsstörungen zeichnen sich durch eine Unfähigkeit aus, in emotionalen Kontakt mit dem Kind zu treten. Als Beispiel sei die sogenannte schizoide Persönlichkeitsstörung genannt. Diese hat trotz der Ähnlichkeit im Namen nichts mit der bereits erwähnten Schizophrenie zu tun. Schizoide Menschen leiden nicht an einer Psychose. Die im Vordergrund stehenden Eigenschaften Schizoider sind eine emotionale Kälte und Distanziertheit. Dies hat nichts mit einer Abneigung gegen bestimmte Personen zu tun, der Schizoide begegnet allen Menschen auf diese Weise. Dabei ist sowohl die Fähigkeit vermindert, liebevolle Gefühle auszudrücken, als auch diejenige, Missfallen oder Ärger zu zeigen. Schizoide sind meist Einzelgänger, Eigenbrötler, die sich lieber mit eigenen Phantasien beschäftigen als mit anderen Menschen. Freunde haben sie nur sehr wenige, wenn überhaupt.

Wie kann so jemand eine Partnerschaft eingehen, eine Familie gründen? Diese Frage ist sehr berechtigt, und die meisten Schizoiden, die ich kenne, leben in der Tat alleine. Andererseits sind mir einige Väter begegnet, die alle Züge einer schizoiden Persönlichkeitsstörung trugen. (Interessanterweise kenne ich dagegen nur eine einzige Mutter mit schizoiden Merkmalen.) Diese Väter, so schien es mir, hatten sich lediglich nicht gegen die Beziehung zu der meist lebhaften und hochemotionalen Frau gewehrt, mit der sie zusammen waren. Es ist schon ein eigenartiges Gefühl, einem Paar gegenüberzusitzen, bei dem die Frau emotionale Wärme ausstrahlt und der Mann deutlich unterkühlt und am Kontakt desinteressiert wirkt. Aber das Thema, wie sich Paare finden und was sie untereinander anzieht, kann an dieser Stelle nicht umfassend ausgebreitet werden, so interessant es auch sein mag.

Tatsache ist, dass auch schizoide Menschen Eltern werden. Für die Kinder bedeutet das, dass schon einmal ein Elternteil keine zugewandte, fördernde, Wohlwollen oder gar Liebe ausstrahlende Beziehung zu ihnen hat. Kinder können keine Diagnosen stellen. Sie wissen nicht, dass die Mutter oder der Vater eine »schizoide Persönlichkeitsstörung« hat. Sie erleben einen Elternteil, der sich vielleicht mit ihnen abgibt, aber kein wirkliches Interesse an ihnen hat. Es springt kein Funke über, es entsteht keine warme Beziehung. Wie wir bereits gesehen haben, neigen viele Menschen dazu, in einer solchen Situation die Schuld bei sich selbst zu suchen. Aber bereits vor der bewussten Auseinandersetzung mit diesem Problem leidet das kleine Kind an den Folgen der gestörten Kommunikation mit diesem Elternteil. Es werden also schon früh die Weichen gestellt, dass hier ein Kind heranwächst, dessen Beziehung zu einem Elternteil emotional gestört ist. Bevor ich auf den berechtigten Einwand »Aber schließlich hat das Kind ja *zwei* Elternteile« eingehe, möchte ich noch kurz eine weitere Persönlichkeitsstörung anführen, die ebenfalls zu einer Vernachlässigung des Kindes beitragen kann.

Die Rede ist von der zwanghaften oder »anankastischen« Persönlichkeitsstörung. Die meisten von uns kennen Kontrollzwänge in einem gewissen Ausmaß. »Habe ich die Autotür wirklich abgesperrt, als ich gerade ganz in Gedanken aus der Tiefgarage gegangen bin? Schnell noch mal hinschauen und überprüfen!« »Ist der Brief, den ich gerade in den Briefkasten werfe, wirklich richtig adressiert? Zur Sicherheit werfe ich lieber noch einen Blick darauf.« Solche Kontrollen führen wir, oft gegen besseres Wissen, häufig durch. Wir sind uns im Klaren, dass wir »eigentlich« alles Erforderliche getan haben, vergewissern uns aber »zur Sicherheit« lieber noch einmal. Das ist völlig normal und befriedigt unser Bedürfnis, die Dinge im Griff zu haben.

Ein Mensch mit zwanghafter Persönlichkeitsstörung aber lebt grundsätzlich nach dem Prinzip, alles überprüfen und kontrollieren zu müssen. In ausgeprägten Fällen besteht sogar eine regelrechte Zwangsstörung, bei der der Fluss des Lebens über den oft stundenlang durchgeführten Kontrollen zum Erliegen kommen kann. Dies ist dann wieder eine schwere psychische Erkrankung, von der hier aber nicht die Rede sein soll. Weitaus häufiger sind nämlich zwanghafte Persönlichkeitszüge, die zwar nicht das Ausmaß einer Zwangsstörung erreichen, aber dazu führen, dass diese Frauen und Männer mehr mit ihrem Kontrollsystem beschäftigt sind, als sich um die Menschen in ihrer Familie zu kümmern. Beispielsweise kann die Sorge der Mutter mehr der hygienisch einwandfreien Gestaltung des kindlichen Umfeldes gelten als der emotionalen Zuwendung. Die (vermeintliche) Beseitigung aller Keime auf dem Wickelbrett ist ihr wichtiger als das Schmusen mit dem Baby. Oder der Vater, dem Ordnung und korrektes Benehmen seiner Kinder über alles gehen und dem es mehr bedeutet, dass der Scheitel sitzt, als dass er der Tochter oder dem Sohn vor dem Gang zur Schule liebevoll über den Kopf streicht. Auch bei diesen Eltern kommt die emotionale Zuwendung zu kurz. Das Kind macht die Erfahrung, dass Äußerlichkeiten wichtiger sind als Zuneigung. Korrekt gekleidet und mit guten Manieren ausgestattet, lassen diese Mädchen und Jungen ihre emotionale Vernachlässigung nicht auf den ersten Blick erkennen. Die gefühlsmäßige Distanz zu dem zwanghaften Elternteil führt bei diesen Kindern aber oft zu Einsamkeit und Traurigkeit. Es besteht die Gefahr, dass hierfür empfängliche Kinder sich als ungeliebt oder abgelehnt erleben, meist ohne sich dessen bewusst zu sein. So entsteht ein negatives Lebensgefühl, das sich in Ruhelosigkeit, schlechter Selbstbewertung und Bedrücktheit äußert. Sind die Schwester oder der Bruder eines solchen Kindes dann robuster und setzen sich innerhalb der Familie besser durch, so geraten auch die verletzlicheren Kinder zwanghafter Elternteile schnell in ein inneres Erleben, dass mit ihnen »irgendwas nicht stimmt«, ziehen sich innerlich zurück und werden so über die Jahre hinweg zum schwarzen Schaf der Familie. Die emotionale Vernachlässigung durch den zwanghaften Elternteil ist ein wesentlicher Faktor, der diese Entwicklung begünstigt, wenn er auch nicht der einzige ist. Die Veranlagung des betreffenden Kindes (die »Vulnerabilität«), die Struktur und das Verhalten der Geschwister müssen hinzukommen, damit die Konstellation des »schwarzen Schafes« entsteht, das sich als aus der familiären Gemeinschaft ausgegrenzt erlebt.

An diesen Beispielen sehen wir, dass nicht nur in krassen Fällen von kindlicher Vernachlässigung gesprochen werden kann. Diese kann auch sehr subtil vonstatten gehen.

Aus dem Gleichgewicht

Nachdem jetzt immer von einem Elternteil mit unreifen, egoistischen, schizoiden oder zwanghaften Zügen die Rede war, stellt sich die berechtigte Frage, warum nicht der andere Elternteil die Benachteiligung für das Kind ausgleicht. Die Antwort darauf heißt: Meistens geschieht das auch. Dass sich Gegensätze anziehen, trifft sehr häufig gerade für partnerschaftliche Beziehungen zu, und so hat der schizoide Vater oft eine hochemotionale Ehefrau an seiner Seite, und die Zwanghaftigkeit der Mutter wird von der Lockerheit des Vaters ausgeglichen. In diesen Familien wird nur in seltenen Fällen eines der Kinder zum schwarzen Schaf werden.

Allerdings ist hierfür eine Grundbedingung, dass beide Eltern auch in gleichem Maße als Bezugspersonen für die Kinder zur Verfügung stehen. Ist einer der beiden nur selten zu Hause, so entsteht schon allein dadurch eine gewisse Schräglage. Herrscht die ganze Woche über ein zwanghaft-rigider

Erziehungsstil, so kann die lockere Art des anderen Elternteils diesen Einfluss dann am Wochenende nicht völlig ausgleichen. Oft entsteht so eine tief sitzende Sehnsucht nach diesem liebevollen und großzügigen Elternteil; viele Kinder werden diesen auch idealisieren und ihn gleichzeitig als unerreichbar erleben. Dies ist die Ausgangslage vieler psychischer Beschwerden im späteren Lebensalter.

Nicht zwangsläufig wird man dadurch zum schwarzen Schaf. Erst wenn Geschwister existieren, die nicht so sehr unter dieser Situation leiden, kann bei einem verletzlicheren Geschwister der Eindruck entstehen, nur es selbst sei innerhalb der Familie benachteiligt. Der dann einsetzende Teufelskreis aus Rückzugsverhalten und Verstärkung der emotionalen Vernachlässigung erhöht die Gefahr, dass das Kind zum schwarzen Schaf der Familie wird.

Einen vielleicht noch schädlicheren Einfluss als zeitliche Abwesenheit hat die Dominanz eines der beiden Elternteile gegenüber dem anderen. Besonders häufig sehen wir das in den Schilderungen von Frauen und Männern, die aus typisch patriarchalischen Familienstrukturen stammen. Der Vater als Herrscher über Frau und Kinder, mal wohlwollender Monarch, mal übler Despot, aber immer mit uneingeschränkter Macht. Richter und Vollstrecker in einer Person, sind ihm alle unterworfen. Auch heute noch sind Schilderungen solcher Familien nicht selten, wenngleich die Tendenz zu einer partnerschaftlicheren Lebensführung geht. Aber insbesondere Frauen und Männer, die heute 50 Jahre und älter sind, berichten häufig von dieser Asymmetrie zwischen den Eltern. Hatte einen der Vater auf dem Kieker, bestand kaum eine Chance, irgendwo Zuflucht zu finden. Die Mutter, still und duldsam in der Küche am Werkeln, versuchte vielleicht das Eine oder Andere auszugleichen, meist aber mit wenig Erfolg.

Besonders die Kombination »geprügelter Sohn mit Prinzessinnen-Schwester« ist mir immer wieder begegnet. Ist das nicht die typische Konstellation eines Ödipus-Komplexes, werden jetzt manche fragen. Im Prinzip ja, lautet die Antwort. Aber seit Sigmund Freud verstehen wir darunter ein *unbewusstes* psychisches Geschehen mit einer sexuellen Fixierung auf die Mutter und einem hasserfüllten und potentiell mörderischen Affekt dem Vater gegenüber. Fernab griechischer Tragödien und unbewusster Motive wird der Sohn, der vom Vater stets gestraft und überstreng behandelt wird, während die Tochter geliebt und geherzt aufwächst, nicht nur unbewusst, sondern mit allen Fasern seiner Psyche auf diese Ungleichbehandlung reagieren. Er wird sich zurückgesetzt fühlen, wird kein stabiles Selbstwertgefühl entwickeln und vielleicht in alle späteren Kontakte zu Frauen wie zu Männern mit einer gewissen Hypothek gehen. Es ist genau die Konstellation, in der ein Kind der Familie zum Ausgegrenzten, zum schwarzen Schaf wird.

Man sollte übrigens nicht übersehen, dass diese Struktur auch dazu führen kann, dass die Mutter selbst in diese Rolle der Benachteiligten rutschen kann, wenn nämlich die Kinder vom Vater gefördert und unterstützt werden, die Ehefrau aber unterdrückt wird und in die Rolle der Dienstmagd gerät. Ich sage nicht, dass diese Fälle selten sind. Allerdings sitzen mir sehr selten solche Mütter gegenüber. Stille Duldsamkeit, Entsagung und die Bereitschaft, sich in dieses Los zu schicken, verhindern nach meiner Erfahrung oft jegliche Änderungsbereitschaft bei diesen Frauen. Von ihnen erfahre ich nur über Umwege:

Julia (42 J.), die wegen eines Burnouts in Behandlung gekommen ist, berichtet über ihre Familie: »Wir Kinder konnten uns, glaube ich, nicht über den Vater beschweren. Er war immer fair zu uns. Gut, es ging immer um Leistung. Gute

Noten, sportliche Erfolge und so. Ich weiß nicht, ob mir das geschadet hat. Aber wenn ich an meine Mutter denke … Sie war so eine kleine, stille Person. Das erste Bild, das ich vor mir sehe, wenn ich an sie denke, ist, wie sie in ihrer Kittelschürze in der Küche steht und Essen kocht. Das mag vielleicht seltsam klingen, aber sie ging in ihrer Rolle als Hausfrau völlig auf. Mein Vater war immer der große Zampano, und meine Mutter hatte nichts zu melden. Als Kind habe ich nicht groß darüber nachgedacht. Ich hatte meine Schule, meine Freundinnen. Meine Mutter war irgendwie halt auch da. Erst seit ich über 30 bin, stelle ich mir die Frage, was für ein Mensch sie wohl war. Sie war immer nett zu uns, stand aber völlig unter dem Einfluss unseres Vaters. Meine Brüder und ich kamen gut ins Leben, auch wenn diese Leistungsorientierung sich jetzt vielleicht als Problem erweist. Aber was für ein Leben hatte meine Mutter? War sie wirklich zufrieden mit ihrer Rolle in der Familie?«

Die Antwort auf diese Frage wird Julia nicht bekommen. Ihre Mutter starb mit 56 Jahren an Krebs. Als Außenstehende bekommen wir hier ein Schlaglicht auf einen Menschen, über dessen Lebensglück wir nur spekulieren können. Ich weiß nicht, ob Julias Mutter wirklich in ihrer Rolle aufging, wie Julia das als Kind erlebt hat. Mag sein oder auch nicht. Ich vermute allerdings, dass in vielen Familien solche Mütter ein Dasein fristen, das man auch am besten als »schwarzes Schaf der Familie« beschreiben könnte.

Matriarchalische Familien sind nach meiner Erfahrung deutlich seltener. Ein stiller Vater, der wenig zu melden hat neben einer dominanten Herrscher-Mutter, ist eine Familienkonstellation, die nicht so häufig anzutreffen ist. Gleichwohl gibt es sie. Im Kapitel »Die Mausefalle« habe ich über derartige Strukturen am Beispiel von Johannes (S. 93 ff.) berichtet. Meine Erfahrungen gehen in die Richtung, dass in patriarchalischen Familien lange überlieferte (und überlebte) Strukturen dominieren, in den Fällen mit ausgegrenzten und unterdrückten Ehemännern dagegen meist Planung und Berechnung auf Seiten der Ehefrauen zu sehen sind. Dies soll keine Vorurteile bedienen, sondern stellt eine Beobachtung über einen mittlerweile doch recht langen Zeitraum von zwei Jahrzehnten dar.

Das Thema »Vernachlässigung« sei damit abgeschlossen. Vielleicht ist noch die Schlussbemerkung wichtig, dass dies die häufigste Konstellation ist, durch die schwarze Schafe innerhalb von Familien entstehen. Gleichzeitig ist hier die Spannbreite zwischen subtiler Benachteiligung und krasser Ausgrenzung am größten.

»HIGH EXPRESSED EMOTIONS«

Ganz und gar nicht subtil geht die Benachteiligung in Familien mit überschäumender Emotionalität vonstatten. Um nicht missverstanden zu werden: Schlagen die Affekte innerhalb von Familien hohe Wellen, muss dies kein Nachteil sein. Von nordischer Kühle bis hin zu südländischer Hitze erstreckt sich eine breite Zone familiärer Emotionalität, innerhalb derer wir von »normalen« Familien sprechen. Ganz allgemein ist eine emotional getönte Beziehung stets weniger in Gefahr, mit Vernachlässigung oder gar Desinteresse einherzugehen. Entscheidend sind dabei das Ausmaß und die Art des Affektes, der die Kommunikation unter den Familienmitgliedern prägt.

Aus der Forschung zum Verlauf psychiatrischer Erkrankungen weiß man, dass das Klima innerhalb der Familie des Erkrankten einen wichtigen Einfluss auf die Prognose seiner Störung hat. Ein wesentlicher Faktor dabei ist das sogenannte

Expressed-Emotions-Konzept (EE). Unterschieden werden Familien mit »high expressed emotions« und solche mit »low expressed emotions«. In den erstgenannten (HEE) zeichnen sich die Beziehungen zwischen dem psychiatrischen Patienten und seinen Angehörigen durch ein Übermaß an »hochfliegenden« Emotionen aus. Dies bedeutet, dass Angehörige überengagiert sind, viel Druck auf den Patienten ausüben, ihn häufig kritisieren. Letzteres ist natürlich besonders negativ zu werten, aber auch jede Form »gut gemeinter«, aber den Patienten letztlich emotional überfordernder Aktivität seitens seiner Angehörigen verschlechtert den Verlauf der Erkrankung. Dieser Zusammenhang ist mittlerweile nachgewiesen für Krankheitsbilder wie Schizophrenie und bipolare (=manisch-depressive) Störung. Auch im Bereich der Essstörungen (Anorexie und Bulimie) führt ein emotionales Überengagement der Eltern zu einer Verschlechterung der Prognose.

Warum ist das so? Man möchte doch meinen, dass gerade das Engagement der Angehörigen bei einem vielleicht antriebsreduzierten oder sozial zurückgezogenen Patienten motivierend und aktivierend wirkt. Dies ist im Prinzip auch richtig. Das Problem ist, dass diese positive Beeinflussung nur durch einen schmalen Grat von einer Überforderung des Patienten getrennt ist.

Im Gespräch mit Angehörigen kommt eine Frage mit großer Regelmäßigkeit: »Herr Doktor, wie soll ich mich denn am besten ihr/ihm gegenüber verhalten?« Es ist wichtig, dass sich Angehörige psychisch Kranker diese Frage stellen, nur leider fällt die Beantwortung nicht immer leicht. In den allermeisten Fällen verhält sich der Angehörige richtig, wenn er sich den »goldenen Mittelweg« aus Fordern und Schonen zum Ziel setzt. Dieser Mittelweg verläuft aber bei jedem Patienten ein wenig anders. Wir können nur mit Sicherheit sagen, dass eine Unterforderung meist weniger schädlich ist als eine Überforderung.

Das Konzept der »high expressed emotions« kommt auch in einigen Familien zum Tragen, in denen ein Mitglied ausgegrenzt oder benachteiligt wird. Auf eine gewisse Weise stellt es das Spiegelbild zur Vernachlässigung dar. Ebenso, wie dort ein Verkümmern des Kontaktes zwischen Eltern und Kindern diejenigen Geschwister besonders hart trifft, die (im Gegensatz zu ihren robusteren Schwestern und Brüdern) hierfür besonders empfänglich sind, werden auch in Familien mit übersteigerter Emotionalität die Empfindlichen und Empfindsamen betroffen sein.

Wir haben bereits im Fall von Manfred (S. 37 f.) gesehen, dass sich eine hasserfüllte und aktiv abwertende Haltung auch selektiv auf eines der Kinder beziehen kann, während die anderen normal behandelt werden. Einige dieser Konstellationen haben wir im Kapitel über die Kuckuckskinder und die Sündenböcke kennengelernt.

Eine etwas andere familiäre Konstellation beschreibt Susanne (36 J.): »Wenn ich an meine Kindheit denke, so war das ein einziges Chaos bei uns zu Hause. Vor allem meine Mutter habe ich als völlig durchgeknallt in Erinnerung. Sie ist eine ganz und gar exaltierte Person, ständig mit sich beschäftigt, hat nichts im Kopf außer ihrer Mode und ihrem Schmuck. Sie hat mich und meine beiden Schwestern [Susanne ist das mittlere der drei Kinder] immer total nervös gemacht, ist immer durch die Wohnung gedüst und hat Kleider anprobiert. Es konnte passieren, dass wir mitten im Gespräch waren, und sie ist plötzlich aufgesprungen und ins Kleiderzimmer gelaufen. Andererseits war sie dann oft total übertrieben mit uns und hat uns, wenn ihr gerade danach war, geherzt und hergeschmust. Mein Vater hat da gut dazugepasst. Er ist sowas von einem Macho und der größte Angeber, den ich kenne. Er hatte früher tausend Freunde, und meine Eltern haben mehrmals in der Woche Gäste gehabt, die mir genauso durchgedreht vorgekommen sind. Bei uns war immer Party und Halligalli. Die ersten Jahre haben meine Schwestern und ich wohl alle gleich unter dem Wahnsinn zu Hause gelitten. Als ich in die Schule gekommen bin, hat sich dann aber alles geändert. Ich hatte eine Lehrerin, die irgendwie das totale Gegenteil meiner Mutter war und die ich so richtig toll fand. Sie war ruhig und nett und konnte sich auf ein Thema konzentrieren. Von ihr habe ich mein Faible für alles, was mit Natur zu tun hat. In den ersten beiden Klassen habe ich beschlossen, dass ich so werden will wie meine Lehrerin. Die Stimmung und das Chaos bei uns zu Hause haben mich dann noch mehr genervt. Meine beiden Schwestern haben sich anders entwickelt. Sie waren immer schon lebhafter als ich und sind mit zunehmendem Alter immer besser zurechtgekommen mit Mama und Papa. So wurde ich irgendwie zum Außenseiter in der Familie. Mit dem Übertritt ins Gymnasium kippte dann die Stimmung bei meiner Mutter. Sie nahm jetzt speziell mich ins Visier. Vielleicht hatte sie gemerkt, dass ich sie damals schon verachtet habe. Jedenfalls hat sie mir ab dieser Zeit die Hölle auf Erden beschert. Sie hat mir ständig nachspioniert, und wenn ich in meinem Zimmer irgendetwas mit Biologie angefangen habe, hat sie es zerstört. Ich weiß noch, dass ich eine Blättersammlung anlegen wollte, die hat sie mir kaputtgemacht. Sie wurde immer unberechenbarer, es konnte vorkommen, dass sie mich unvermittelt packte und mich anschrie und ausschimpfte. ›Was spielst du für ein Spiel, du kleine Hexe?‹, war einer ihrer Ausdrücke. Später hat sie mich als Schlampe beschimpft und mir alle möglichen Dinge unterstellt, die nur in ihrer Phantasie existierten. Mein Vater hat mich in diesen Jahren einfach gar nicht mehr beachtet, er schien einfach das Interesse an mir verloren zu haben. Meine Schwestern waren sicherlich auch unterhaltsamer, weil sie auf dieser Welle meiner Eltern mitgeschwommen sind. Auch meine Schwestern haben mich links liegen lassen. Es war ein richtiger Kleinkrieg zwischen mir und meiner Mutter. Ich halte mich für einen recht stabilen Menschen, aber irgendwann konnte ich einfach nicht mehr. Mit 16 habe ich dann meinen ersten Suizidversuch unternommen und Tabletten geschluckt. Das hat mir dann ein paar Tage auf der Wachstation und ein paar Wochen in der Kinderpsychiatrie beschert. Geändert hat das alles nichts, es wurde im Gegenteil noch schlimmer. In der Familie war ich jetzt der ›Psycho‹, und meine Mutter hat regelrecht hysterische Anfälle bekommen, wenn es um mich ging. Ihre schrille Stimme klingt mir immer noch in den Ohren, und ihr ständiges Gekeife, womit sie ›sowas wie mich verdient‹ habe.«

Susanne ist seit ihrem siebzehnten Lebensjahr in Behandlung wegen depressiver Phasen. In Zeiten großer Belastung verletzt sie sich selbst, indem sie sich mit Schere oder Rasierklinge Schnitte am Oberschenkel zufügt. Einerseits ist sie hochintelligent, hat ihr Abitur mit einem Einser-Schnitt absolviert und sich ihr Wunsch-Studium Biologie ermöglicht. Andererseits kann sie kein entspanntes oder gar glückliches Leben führen, weil sie in Beziehungen überaus misstrauisch ist und gleichzeitig nur schwer alleine sein kann.

Für Susanne war die intensive emotionale Stimmung in ihrem Elternhaus zu anstrengend. Ihre Reaktion waren der Rückzug in sich selbst, die Entwicklung eigener Interessen und ein Lebenskonzept, das sich grundlegend von dem ihrer Eltern unterschied. Ihre Mutter geriet daraufhin in einen regelrechten »Gift und Galle«-Modus und terrorisierte Susanne, während der Vater und die Schwestern sich desinteressiert abwandten.

Es wird jedem einleuchten, dass ein empfindsames Kind wie Susanne unter diesen Bedingungen Schaden nehmen muss. Auch in diesem Beispiel scheinen uns die Schwestern anpassungsfähiger. Während sie nach Susannes Einschätzung anfangs auch von der Stimmung im Elternhaus überfordert waren, adaptierten sie besser als Susanne und mischten schließlich selbst kräftig mit.

Was die Motive für Susannes Mutter waren, ihrer Tochter so feindselig zu begegnen, wissen wir nicht. Susanne selbst ist der Meinung, sie sei auf die Lehrerin eifersüchtig gewesen und habe gespürt, dass ihre Tochter sich von ihr abgewandt hatte. Eine mögliche Hypothese.

Bei Eltern, die Gift und Galle versprühen, werden wir ebenfalls immer die Frage nach einer Akzentuierung oder gar Störung der Persönlichkeit stellen müssen. Insbesondere histrionische oder narzisstische Charaktere verfügen oft über wenig andere Reaktionsmöglichkeiten auf eigenen Frust oder Kränkungen. Beiden Störungen ist gemeinsam, dass eine übermäßige Bezogenheit auf sich selbst vorliegt und Beziehungen oft gerade darunter leiden. Menschen mit einer histrionischen Persönlichkeit (die früher »hysterisch« hieß) sind meist an Äußerlichkeiten orientiert und verhalten sich theatralisch und dramatisierend. Sie wollen ständig im Mittelpunkt stehen und reagieren auf Kränkung sehr empfindlich. Ihr Umgang mit anderen Menschen hat oft etwas Manipulatives. Narzisstische Persönlichkeiten weisen ebenfalls eine deutlich erhöhte Kränkbarkeit auf. Hinter ihrer Fassade von Selbstbeweihräucherung und Grandiosität verbirgt sich ein brüchiges Selbstwertgefühl. Auch sie sind oft manipulativ und neigen dazu, andere für ihre Zwecke zu instrumentalisieren.

Gerade wenn ein Elternteil eine dieser Störungen aufweist, kann der andere oft nicht für den erforderlichen Ausgleich in der Erziehung der Kinder sorgen. Vor allem narzisstische Persönlichkeiten haben aufgrund ihrer manipulativen Kräfte meist die anderen Familienmitglieder und eben auch ihren Partner »im Griff«. Dadurch fehlt dann der Ausgleich, wenn ein Kind, so wie in Susannes Beispiel, dringend Unterstützung benötigen würde. Wir können vermuten, dass auch Susannes Vater narzisstische Züge hat, die sich aber mehr in Egozentrik als in Feindseligkeit dem Kind gegenüber geäußert haben.

Eine andere Variante von »high expressed emotions«-Familien, bei denen die Kommunikation nicht durch »Gift und Galle« dominiert ist, kann man immer wieder beim Phänomen der sogenannten »Sonnenvögel« identifizieren. In dieser Version des schwarzen Schafes wird ja ein Kind, das in besonderem Maße über Fähigkeiten verfügt, die den anderen fehlen, zum »Heilsbringer« der Familie stilisiert, was immer in Ausnutzung und Überforderung endet. Hier sind es nicht negative Emotionen wie Wut und Hass, mit denen sich dieses Kind auseinandersetzen muss. Im Gegenteil, die Sonnenvögel werden hochgelobt und idealisiert – aber nur, um schließlich ausgenutzt und über Gebühr beansprucht zu werden. Die in diesen Familien herrschende Emotionalität drückt sich dann mehr in demonstrativem Leiden und Klagen der Familienmitglieder aus. Es herrscht oft eine Stimmung der Bedrücktheit und des Mangels. Allerdings sind auch hier die Emotionen »high expressed«, das heißt, dass die Eltern und Geschwister des Sonnenvogels nicht »still vor sich hin leiden«, sondern dem zur Rettung der Familie Auserwählten seinen besonderen Auftrag dick aufs Brot streichen.

Bernd (49 J). gibt uns einen kleinen Einblick in eine solche Familie: »Wenn ich heute so zurückdenke, war es bei uns zu Hause ein einziges Jammertal. Mein Vater hatte ja sein schlechtes Bein, wegen dem er frühberentet war. Das legte er immer mit großem Brimborium auf den flachen Tisch im Wohnzimmer. Ich sehe ja ein, dass er das Bein hochlagern musste, aber manchmal schien mir dieses Bein der Dreh- und Angelpunkt der ganzen Wohnung zu sein. Oft saß der Vater nur da und starrte seufzend sein Bein an. Meine Mutter setzte sich im Wohnzimmer immer nur auf die äußerste Kante des Sofas. Sie saß dort wie an der Bushaltestelle. Das war sowas von ungemütlich. Die Mutter bewegte sich auch immer sehr leise durch die Wohnung, so als liefe sie auf Eiern. Wir hatten auch kaum jemals Musik laufen, es war eine dermaßen angespannte Atmosphäre, so als würden alle auf irgendetwas warten. Ständig unterhielten sich die Eltern über die finanzielle Knappheit und darüber, was sie sich alles *nicht* leisten konnten. Meine Schwester hat bei der erstbesten Gelegenheit die Flucht ergriffen und ist ausgezogen. Ich bin zu Hause geblieben. Ich hatte den Eindruck, wenn ich auch noch ausziehe, dann bricht alles zusammen. Ich habe meine Eltern nach Kräften unterstützt, habe einen Großteil der Hausarbeit gemacht, den meine Mutter nicht bewältigen konnte. Außerdem habe ich mich um alles Schriftliche, Behördengänge und so gekümmert und meinen Vater zum Arzt gefahren. Aus heutiger Sicht wurden meine Eltern dadurch immer unselbständiger, aber damals war mir das nicht klar. Ich war auch nicht sauer oder so auf meine Eltern. Nachdenklich wurde ich erst, als ich so viel von meinem selbst verdienten Geld zu Hause abgegeben habe, dass ich mir selbst kaum mehr etwas leisten konnte. Der Kontakt zu meinen Eltern war die ganze Zeit über seltsam. Die Mutter hat mich meist so von unten her angeschaut, und der Vater hat mir oft auf die Schulter geklopft, mit Tränen in den Augen. Es war eine einzige ›Wenn wir dich nicht hätten‹-Stimmung, ohne dass dieser Satz auch nur ein einziges Mal gefallen wäre.«

In Bernds Lage ist es schwierig, die Problematik zu erkennen oder sich aus ihr zu befreien. Die Demonstration elterlicher

Bedürftigkeit nahm immer mehr zu, je mehr er sich engagierte. So entstand ein Teufelskreis, der Bernd mehr und mehr forderte. Seine Schwester hatte vermutlich diese Gefahr gespürt und sich »in Sicherheit gebracht«. Natürlich ist das Schicksal von Bernds Eltern bedauerlich, aber letztlich müssen sie sich vorwerfen lassen, durch mangelnde Übernahme von Verantwortung für das eigene Leben und zunehmende Lethargie auf einen ausgesprochen egozentrischen Kurs gekommen zu sein, der ihren Sohn Bernd übermäßig belastete. Er hatte die ihm zugewiesene Rolle so sehr verinnerlicht, dass er auch im Berufsleben wenig delegieren konnte, alles selbst und möglichst perfekt erledigen wollte und so zielstrebig auf einen Burnout zusteuerte. Am Ende hatte er die Zeche zu zahlen, er, der als Einziger in der Familie verantwortungsbewusst und hilfsbereit war. Ein typischer Sonnenvogel, ein klassisches schwarzes Schaf.

PYLONEN UND SCHWARZE LÖCHER

Bei einigen der Frauen und Männer, die ich als schwarze Schafe kennengelernt habe, konnte ich die familiäre Situation anfangs nicht recht verstehen. Es schien alles weitgehend »normal« verlaufen zu sein, und doch hatte ich ein eigenartiges Gefühl bei diesen Beschreibungen von Spielenachmittagen und scherzhafter Stimmung unter den Familienmitgliedern. Dann fiel mir auf, dass sowohl in diesen Erzählungen wie auch im Kontakt mit mir etwas fehlte. Mein Gegenüber war auf eigenartige Weise distanziert, ohne aber ablehnend zu sein. Im Gegenteil, diese Gespräche verliefen in einer freundlichen und oft humorvollen Atmosphäre. Und doch hatte ich Mühe, die Besonderheiten in der Persönlichkeit meiner Gesprächspartner zu erkennen, die Ecken und Kanten, die Widersprüche und Ungereimtheiten. Außerdem bemerkte ich eine Reaktion, die sich immer wiederholte: Wollte ich tiefer liegende Emotionen wie Scham- oder Schuldgefühle ansprechen, so kam ich nicht recht weiter. Ich erhielt entweder floskelhafte Antworten oder das gesamte Gespräch wurde witzelnd ins Lustige gezogen. Mir wurde schließlich klar, dass sich in unserer Gesprächssituation diejenige Kommunikation wiederholte, die in den Familien meiner schwarzen Schafe vorgeherrscht hatte. Allmählich bekam ich eine Vorstellung davon, was diese Familien auszeichnet und wie jemand in ihnen zum schwarzen Schaf wird.

Eine Fahrt auf der Autobahn brachte mir dann schließlich die Assoziation zu einer bildhaften Beschreibung dieser familiären Grundstimmung. Wegen einer Wanderbaustelle auf die rechte Fahrspur verbannt, fuhr ich an einer kilometerlangen Reihe von Pylonen, also Absperrkegeln, entlang. Die Einförmigkeit dieser recht langsamen Fortbewegung führte dazu, dass ich mich auf einmal fragte, wie es möglich ist, dass diese nebeneinander aufgereihten, aber letztlich nicht als durchgehende Abtrennung vorhandenen Pylonen verhindern, dass jemand zwischen zwei dieser rot-weißen Hütchen hindurchfährt, was ja technisch möglich wäre. Mir wurde klar, dass die Pylonen auch ohne direkte Verbindung untereinander doch als eine Einheit wahrgenommen werden und die Autofahrer durch unsichtbare Mauern hindern, die Fahrspur zu wechseln.

Und plötzlich hatte ich mein Bild der Pylonen-Familien. Die einzelnen Mitglieder sind untereinander verbunden (eben indem sie einer Familie angehören), aber es besteht keine Verbindung zwischen ihnen (was grundlegende Kommunikationsformen betrifft). Dieses Paradox einer verbundenen Unverbundenheit erklärte dann viel von den nur scheinbar unauffälligen Schilderungen meiner schwarzen Schafe aus solchen Familien. Ihr Grundprinzip ist die Kommunikation, ohne sich etwas Wesentliches mitzuteilen. Dies geht von allgemeiner Sprachlosigkeit bis hin zu plappernder Geschwätzigkeit, aber ohne tiefergehende Bedeutung für die Beziehungen untereinander. Wenn innerhalb der familiären Gemeinschaft nicht in erster Linie ohnehin geschwiegen wird, so treten vermeidende Aktivitäten in den Vordergrund. Besonders häufig ist mir das als gemeinsames Spielen berichtet worden. Dabei kann es durchaus lustig und sehr kommunikativ zugehen. Die gemeinsame Ebene ist dabei aber eine sehr oberflächliche, unverbindliche. Das Miteinander ist nur scheinbar; zumindest auf einer Ebene echter emotionaler Beziehungen sind die Familienmitglieder voneinander getrennt. Das Schwierige dabei ist, diese Kommunikationsform als das zu entlarven, was sie ist: eine (bewusste oder unbewusste) Vermeidung eines tiefergehenden persönlichen Kontaktes.

In aller Regel wird dies eine Schutzfunktion sein. Angst spielt dabei immer eine zentrale Rolle. Auch übermäßige emotionale Berührbarkeit eines oder beider Elternteile kann bereits genügen, um in der Familie diese komplizierte Form des mehr Neben- als Miteinanders zu etablieren. Eine andere Variante sind Geheimnisse innerhalb der Familie. Insbesondere der vermeidende Umgang mit eigenen Kriegserlebnissen hat deutsche Väter (und Mütter!) einer ganzen Generation zu einer Geheimniskrämerei bewegt, die sich sehr schädlich auf die Kinder ausgewirkt hat. Aufgewachsen in einer Mischung aus nicht ausgesprochenen Schuld- und Schamgefühlen, verbunden mit (in manchen Familien ausgeprägter) Verbitterung über einen verlorenen Krieg, beklagen sehr viele Frauen und Männer die tiefe Kluft, die sie emotional von ihren Eltern trennt.

Pylonen-Familien haben oft ihren Ursprung in dieser unheilvollen Konstellation. Die Generation der Kriegsteilnehmer war es nicht gewohnt, Erlebtes »aufzuarbeiten« oder mit eigenen belastenden Erlebnissen überhaupt in irgendeiner Weise umzugehen. Verdrängen und Verschweigen hieß die Devise. Fragen der Kinder wurden je nach Temperament der Eltern entweder vordergründig freundlich abgewimmelt oder aber barsch sanktioniert. Dass dabei in manchen Familien die gesamte Kommunikationskultur auf der Strecke blieb, zeigt mir nur, wie einschneidend das Verschwiegene, das Nicht-Kommunizierbare gewesen sein muss. Die eigentümliche Stimmung der beziehungslosen Verbundenheit in Pylonen-Familien führt ihrerseits dazu, dass in diesen Familien Verschwörungstheorien aus dem Boden schießen. Diese können sich ganz nah an der Realität bewegen, wenn die Kinder darüber spekulieren, was der Vater wohl im Krieg getan haben könnte, oder sie schießen ins Kraut, wenn zwar die ungemütliche Stimmung wahrgenommen, aber an der falschen Stelle nach dem Geheimnis der Familie gesucht wird. Auf diese Weise sind Kinder aus Pylonen-Familien oft beladen mit Schuld und Scham, die sie sich selbst nicht erklären können. Sie scheinen die familiäre Atmosphäre geradezu inhaliert zu haben und schleichen mit gesenktem Haupt durchs Leben, ohne so recht zu wissen, warum.

Ich hatte erwähnt, dass meine Versuche, hinter die Fassade meines Gegenübers vorzudringen, von schwarzen Schafen aus solchen Familien witzelnd und ablenkend abgewehrt wurden. Dies brachte mich auf die Spur der Störung in der Kommunikation dieser Familien. Jeder Versuch, unter die Oberfläche zu kommen und eine *echte* Beziehung zu etablieren, wird neutralisiert. Um wieder ein Bild zu bemühen: Es ist so, als würde man in ein schwarzes Loch der Beziehungsneutralisierung hinein sprechen. Auf unterschiedliche Weise wird der Versuch, Nähe und Bindung herzustellen, verhindert. Meist findet diese Verhinderung mit freundlicher Fassade, lächelnd oder scherzend, statt, was es so schwer machen kann, sie als Abwehr zu erkennen. Dieser Effekt des schwarzen Loches macht es anstrengend, mit den betreffenden Gesprächspartnern zu arbeiten. Es ist frustrierend und befremdlich, jemandem gegenüberzusitzen, der sich mit allen möglichen (meist unbewussten!) Tricks gegen eine emotionale Annäherung wehrt. Ohne diesen menschlichen Kontakt ist aber kein Weiterkommen im Miteinander zu erzielen.

Wir können davon ausgehen, dass in einer Pylonen-Familie die meisten Mitglieder durch dieses Paradox der verbundenen Beziehungslosigkeit Schaden erleiden. Das Prinzip, wie eines der Kinder dabei zum schwarzen Schaf der Familie wird, ist uns mittlerweile schon vertraut: Es sind die Unterschiede in Verletzlichkeit bzw. Resilienz, die einem der betroffenen Kinder die durch die Nicht-Kommunikation entstehende Ausgrenzung aus der Gemeinschaft besonders spürbar werden lassen. Das Prinzip der Pylonen ist ja genau diese Ausgrenzung, dieses Den-Anderen-von-mir-Weghalten, das die Besonderheit des Lebensgefühls eines schwarzen Schafes begründet. Die pseudo-normale Familienatmosphäre mit Spielen und Lachen tut ihr Übriges, dass in einem hierfür empfänglichen Kind der Eindruck entstehen kann, dass es als einziges in dieser Familie nicht so recht versteht, warum es sich letztlich unglücklich fühlt. So gesehen sind in Pylonen-Familien auch diejenigen am ehesten in Gefahr, zum schwarzen Schaf zu werden, die die Atmosphäre als unnormal erleben.

Auch bei den sogenannten »weißen Schafen« finden sich in manchen Fällen Pylonen-Familien in der Vorgeschichte. Auch hier verhindert die Beziehungslosigkeit bei erhaltener oberflächlicher Kommunikation einen menschlich korrekten Umgang mit einem Kind, das sich aufmacht, die familiären Strukturen im Sinne einer eigenständigen Entwicklung zu

verlassen und sich dadurch dem Vorwurf des »Nestbeschmut-
zers« aussetzt.

Ganz allgemein machen die Kinder in Pylonen-Familien
die Erfahrung, dass »Beziehung« etwas überaus Anstrengen-
des ist. Kaum etwas laugt gefühlsmäßig mehr aus als »bezie-
hungslose Verbundenheit«.

KALTES KALKÜL

Ganz im Gegensatz zu den hochfliegenden Emotionen in den
Familien mit »high expressed emotions«-Struktur oder der
eigentümlichen Beziehungsstörung in Pylonen-Familien finden sich im Umfeld mancher schwarzer Schafe Berechnung
und kalkulierte Ausgrenzung. Läuft die Egozentrik mancher
Familienmitglieder in Fällen von Vernachlässigung gelegentlich noch subtil und schleichend ab, so tritt sie hier unver-
blümt und mit brachialen Mitteln auf. In all diesen Fällen ist
die Benachteiligung eines einzelnen Mitglieds der familiären
Gemeinschaft bewusst gewollt und kalt berechnet. Wir finden
hier Parallelen zu Mobbing-Handlungen am Arbeitsplatz, bei
denen wir ebenfalls eine emotionale und eine kühl kalkulierte
Vorgehensweise unterscheiden können.

Familien, in denen auf diese Weise ein Einzelner mit voller
Berechnung ausgetrickst wird, haben immer etwas Kaltes,
manchmal auch Grausames an sich. Gerade hier werden wir
die so wichtigen Werte menschlichen Miteinanders wie Vertrauen, Geborgenheit und Fürsorge, vergeblich suchen. Dieses Defizit an menschlicher Qualität lässt andere Motive in
den Vordergrund treten. Meist geht es um Geld. Wir haben
die Problematik bereits bei den Erbstreitigkeiten gesehen und
wissen um die schädliche Wirkung, die die Erfahrung »enterbt – entliebt« auf das schwarze Schaf hat. Gerade der Vor-

satz, ein einzelnes Familienmitglied um sein Erbe zu bringen, verlangt viel an vorausschauender Planung.

Aber nicht nur in Erbangelegenheiten offenbart sich das Prinzip des kalten Kalküls. Otto (31 J.) berichtet aus seiner Familie eine andere Konstellation: »Bei uns stand immer das Geld im Mittelpunkt. Einerseits haben meine Eltern gerade darum immer ein Geheimnis gemacht, so dass ich nie wusste, ob wir als Familie wohlhabend sind oder in finanzieller Not. Eigentlich war für alles gesorgt, aber sparen und Geld einteilen war Dauerthema. Als ich älter wurde, ging es dann ums Taschengeld. Wir bekamen eine Art ›Grundgehalt‹ und konnten uns durch Tätigkeiten im Haushalt oder Garten etwas dazuverdienen. Über diesen Mechanismus regelte mein Vater auch Bestrafungen. Er war richtig besessen von diesem Thema. Einerseits erzählte er geradezu genüsslich von Einnahmen, die die Familie über einige Geschäfte hatte, die er neben seinem Beruf als Vertreter abwickelte, andererseits war er geizig und schien immer in größter Sorge, dass wir Kinder nicht das ›richtige Verhältnis zum Geld‹ bekommen könnten, wie er sich immer ausdrückte. Mit zunehmendem Alter fand ich das immer widerlicher. Das Geld war für meinen Vater wie ein Götze, dem er alles unterwarf. So mit 12, 13 Jahren ging ich immer mehr in Opposition zu meinem Vater. Und er blieb sich treu. Ab diesem Zeitpunkt bekamen meine Brüder für ihre Zusatztätigkeiten mehr Geld, während ich für einen billigeren Lohn arbeiten musste. Begründet wurde das damit, dass mir wohl etwas ›zu Kopf gestiegen‹ sei. Auf diese Weise wollte der Vater meinen Willen brechen. Ich war aber zu stolz, um mich darauf einzulassen. Mit zusammengebissenen Zähnen hielt ich diese Demütigungen ein, zwei Jahre aus, wurde innerlich aber immer hasserfüllter. Mit 15 Jahren fing ich dann an, kleinere Diebstähle zu begehen. Mir war dabei stets bewusst, dass ich es auch tat, um meinen Vater zu bestrafen. Er sollte sehen, wohin er mich mit seinem Tanz ums liebe Geld gebracht hatte. Natürlich wurde ich mehrfach erwischt, und das war mir auch recht so. Zu Hause war natürlich die Hölle los. Mein Vater entwickelte aber keineswegs Schuldgefühle oder zeigte Einsicht. Im Gegenteil, jetzt hatte er seine Bestätigung, dass ich immer schon ein ›fauler Apfel‹ gewesen sei. Plötzlich hatte ich in der Familie diese Rolle. Ich war der Kleinkriminelle, der, der nicht mit Geld umgehen konnte, das schwarze Schaf unter lauter ›guten Menschen‹. Durch die Diebstähle wandten sich auch meine Mutter und meine Brüder von mir ab. Mit 15 oder 16 Jahren war ich draußen aus dieser Familie und wusste selbst nicht so recht, wie das eigentlich zugegangen war.«

Wir erkennen an diesem Beispiel die emotionale Kälte in einer Familie, in der sich alles ums Geld dreht. Der zwanghaft mit diesem Thema befasste Vater etablierte ein Bezahlsystem, über das die gesamte Erziehung lief. Seine Mutter beschreibt Otto als eine »an sich fröhliche Person, aber etwas unbedarft«. Sie bildete keinen gefühlsmäßigen Gegenpol zum Vater, sondern überließ diesem das Feld für seine fragwürdigen Erziehungsmethoden. Auch als deutlich wurde, dass Otto mit diesem Regime nicht zurechtkam, änderte sich nichts, vielmehr führte der Vater auch innerhalb seines Belohnungssystems Ungerechtigkeiten ein, die dazu dienen sollten, Otto über die finanzielle Schiene wieder in den Griff zu bekommen. Aus pubertärem Trotz und um ein Umdenken beim Vater zu erzwingen, beging Otto Ladendiebstähle, musste aber erkennen, dass dieser Schuss nach hinten losging. Insgesamt erinnert das Vorgehen des Vaters eher an das Bemühen, andere Menschen nach dem eigenen Willen zu steuern als an väterliche Fürsorge. Auch hier herrschte Berechnung, wo liebevolles Verständnis gefragt gewesen wäre.

Kaltes Kalkül als Ursache von Benachteiligung und Ausgrenzung innerhalb von Familien ist, verglichen mit emotionalen
Beweggründen, nicht häufig. Noch seltener sind Konstellationen, wie ich sie im Folgenden beschreibe.

AM ABGRUND: LUST UND RAUSCH

Die familiären Hintergründe in den sogenannten Horror-Familien (S. 105 ff.) beruhen oft auf einer Kombination aus Vernachlässigung des Kindes und einer ausgeprägten Persönlichkeitsstörung mindestens eines Elternteils. Auch hier sehen wir
beim jeweils anderen Elternteil entweder ein Unterlassen von
Hilfe für das Kind oder eine Beteiligung an aktiven Misshandlungen. Wir befinden uns hier in einem Grenzbereich, was das
Thema des schwarzen Schafes anbelangt. Kinder aus Horror-
Familien werden überwiegend als traumatisiert diagnostiziert
werden müssen. Von ihren Schicksalen erfahren wir meist
aus der Presse. Dennoch möchte ich zumindest kurz auf diese
Konstellation eingehen. Der Grund dafür ist, dass ich im
Laufe der Jahre doch einige Frauen und Männer kennengelernt habe, die in einem Umfeld mit eindeutig pathologischen
Eltern aufwuchsen und alle Merkmale eines schwarzen Schafes aufwiesen, aber keine posttraumatischen Symptome. Aus
heutiger Sicht denke ich, dass diese Menschen (es sind nicht
mehr als eine Handvoll) innerlich sehr widerstandsfähig sind,
das heißt, einen sehr hohen Grad an Resilienz besitzen, und
dass ihnen deshalb eine Trauma-Folge-Störung erspart geblieben ist. Stattdessen entwickelten sie ein negatives Lebensgefühl, Selbstwertprobleme und hatten kaum Freude am Leben.
Der Aspekt der Ausgrenzung ist bei diesen Menschen, die
durch Misshandlung innerhalb der Familie zum schwarzen
Schaf wurden, ebenfalls zu finden. Die Ausgrenzung scheint

in all diesen Fällen die psychischen Folgen ausgelöst zu haben, während aufgrund der ansonsten hohen inneren Widerstandskraft eine anhaltende Traumatisierung nicht erfolgte. Auch diese Konstellation ist für mich ein Hinweis darauf, wie nachhaltig die Erfahrung des Zurückgesetzt-Werdens und des Ausgestoßen-Seins unsere Seele schädigt.

Auf die Darstellung der Erlebnisse aus Sicht der schwarzen Schafe möchte ich in diesen Fällen verzichten. Die Anonymisierung des einzelnen Schicksals ist kaum mehr möglich bei diesen wenigen und sehr speziellen Erfahrungen.

Stattdessen werde ich auf die Persönlichkeit der Eltern eingehen, die ihren Kindern das Leben zur Hölle machen. Fast in allen Fällen kann man aus den Berichten schließen, dass schwere Störungen vorgelegen haben. Eine der möglichen Varianten ist die dissoziale Persönlichkeitsstörung. Menschen mit dieser Störung können sich wenig oder gar nicht in andere einfühlen. Gleichzeitig scheren sie sich nicht um soziale Regeln und Normen, sind aggressiv und neigen zur Gewalttätigkeit. Andererseits können sie auch gewinnend und charmant auftreten, wenn ihnen das einen Vorteil bringt. Es liegt auf der Hand, dass dissoziale Persönlichkeiten problematische Eltern sind. Auf ihren eigenen Vorteil bedacht und desinteressiert am Wohlergehen anderer Menschen, neigen sie dazu, ihre Angehörigen zu instrumentalisieren, mitunter auch zu terrorisieren. In vielen Fällen betrifft dies die gesamte Familie, in anderen steht ein einzelnes Mitglied im Fokus der aus der gestörten Persönlichkeit resultierenden Schikanen und Quälereien. Handelt es sich dabei um ein jüngeres Kind und setzt der jeweils andere Elternteil keine Grenzen, so kann es zu einer katastrophalen Entwicklung kommen, da das Kind den Attacken schutzlos ausgeliefert ist.

Aber nicht nur solche extremen Fälle sind problematisch. Vor allem wenn es sich weniger um körperliche Misshandlungen als um seelische Quälereien handelt und der dissoziale Elternteil noch eine gewisse Kontrolle über seine eigenen Handlungen hat, entstehen außerordentlich schwer zu entdeckende und gleichzeitig sehr schädigende Einflüsse auf das Kind. Selbst mit der Interpretation der immer wieder stattfindenden und ihm nicht erklärlichen Gemeinheiten von Mutter oder Vater überfordert, wird es dem Kind kaum gelingen, sich jemandem zu öffnen. Unter Umständen wird ihm nicht geglaubt und es wird als Lügner hingestellt oder selbst einer psychischen Störung verdächtigt. Dadurch entsteht eine ausgeprägte Ausgrenzung für das Kind, die zu Verzweiflung und Wut, aber auch zu extremen Selbstzweifeln, Schuldgefühlen und suizidalen Impulsen führen kann.

Noch schlimmer gestaltet sich die Situation für ein Kind, wenn bei einem Elternteil sadistische Neigungen vorherrschen. Dies kann im Rahmen der eben genannten dissozialen Persönlichkeitsstörung der Fall sein oder als isoliertes Phänomen vorkommen. Während der Begriff »Sadismus« früher den sexuellen Perversionen zugeordnet war, wird er mittlerweile auch als ein Phänomen gesehen, das unabhängig von sexueller Erregung auftreten kann. Das Entscheidende dabei ist der Lustgewinn durch Quälen, Demütigen oder Erniedrigen anderer Menschen. Erich Fromm hat in seinem Werk *Anatomie der menschlichen Destruktivität* (13) Josef Stalin und Heinrich Himmler als typische Beispiele eines nicht sexuell motivierten Sadismus porträtiert. Einigen dieser Menschen ist nach Fromm alles Unberechenbare und nicht Kontrollierbare im Gegenüber suspekt, es verunsichert sie, so dass sie alles daransetzen, diese Mitmenschen unter ihre absolute Kontrolle zu bekommen.

Das ohnehin vorhandene Ungleichgewicht bezüglich Macht und Lebenserfahrung in Eltern-Kind-Beziehungen öffnet dem Sadisten natürlich Tür und Tor, gerade hier diese Kontrolle auszuüben. Das Erleben der absoluten Macht über ein Kind ist die Quelle für den (nicht sexuellen) Lustgewinn. Im Kapitel über die Horror-Familie habe ich bereits Josef Fritzl (S. 105 ff.) erwähnt. Interessant ist seine Aussage, er habe sich gezielt seine Tochter Elisabeth für seine Taten ausgesucht, weil sie das widerspenstigste seiner Kinder war. Wir werden bei Fritzl sicherlich auch von einem sexuellen Lustgewinn ausgehen müssen, der Aspekt der Kontrolle über das widerspenstige Kind entspringt aber nicht-sexuellen Quellen.

Der Lustgewinn eines Sadisten ergibt sich demnach auch abseits alles Sexuellen aus dem Macht-Rausch, den das Aus-geliefert-Sein seines Opfers auslöst. Rauschzustände sind – je nach Droge mehr oder weniger – den ganzen Menschen unter ihre Gewalt bringende Ereignisse. Moralische Werte, Mitge-fühl und soziale Normen sind ausgeblendet. Der nicht durch Substanzen hervorgerufene Machtrausch ist hier keine Aus-nahme. Ein sadistischer Elternteil wird alles daran setzen, die Unterwerfung seines Kindes bis zum Äußersten zu treiben, um die Befriedigung durch das Gefühl absoluter Macht zu erleben. Hierzu gehören alle Formen körperlicher und see-lischer Grausamkeit. Die Vorstellung eines Kindes, das einer solchen Mutter oder einem solchen Vater hilflos ausgeliefert ist, lässt uns schaudern.

Eine weitere Form kindlichen Missbrauchs stellt das soge-nannte Münchhausen-Stellvertreter-Syndrom (»Münchhau-sen-by-proxy-syndrome«) dar. Hierunter versteht man die Vortäuschung oder Erzeugung von Erkrankungen des Kindes durch einen Elternteil, fast immer die Mutter. In einfacheren Fällen wird das Kind wegen angeblicher Symptome ver-schiedenster Krankheiten immer wieder dem Arzt vorgestellt. Schwerere Fälle sind dadurch gekennzeichnet, dass die Mutter dem Kind durch absichtliche Verletzung oder Vergiftung Schaden zufügt. Nach Herrmann et al. (14) werden dann so-wohl die Ärzte als auch die medizinischen Mitarbeiter unwissentlich zu Komplizen des Missbrauchs, weil sie aufgrund der vermuteten Erkrankungen beim Kind letztlich nicht indizierte Untersuchungen und Behandlungsversuche durchführen.

Welche Pathologie hinter dieser seltenen Störung steckt, ist nicht bekannt. Vermutet wird, dass diese Mütter durch die erkrankten Kinder und die daraus resultierenden Arztbesuche eigene Aufmerksamkeit und Zuwendung erfahren. Im Falle des »reinen« Münchhausen-Syndroms, bei dem nicht das Kind als Stellvertreter geschädigt wird, fügen sich diese Patienten selbst auf unterschiedlichste Weise Wunden zu, nehmen giftige Substanzen zu sich oder erzeugen auf andere Weise Erkrankungen, die die behandelnden Ärzte dann vor große Probleme stellen. In den meisten dieser Fälle ist der Aspekt der erzwungenen Aufmerksamkeit erkennbar, mir scheint aber auch der manipulative Anteil dieser Handlungen und die durch das Wissen um die wahren Ursachen der erzeugten Erkrankungen bestehende Kontrolle eine Rolle zu spielen. Kinder von Müttern mit einem Münchhausen-Stellvertreter-Syndrom sind Opfer einer tiefgreifenden Beziehungsstörung zwischen Mutter und Kind. An die Stelle von Schutz und Liebe treten absichtsvolles Zufügen von Krankheitssymptomen und manipulatives Instrumentalisieren. Auch hier ist der Aspekt der Ausgrenzung erkennbar, wenngleich, wie bereits gesagt, bei all den in diesem Kapitel dargestellten abgründigen Konstellationen die Schädigung meist über die Problematik des schwarzen Schafes hinausgeht.

FAMILIEN-MOTTOS

Viele Familien haben ihre eigenen Wahlsprüche. Diese müssen nicht ausgesprochen sein, mitunter sind sie auch den einzelnen Familienmitgliedern gar nicht bewusst. In der Begegnung mit Frauen und Männern, die über Benachteiligung und Ausgrenzung in ihren Familien berichteten, sind mir einige dieser Mottos wiederholt begegnet. Sie sind auf ihre Weise an der Entwicklung der innerfamiliären Ungerechtigkeiten beteiligt, indem sie das Familienklima prägen und eine ungesunde Atmosphäre zwischen den Mitgliedern herstellen. Das schwarze Schaf, das in einer dieser Familien aufgewachsen ist, wird es schwerer haben, sich eines Tages die erforderliche innere Distanz zu dieser Familie zu verschaffen. Einige dieser Familien-Mottos möchte ich kurz ansprechen.

Du gehörst mir

Die Beziehung zwischen Eltern und Kindern ist im Idealfall durch eine gute Mischung aus Festhalten und Loslassen geprägt. Während Ersteres dazu dient, Geborgenheit, Sicherheit und Bindungserfahrung zu vermitteln, ist Letzteres für die individuelle Entwicklung und den Weg ins Erwachsenenleben unabdingbar. Überwiegt das Festhalten, so kann dies mehrere Gründe haben. Einer davon ist die Einstellung, das Kind sei der Besitz seiner Eltern. In den meisten mir bekannten Fällen war es die Mutter, die diese possessive Grundhaltung hatte.

Wie das aussehen kann, beschreibt Nadine (29 J.): »Meine Mutter hat mich immer mit Liebe überschüttet. Seit ich denken kann, hat sie viel mit mir geschmust, mich immer gedrückt, mir alle Wünsche erfüllt. Als Baby und kleines Kind muss ich wahnsinnig anhänglich gewesen sein. Wenn ich nachts nicht schlafen konnte, kam immer meine Mama und hat sich mit mir ins Wohnzimmer gelegt. Natürlich kann ich mich nicht mehr daran erinnern, aber meine Eltern haben mir das erzählt. Im Laufe der Zeit war ich so auf meine Mutter fixiert, dass nur noch sie mich versorgen durfte. Nur von ihr habe ich mich füttern lassen, nur sie hat mich gewickelt. Das ging die nächsten Jahre so weiter. Mein Papa wollte, dass ich in den Kindergarten gehe, aber meine Mama war strikt dagegen. Ich glaube, dass damals auch die Probleme zwischen meinen Eltern anfingen, wenn sie nicht schon vorher welche gehabt hatten. Trotzdem kam danach noch mein kleiner Bruder zur Welt, der dreieinhalb Jahre jünger ist als ich. Zu ihm hat meine Mutter nicht so ein intensives Verhältnis aufgebaut wie zu mir. Ich glaube, ich war ein wahnsinnig verwöhntes Kind. Als ich 13 war, haben sich meine Eltern getrennt. Für mich war das eine sehr schlimme Zeit, ich bin nicht damit fertig geworden, dass wir jetzt keine Familie mehr sind. Wenn ich jetzt mit meinem Papa rede, kann ich schon verstehen, dass er es nicht mehr ausgehalten hat. Meine Mutter hat sich ganz und gar auf mich gestürzt, alles andere war ihr nicht mehr wichtig. Sie hat zu der Zeit ständig alle Öko-Tests gelesen, was ich essen soll, welche Kleidung ungiftig ist und all sowas. Eigentlich ist das ja auch in Ordnung, aber es war irgendwie halt auch total übertrieben. Die Probleme gingen dann los, als ich 16 war. Ab diesem Zeitpunkt hat meine Mutter begonnen, an mir rumzukritisieren. Zuerst ging es nur um mein Gewicht. Ich war immer schon eher stämmig und in dieser Zeit wirklich ein bisschen pummelig. Deshalb brach jetzt die Zeit der Diäten bei uns an. Das wurde dann über die Jahre richtig krass. Ständig gab es neue Anweisungen von Mama, was und wie viel ich essen sollte. Früh und abends musste ich mich wiegen. Geholfen hat es insgesamt nicht viel, außer dass ich dieses dauernde Gewicht-Kontrollieren und Ans-Essen-Denken bis heute im Hinterkopf habe. Es wundert mich, dass ich keine Essstörung bekommen habe. Es kamen dann immer neue Themen dazu, in denen mich meine Mutter kritisierte. Kleidung, Schminken, Freundinnen, dann Ausgehen. Ich bin sehr streng reglementiert worden, was das anging, musste immer Rechenschaft ablegen und genau Bericht erstatten, wo und mit wem ich unterwegs war und was wir gemacht haben. Als ich so etwa 19 war, kam ich mir regelrecht überwacht vor. Nach dem Abi ist meine Mutter dann total ausgeflippt. Immer wenn ich etwas alleine und ohne ihre Billigung unternehmen wollte, hat sie rumgeschrien, dass ich undankbar sei, das habe man jetzt davon, dass man sein ganzes Leben nur für die Kinder da war und solche Sachen. Dabei traf das nur für mich zu. Mein kleiner Bruder wuchs völlig anders auf. Für ihn hatte sie keine solchen Sonderprogramme, ihn hat sie auch nicht ständig kritisiert. Außerdem war er viel mehr bei meinem Vater als ich. Ich selbst wollte gar nicht so viel Zeit mit Papa verbringen, weil ich wusste, dass Mama das nicht gern hatte. Mein Bruder ist schon mit 17 ausgezogen, das war alles kein Problem für meine Mama, weil sie sich ganz und gar auf mich fixiert hatte. Heute sagt mein Bruder, ihn hätte das alles endlos genervt mit mir und meiner Mutter und er sei froh gewesen, da rauszukommen. Zu ihm und zu meinem Vater habe ich den Kontakt fast verloren.«

Nadine wohnt noch immer bei der Mutter. Sie hat Angst, diese im Stich zu lassen. Die Mutter beschreibt sie als mittlerweile nervlich völlig zerrüttet und dem Alkohol verfallen. Die Beziehung zu ihr sei extrem schwierig. Nadine kann sich einerseits nicht lösen und bekommt Angstzustände, wenn sie über Nacht nicht zu Hause ist, andererseits hat sie begonnen, ihre Mutter zu hassen. Sie ekelt sich vor ihr. Sie erkennt, dass sie nie ein eigenes selbstbestimmtes Leben führen wird, wenn es ihr nicht gelingt, Abstand zur Mutter zu finden. Aus dieser Ambivalenz gab es für Nadine lange kein Entkommen. Erst jetzt, im Laufe einer Psychotherapie, beginnt Nadine langsam, die Weichen anders zu stellen.

Dieses Verhalten, ein Kind übermäßig an sich zu binden, zuerst mit Verwöhnung, grenzenloser Zuwendung und übertriebener Wunscherfüllung und später durch ständige Kritik und Bevormundung, führt zu einer pathologischen Beziehung zwischen dem Elternteil und dem Kind. Während der Vater und der Bruder sich aus der Familie entfernt haben, hat Nadines Mutter ihre Tochter daran gehindert, ein eigenständiger Mensch zu werden. Mit einem Erziehungsstil, der an eine Extremform von »Zuckerbrot und Peitsche« erinnert, hat sie dafür gesorgt, dass Nadine sich in einer Mischung aus Angst, Wut, Hass und Schuldgefühlen verstrickt hat und sich mehr mit ihrer Mutter beschäftigt als mit ihrem eigenen Leben. Und wenn die Mutter betrunken ist, spricht sie ihn tatsächlich aus, diesen berüchtigten Satz: »Du darfst mich nicht verlassen! Du gehörst mir!«

Was treibt eine Mutter (oder einen Vater) dazu, ein Kind auf diese Weise besitzen zu wollen, ihm den Start in das eigene Leben so zu erschweren und es auf diese Weise zu benachteiligen, es zum schwarzen Schaf der Familie zu machen? Eine befriedigende und für alle Fälle passende Antwort gibt es nicht. Frustrationen, Angst vor dem Alleinsein oder dem Leben an sich, Lebensuntüchtigkeit und Selbstunsicherheit können zu dieser Form einer extrem egoistischen Beziehungsgestaltung beitragen. Sie kann als eindeutig krankhaftes Familien-Motto bezeichnet werden.

Ohne dich kann ich nicht leben

Thematisch damit verwandt, aber ohne den extrem besitzergreifenden Charakter kommt dieses Motto daher. Wir kennen diesen Satz auch eher aus Beziehungen des Erwachsenenalters, wo er in Trennungssituationen schon einmal als letzte Option zum Einsatz kommt, um den Partner daran zu hindern, die Beziehung zu beenden. Solche Sätze besitzen aber eine ganz andere Brisanz in einer Eltern-Kind-Beziehung. Vor allem, wenn sie als Familien-Motto ständig präsent sind und das generelle Klima zwischen Eltern und Kindern prägen.

Wir haben bereits ein Beispiel für dieses Familien-Motto gesehen: Im Kapitel über die Familien mit »high expressed emotions« berichtete Bernd (S. 139 ff.) von der ständigen »Wenn wir dich nicht hätten«-Stimmung, die bei ihm zu Hause geherrscht hatte. Wesentlich subtiler und unterschwelliger als bei den eben dargestellten possessiven Eltern wird das Kind hier mit einer deutlich erpresserischen Botschaft an Mutter und/oder Vater gekettet. Hier gibt es wenig direkten Druck, keine Kritik, kaum Verbote. Stattdessen signalisieren die Eltern (oder ein Elternteil) beständig, dass sie existentiell auf die Unterstützung des Kindes angewiesen sind. Dies kann auf einer wirtschaftlichen Ebene sein oder auf einer emotionalen.

Häufig wird man diese Konstellation in folgender Struktur entdecken: Ein Vater als Familientyrann, eine leidende Mutter und ein Sohn als »Retter« dieser Mutter. Ein häufig anzutreffendes Muster und eine große Falle für den Sohn. Gerade Frauen, die sich nicht aus einer solchen familiären Zwangslage lösen können, neigen dazu, dem Sohn zu signalisieren, dass sie ohne ihn verloren wären. So besteht die Gefahr, dass dieser zum »einzigen Verbündeten« der Mutter wird und darin seine Hauptaufgabe im Leben sieht. Er wächst quasi in diese Rolle hinein, ohne sie zu hinterfragen. Viele dieser Söhne haben mir von den meist nonverbalen Signalen ihrer Mütter berichtet, mit denen die Botschaft »Ohne dich kann ich nicht leben« oder »Ohne dich bin ich verloren« übermittelt wurde. Die ständigen Seufzer, die kaum verborgenen Tränen, das stille Leid. All dies eine einzige Aufforderung an den Sohn: »Lass mich in meinem Elend nicht allein.«

Das Fatale an dieser Situation ist jedoch, dass die Unterstützung des Sohnes nirgendwohin führt. Sie mag eine Entlastung sein, mag als Trost und Stütze dienen, das Problem der Mutter aber wird sie nicht lösen. Dazu wäre nur die Mutter selbst in der Lage. Auf diese Weise entsteht für den Sohn eine unlösbare Aufgabe. Er darf die Mutter nicht im Stich lassen, und das auf Dauer. Er hat jetzt die Entscheidung, sein Leben der ständigen Unterstützung der Mutter zu widmen oder aber mit Schuldgefühlen beladen zum »Verräter« der Mutter zu werden, indem er sich aus der unheilvollen Klemme löst.

Wenn jetzt viel die Rede von Müttern und Söhnen war, soll dies nicht bedeuten, dass das Problem allein in dieser Konstellation zu finden wäre. Schwarze Schafe sind immer Familienthema. In all den genannten Fällen trägt der Vater seinen Teil zu der unseligen Entwicklung bei, indem er als Partner und auch als Part der Familie versagt. Letzten Endes liegt eine Störung der Beziehung zwischen den Eltern vor, deren Lösung dem Kind aufgebürdet wird.

Das Problem des »Ohne dich kann ich nicht leben«-Mottos ist die Überforderung. Sei es die Mutter-Sohn-Verflechtung oder der gemeinsame Auftrag beider Eltern an ein Kind, es möge doch die Familie schützen oder retten, in jedem Fall wird daraus eine erhebliche Benachteiligung für ein Kind resultieren, das in ungesunder Weise an das Schicksal der Eltern gebunden ist. Auch wenn es sich hierbei nicht um eine bösartige Ausgrenzung aus der Familie handelt, so ist der negative Effekt auf das Leben dieses schwarzen Schafes doch unübersehbar.

Nur zu deinem Besten
Ebenso wie Festhalten oder Loslassen im richtigen Verhältnis zueinander stehen müssen, sollten Eltern auch ihre Vorschriften und den eigenen Willen des Kindes in eine sinnvolle Balance bringen. Lässt man das Kind stets gewähren, führt das ins Chaos, schreibt man ihm alles vor, wird daraus Bevormundung. Letztere findet sich bei unserem Thema oft bei den

»bunten Schafen« (S. 76 ff.). Die Unangepassten, die Künstler, die psychisch Erkrankten haben nach meiner Erfahrung besonders darunter zu leiden, dass die Eltern die Verantwortung für das Leben dieser Kinder allzu sehr an sich reißen. Das mag noch angehen und manchmal sogar wichtig sein, solange die Kinder klein sind. Je älter diese werden, um so schädlicher ist es. Allerdings haben es Eltern mit einem »Künstlerkind« oder gar einem psychisch erkrankten Kind schwer. Gerade im Rahmen einer psychischen Störung haben die Angehörigen natürlich eine besondere Verantwortung, darauf zu achten, dass nicht krankheitsbedingte unrealistische Einfälle die Handlungsweisen des Kindes bestimmen, egal in welchem Lebensalter. Ich kenne sehr viele Eltern, die diese Herausforderung meistern und ihr Kind dennoch ein eigenes Leben führen lassen. Auf der anderen Seite wissen wir aus Beschreibungen wie der von Georg (S. 82 f.), dass dies keine Selbstverständlichkeit ist und dass die elterliche Fürsorge schnell den Aspekt von Überwachung und Bevormundung bekommen kann.

Zwei Aspekte spielen dabei eine besondere Rolle. Zum einen besteht ein Kontrollbedürfnis bei den Eltern, das in seinen Grundzügen zwar verständlich, in seiner Ausprägung aber übertrieben ist. Überwiegen nämlich die Kontrollen, so wird das bei dem psychisch Erkrankten nicht als Fürsorge ankommen, sondern als Misstrauen. Ständiges Nachfragen oder gar Kontrollbesuche beim erwachsenen Kind können schnell nerven und die Beziehung zu Mutter oder Vater schwer belasten. Das Kind wird sich bald unverstanden und nicht ernst genommen fühlen. Es ist eine Art »weicher Entmündigung«, die den psychisch Kranken innerhalb der eigenen Familie stigmatisiert. Die Botschaft der Eltern heißt dann nicht mehr »Wir kümmern uns um dich und unterstützen dich«, sondern »Du bist unser Problemfall und wir müssen ständig auf dich aufpassen«. Letztlich setzt sich hier die innere Wahrheit der Eltern durch. Empfinden sie das psychisch kranke Familienmitglied vorwiegend als Belastung oder Makel, so wird sich dies im Verhältnis zur Tochter oder zum Sohn auch zeigen.

Der andere Aspekt neben dem Kontrollbedürfnis ist eine Mischung aus Unbeweglichkeit und Überheblichkeit. Meist fällt es den Eltern schwer, sich auf die neue und sicher auch belastende Situation einzustellen, dass ein Familienmitglied psychisch krank ist. Einige reagieren darauf aber mit einer völlig übertriebenen Abwertung dieses Kindes, was seine Fähigkeiten und Ressourcen betrifft. Dem Patienten in der Familie wird in diesem Fall keinerlei Kompetenz zugestanden, sein eigenes Leben auf die Reihe zu bringen. Bei jeder Entscheidung glauben die Eltern, am besten zu wissen, was für das Kind gut ist. Ich erinnere mich an einen Fall, bei dem die Eltern den einzigen Gegenstand, den der schizophrene Sohn sich für seine eigene Wohnung selbst angeschafft hatte, wieder entfernten, weil er nicht zu den Möbeln passte. Es handelte sich um einen Papierkorb.

Das Kind erhält durch dieses Verhalten der Eltern den Stempel des Schwachen, des Unzurechnungsfähigen, des Unmündigen. Dies kann einen Teufelskreis in Gang setzen, wenn der psychisch Kranke sich in diese Rolle fügt und tatsächlich immer unmündiger wird.

»Nur zu deinem Besten« lautet auch oft die Begründung für die Bevormundung von »Künstlerkindern«. Hier handelt es sich zumeist um Themen wie »einen vernünftigen Beruf ergreifen« oder »einmal sein eigenes Geld verdienen können«, also in der Regel um wirtschaftliche Belange. Auch hier gilt: Die Dosis macht das Gift. Niemandem ist es zuzumuten, einen Faulpelz 40 Jahre lang durchzufüttern, nur weil der sich als Künstler definiert, um von seiner Trägheit und Entschlusslosigkeit abzulenken. Andererseits sind eben ganz viele Töchter und Söhne aus Nicht-Künstler-Familien von der Muse geküsst worden und fühlen sich einem inneren Weg verpflichtet, der sie malen, schreiben oder E-Bass spielen lässt. Diese innere Verpflichtung, dem musischen Weg zu folgen, ist in den meisten Fällen tief in der Seele verwurzelt. Viele Kinder und Heranwachsende spielen mit dem Gedanken, der Schule oder dem Job den Rücken zu kehren und mit der eigenen Band oder den eigenen Skulpturen Geld zu verdienen. Die meisten werden es schließlich nicht tun, für sie ist das eine wichtige Phase auf der Suche nach der eigenen Identität, mehr nicht. Das Feuer aber, das in echten »Künstlerkindern« lodert, ist deutlich spürbar. Die gesamte Interessenlage und die hauptsächlichen Aktivitäten sind bei ihnen auf ihre Kunst ausgerichtet. Meist wird dies schon im Grundschulalter, wenn nicht schon vorher, spürbar. Es hat schlichtweg keinen Sinn, diese Art von Berufung unterdrücken zu wollen.

Der Weg des Künstlers ist beschwerlich, die wirtschaftliche Situation meist angespannt. Ein, zwei erfolgreichen Musikern, Malern oder Fotografen stehen Hunderte und Tausende gegenüber, die sich nur mühsam und mit Hilfe anderer über Wasser halten können. Dass Eltern hier skeptisch sind und nach Alternativen suchen, leuchtet ein. Die meisten mir bekannten »Künstlerkinder« jobben, um sich Farbe, Verstärker oder was auch immer sie für ihr Metier benötigen, leisten zu können. Von ihren Eltern erhalten sie im positiven Fall Unterstützung, wobei der finanzielle Beitrag zweitrangig ist. Es geht um die Akzeptanz, die der angehende Künstler in seiner Familie erfährt. Es geht darum, dass er sich als vollwertiges Mitglied dieser Familie fühlen darf und nicht als Problemkind, das nur »Flausen im Kopf hat«.

Die Eltern, die ihrem Kind die Kunst als Lebensinhalt ausreden wollen, argumentieren zumeist mit der größeren Lebenserfahrung. Dieses Totschlagargument trifft natürlich immer zu. Allerdings ist die Frage, ob die Lebenserfahrung das richtige Maß ist, um Dinge zu beurteilen, die eben meist außerhalb derselben liegen. In nahezu allen Fällen, in denen ich mit »bunten Schafen« zu tun hatte, die von der Ablehnung der Eltern gegenüber ihrem künstlerischen Weg berichteten, hatten die Eltern keine eigene Erfahrung auf diesem Gebiet. Sie argumentierten letztlich aus einer Angst heraus, weil sie die Künstlerkarriere für wirtschaftlich gefährlich hielten. Dies hat aber nichts mit Lebenserfahrung zu tun, sondern ist eine theoretische Sicht auf das Leben, sei sie nun berechtigt oder nicht. Sofern die Eltern ihre Argumentation mit »Ich habe Angst, dass …« beginnen, wird sich daraus eine wichtige Diskussion ergeben, nicht aber, wenn ein »Ich weiß das besser als du …« den Tenor der Unterredung mit dem Kind prägt.

Will sich das Kind den elterlichen Ängsten nicht beugen oder wird gar nicht erst diskutiert, läuft es schnell darauf hinaus, dass dieses »nur zu deinem Besten« auf andere Weise durchgedrückt werden soll. Je nach Persönlichkeit der Eltern gibt es hierfür verschiedene Wege, entweder Bestechung, Erpressung oder Zwang.

»Wenn du dich fürs Studium einschreibst und dabei bleibst, gibt es nach dem zweiten Semester einen dicken Zuschuss fürs geplante Auto« gehört in die erste Kategorie, in die zweite fallen alle Maßnahmen, die dem Kind das Überleben als Künstler erschweren: »Du kannst gerne weiter diese Leinwände vollmalen, wenn du meinst, dass das wichtiger ist als eine sinnvolle Ausbildung. Aber dann bitte nicht hier bei uns zu Hause. Geh, such dir eine eigene Wohnung, da kannst du dann Tag und Nacht malen. Aber komm nicht nach vier Wochen an und sag, dir ist das Geld ausgegangen oder du hast Hunger. Das ist dann ganz allein deine Sache, wenn du schon nicht auf uns hören willst!«

Die letzte Option ist die unmittelbare Machtausübung, die dem Kind die künstlerische Betätigung schlicht untersagt und einen »ordentlichen Beruf« vorschreibt. Ganz ausgestorben ist diese Variante, die auf der Einstellung basiert, dass Kinder ihren Eltern unbedingten Gehorsam schulden, auch heute noch nicht.

Mit der Ablehnung der künstlerischen Ausrichtung durch die anderen Familienmitglieder geht für das bunte Schaf ein Gefühl der Abwertung als Mensch einher. Nicht nur torpedieren diese Eltern den Lebensweg ihres Kindes, sondern sie nehmen dessen Identität nicht ernst, reißen die Entscheidungsgewalt und damit die Verantwortung an sich und grenzen auf diese Weise das Kind aus der familiären Gemeinschaft aus, indem sie ihm Akzeptanz, Bestätigung, Wohlwollen und Förderung versagen. »Nur zu deinem Besten« ist das ganz gewiss nicht, auch wenn alles unter diesem Motto steht.

Das bleibt unter uns

Die besondere Struktur der Familie erzeugt eine Atmosphäre von Geborgenheit und Sicherheit, innerhalb derer sich Gefühle von Heimat und Intimität entwickeln können. Zur Ausgewogenheit des Lebens gehört dann aber auch ein Austausch mit anderen Menschen, die Möglichkeit, sich nach außen hin öffnen zu können. In manchen Familien fehlt dieser Aspekt. Sie schotten sich geradezu ab. Niemandem ist es erlaubt, innerfamiliäre Themen »auszuplaudern«. Dabei müssen das keineswegs immer große Geheimnisse sein oder echte Intimitäten, die keinen etwas angehen. Es handelt sich vielmehr um ein generelles Schweigegelübde, das allen auferlegt ist. Wo dieses Familien-Motto seinen Ausgangspunkt hat, ist meist nicht mehr rekonstruierbar. Kinder aus solchen Familien berichten über eine »schon immer« vorhandene Stimmung aus Heimlichkeit und Misstrauen gegenüber anderen Menschen. Meist sind sich die Eltern einig darüber, dass alles, was sich in der Familie ereignet oder besprochen wird, nicht nach außen getragen werden darf.

Paul (46 J.) erinnert sich: »Ich hatte schon in der Grundschule immer Bauchschmerzen, wenn wir vom Wochenende oder vom Urlaub erzählen sollten. Meine Eltern wollten nicht, dass ich sage, dass wir bei der Oma auf dem Land waren oder was wir gespielt oder im Fernsehen angeschaut haben. ›Das geht doch niemand was an‹, sagte meine Mutter immer, und sie war richtig mürrisch dabei. Ich wusste nicht, was ich in der Schule erzählen durfte und was nicht. Die Lehrerin muss gedacht haben, ich sei verstockt oder so. Einmal sollten wir über den Beruf von Mama und Papa sprechen. Ich habe dann steif und fest behauptet, die beiden hätten keinen Beruf und würden nichts arbeiten, weil ich wusste, dass mein Vater nicht will, dass ich über seine Arbeit (er war Verkäufer) etwas sage. Als ich das dann ganz stolz zu Hause berichtet habe, gab's ein großes Donnerwetter, weil ich die Eltern angeblich so hingestellt hätte, als wären sie irgendwie asozial oder so. Mein Vater ist dann extra zur Lehrerin gegangen deswegen. Ich fand das damals total ungerecht, dass ich nichts über seinen Beruf sagen durfte, er es ihr aber dann doch erzählt hat. Als ich ihm das sagte, wurde er schon wieder fuchsteufelswild und meinte, das würde ich nicht verstehen.

Als ich größer war, habe ich immer darüber gestaunt, wie mein Vater nach außen hin gewirkt hat. Durch seinen Job als Verkäufer hatte er so eine Art, sehr viel zu sagen und sehr freundlich aufzutreten, ohne dass er etwas von sich preisgegeben hat. Er hatte wirklich zwei Gesichter, nach außen hin witzig und gesprächig, innerhalb der Familie aber wortkarg und missmutig. Diese Verunsicherung, was ich sagen darf oder nicht, hat mich immer wahnsinnig belastet, auch heute noch merke ich, dass ich immer zweimal überlege, bevor ich jemandem etwas über mich oder meine Familie erzähle.«

Das Gebot der Verschwiegenheit alleine macht noch niemanden zum schwarzen Schaf. Es ist aber ein Familien-Motto, das Kinder stark verunsichern kann und schnell Schuldgefühle auslöst. Außerdem erzeugt es eine Stimmung ständiger Anspannung und eine Angst davor, Fehler zu machen. Es ist insgesamt eine sehr ungemütliche und ungesunde Atmosphäre, in der Kinder aus solchen Familien aufwachsen. Wenn dann noch eine Entwicklung einsetzt, die eines der Kinder (oder das einzige Kind) aus anderen Gründen benachteiligt, wirken sich Ausgrenzung und Unterdrückung besonders schnell und nachhaltig aus. Die Folge ist in vielen Fällen, dass ein schwarzes Schaf aus einer solchen Familie große Probleme damit haben wird, sich Unterstützung und Hilfe zu suchen, ist doch jedes Gespräch über die Familie »verboten«. Auch Paul, der zum schwarzen Schaf wurde, weil seine Homosexualität in der Familie als »Katastrophe« bezeichnet wurde und dazu führte, dass seine Eltern den Kontakt zu ihm abbrachen, als er 22 Jahre alt war, hat lange gebraucht, um den Mut zu finden, sich einem Therapeuten anzuvertrauen.

In Familien, die sehr ausgeprägt nach dem »Das bleibt unter uns«-Prinzip leben, wird die eingangs beschriebene Chance, eine innere Beheimatung zu entwickeln, vergeben. Es überwiegt stattdessen die Erfahrung, dass »Familie« ein Gefängnis mit Verboten und Tabus ist.

Bloß nicht ans Eingemachte

Die Möglichkeit zur Verdrängung seelisch belastender Themen ist eine menschliche Fähigkeit, ohne die wir wohl nicht existieren könnten. Allerdings sollte sie im Einklang stehen mit regelmäßigen Phasen des Hinschauens auf gerade diese Bereiche des Lebens, die uns unangenehm sind und die uns Angst machen. So wie jeder Mensch für sich diese Aufgabe lösen muss, so stellt sie sich auch menschlichen Gemeinschaften wie zum Beispiel Familien. Wird innerhalb dieser Gemeinschaft der Blick auf wichtige Themen dauerhaft vermieden, so entsteht Oberflächlichkeit in den Beziehungen der Menschen. Was für lockere Kontakte entspannend sein mag, wird innerhalb der Familie zum Problem. Gerade intensive und auf Intimität ausgelegte Gruppierungen, wie es Familien nun mal sind, vertragen diese Oberflächlichkeit nicht. Die Folge ist, dass immer mehr psychische Energie aufgewendet werden muss, um das Aufkeimen von Gesprächen, die tiefer gehen, zu verhindern. Im Kapitel über die Pylonen-Familien (S. 141 ff.) haben wir bereits von der auslaugenden Wirkung jahre- und jahrzehntelanger Vermeidung echter menschlicher Beziehung gehört. Nun bestehen nicht alle Familien, deren Motto »Nur nicht ans Eingemachte« ist, aus diesen menschlichen Pylonen, auch wenn diese die Verhinderung eines echten Kontaktes perfektioniert haben. Vermeidende Familien sind oft sympathisch wirkende, manchmal regelrecht herzliche Gemeinschaften. Der positive Umgang untereinander funktioniert auch gut, solange keine belastenden Themen auftauchen. Insbesondere Konflikte unter den Familienmitgliedern, die auf prinzipiellen Fragen oder Missverständnissen beruhen, müssen ja meist in mehreren Gesprächen und Diskussionen geklärt und einer Lösung näher gebracht werden. Das bedarf einer Kultur des Miteinander-Reden-, oft auch Miteinander-Streiten-Könnens. Werden kontroverse Themen ständig vermieden, bleiben die Konflikte zwar unter der Oberfläche, schwelen dort aber weiter und sorgen für einen ansteigenden Druck. Dieses »Dampfkessel-Prinzip« als Folge der Vermeidung aktiver Konfliktlösung trifft für alle Arten von Gruppen zu, hat aber in einer Gemeinschaft, die so eng zusammenlebt wie die Familie, ein besonders hohes Potential, diese Gemeinschaft zu schädigen.

Nicht nur Konflikte zwischen den Familienmitgliedern geben Anlass zur Vermeidung. Oft sind es auch andere Ereignisse, die zum Tabuthema werden: »Unsere Mutter wurde von ihren Eltern enterbt. Immer wenn wir über dieses Thema reden wollten, haben meine Eltern abgewunken. Wir haben nie erfahren, was damals wirklich passiert ist.« Oder: »Mein Vater war selbständig und ist pleitegegangen. Obwohl er sich danach wieder gefangen hat und wir keine finanziellen Probleme bekamen, wollte er nie über diese Zeit mit uns sprechen.« Und der Klassiker: Die Frage »Papa, was hast du im Krieg gemacht?« dürfte eine der am wenigsten beantworteten in deutschen Familien sein.

Diese zum Geheimnis erklärten Themen schädigen die Familie dadurch, dass sie letztlich einen Graben zwischen den Geheimnisträgern und den anderen Familienmitgliedern ausheben. Der entscheidende Punkt dabei ist, dass es für die Kinder in vielen Fällen nicht nachvollziehbar ist, warum die Eltern nicht über diese Themen sprechen wollen. So unterscheidet sich dieses tabuisierte »Eingemachte« von anderen Bereichen persönlicher Intimität, die jedem zugesprochen werden müssen. Gerade die genannten Beispiele wären durchaus Familienthema; die Weigerung, darüber zu reden, belastet und entzweit die Gemeinschaft.

Die Art und Weise, wie aufkeimende Konflikte durch Vermeidung weggedrückt werden, ist unterschiedlich. In autoritär geführten Familien wird jede Diskussion über diese Themen schlicht verboten. »Mein Vater wurde immer stinksauer, wenn wir ihn auf das Thema Krieg angesprochen haben. Dazu durfte keine Bemerkung gemacht und keine Frage gestellt werden. Kam eine Doku über die Nazi-Zeit, blieb der Fernseher aus.«

In demokratischeren familiären Gemeinschaften sind an den neuralgischen Themen »Blitzableiter« befestigt. Diese sorgen dafür, dass der Gesprächsverlauf nicht bis zum eigentlichen Kern der Angelegenheit vordringt, sondern umgeleitet wird. Ein Blitzableiter sind zum Beispiel scherzhafte Floskeln.

Der Sohn des oben zitierten Vaters mit der Pleite-Erfahrung musste sich immer dann, wenn er über diese Zeit reden wollte, folgende Sätze anhören: »Per aspera ad astra, mein lieber Sohn. Aber was uns nicht umbringt, macht uns härter, haha!« Insistierte er dann auf einem Gespräch und wollte wissen, wie das damals für den Vater war, so entgegnete dieser, es sei niemals gut, zurückzuschauen, immer nur nach vorne. Und wenn der Sohn auch dann noch hartnäckig blieb, gab der Vater vor, jetzt keine Zeit zu haben. »Das ist einmal ein Thema für einen längeren Abend«, war dann die Auskunft. Nur, dass dieser längere Abend niemals stattfand.

Beispiele für »Blitzableiter« an familiären Tabuthemen kennen viele Menschen. Beim Vermeiden sind manche Familien sehr kreativ.

Benachteiligung und Ausgrenzung in solchen Familien können schon dadurch entstehen, dass ein Kind nicht gewillt ist, sich ständig mit Floskeln abspeisen oder auf später vertrösten zu lassen. Hartnäckigkeit bei einem Tabuthema kann durchaus dazu führen, dass das »aufsässige« Kind an den Rand der Familie gedrängt wird, weil es sich nicht an die Regeln hält. In Familien, die Konflikte allgemein vermeiden, gilt ein Kind, das ständig den Finger in wunde Themen legt, schnell als »anstrengend«, »streitsüchtig« oder ganz allgemein als familiärer Störenfried und Brunnenvergifter. Schwarze Schafe aus Familien, die »nur nicht ans Eingemachte« wollen, haben aufgrund der auslaugenden Wirkung dieser ständigen Vermeidung darüber hinaus oft mit Themen wie Erschöpfung oder verminderter Belastbarkeit zu kämpfen.

Einer für alle, alle für einen

Dieser Wahlspruch der vier Musketiere ist an sich eine feine Sache. Dass ich ihn trotzdem bei den potentiell schädlichen Familien-Mottos erwähne, liegt daran, dass ein paar Fallstricke auch hier verborgen sind. Eine freiwillige Verpflichtung, sich füreinander einzusetzen, entspricht unserer Vorstellung von Solidarität und Loyalität. Die Frage ist aber, ob in allen Familien diese Freiwilligkeit, die ja auch eine Wahlmöglichkeit beinhaltet, gegeben ist. Sich immer und jederzeit für den anderen einzusetzen, ist als prinzipielles Motto auch für Familien ein gutes Programm. Es darf nur nicht so weit gehen, dass die individuelle Entwicklung eines der Kinder auch und vor allem bei der Loslösung von der Familie behindert wird.

Familien mit dem Musketier-Motto sind eingeschworene Gemeinschaften. Dies kann im Einzelfall das Verbot beinhalten, sich bei manchen Themen auch gegen die anderen Familienmitglieder zu stellen, obwohl entsprechende Konflikte dies erforderlich machen würden.

Ein Beispiel, wie sich das auswirken kann: Konstantin (35 J.) berichtet aus seiner Familie: »Wir waren drei Kinder zu Hause, und ich kann sagen, dass es echt eine tolle Familie war. Wir konnten immer alles miteinander bereden, es ging schon fast demokratisch zu, auch wenn natürlich unsere Eltern die Respektspersonen waren. Probleme gab es erst, als ich mit meiner ältesten Schwester Stress bekam. Sie hatte schon immer so eine leicht flatterhafte Art, war leicht zu beeinflussen und machte dann auch viel Unsinn. Sie hat schon mit 15, 16 Jahren alles an Drogen ausprobiert, was man ihr angeboten hat. Die Eltern haben es ihr dann verboten, und sie hat darauf gehört. Aber man hat schon damals gemerkt, dass sie etwas Labiles an sich hat. Als einziger Sohn hatte ich den unausgesprochenen Auftrag, auf meine beiden Schwestern ›aufzupassen‹. Bei meiner kleinen Schwester war das kein Problem, sie ist eher so wie ich, mehr rational und ganz vernünftig. Aber Corinna [die ältere Schwester] war schwer in den Griff zu bekommen. Ich bin ja zwei Jahre jünger als sie, und ich dachte mir, dass sie sich vielleicht deshalb nichts von mir sagen lassen will. Das hat sie aber nie ausgesprochen, so dass ich mit ihr auch nicht darüber reden konnte. Als wir älter wurden, hatte Corinna kein gutes Händchen bei der Auswahl ihrer Freunde. Sie stand auf so flippige Typen, die nichts so recht auf die Reihe bringen. Die Familie machte sich Sorgen, ganze Abende lang haben wir alle fünf zusammen diskutiert. Corinna war da immer einsichtig, aber wohl nur nach außen hin. Ich glaube, sie war zu schwach, um sich gegen uns vier zu stellen. Also hat sie alles eingesehen, aber eben nur scheinbar, ihr Verhalten änderte sie nicht. Nachdem unsere Eltern erkannt hatten, dass sie nicht recht weiterkommen, bekam ich dann den (diesmal ausgesprochenen) Auftrag, mich noch mehr um Corinna zu kümmern. Ein halbes Jahr später war sie mit 19 Jahren zum ersten Mal schwanger. Es folgte die erste Abtreibung, die nicht die letzte bleiben sollte. Mittlerweile war ich richtig sauer auf Corinna, nicht weil sie so lebte, sondern weil sie immer noch so tat, als würde sie alles einsehen und dann doch wieder ihren Unsinn machte. Als ich 18 wurde, beschloss ich, mit Corinna Tacheles zu reden. Ich sagte ihr klipp und klar, dass sie machen könne, was sie wolle, aber uns anderen von der Familie nichts vormachen sollte. Ich warf ihr vor, sie spiele ein doppeltes Spiel und nehme die gemeinsamen Diskussionen nicht ernst. Leider war das ein Stich ins Wespennest. Jetzt stand nämlich ich plötzlich in der Kritik. Meine Eltern und auch meine kleine Schwester warfen mir vor, ich würde Corinna zu hart anpacken. Auf diese Weise würde ich sie aus der Familie hinaustreiben, wo doch gerade sie den Schutz der Familie besonders nötig hätte. Für mich war das ein großes Dilemma. Was sollte ich tun? Entweder ich verhielt mich weiterhin so, dass alles demokratisch diskutiert wurde, was bei Corinna ja nichts bewirkte, oder ich setzte sie mehr unter Druck, was ich für den richtigen Weg hielt, der mir aber untersagt wurde.«

Konstantin hat sich für den zweiten Weg entschieden. Er ließ sich immer weniger auf die Regel der Familie ein, dass alles immer untereinander besprochen werden muss und dass keiner das Gefühl haben sollte, das Problemkind zu sein. Dieser selben Regel folgend, machten aber die Eltern und die Schwestern zunehmend Front gegen ihn. Am Ende war Konstantin selbst zum schwarzen Schaf geworden. Er galt als »hardliner«, dem die Harmonie in der Familie egal war. Konstantins Rationalität und seine Entschlossenheit, einen anderen Weg im Umgang mit seiner älteren Schwester zu finden, hatten dazu geführt, dass am Ende er aus der familiären Gemeinschaft ausgeschlossen wurde.

Es geht hier nicht darum, wie man Konstantins Entschluss inhaltlich bewerten will, ob es richtig war, mit Corinna »Tacheles zu reden« oder nicht. Der Punkt an dieser Geschichte ist, dass das Familienmotto »Einer für alle, alle für einen« in einem Sinne ausgelegt wurde, der zu einer für Konstantin unlösbaren Situation führte. Entweder er unterwarf sich der Regel und schonte Corinna oder er verstieß gegen diesen Familien-Wahlspruch. Was zunächst als positive Gestaltung der familiären Beziehungen begann, wurde zum rigiden Verbot, Konflikte innerhalb der Familie anders zu lösen als mit dem »Schalldämpfer« einer falsch verstandenen familiären Solidarität.

Gerade die Tatsache, dass aus einem prinzipiell positiven Motto das genaue Gegenteil des Beabsichtigten resultieren kann, ist ein Hinweis darauf, wie wichtig eine flexible und relativierende Handhabung familiärer Mottos ist. Voraussetzung hierfür ist, dass dieses Motto, seine Grenzen und Gefahren, allen in der Familie bewusst sind.

Flieg nicht so hoch, mein kleiner Freund

Der Titel des ersten großen Song-Erfolges der deutschen Sängerin Nicole passt ideal für ein weiteres Familien-Motto. Ohne ihn zu erwähnen, stellt der Text auf Ikarus und sein Schicksal ab:

»Flieg nicht so hoch, mein kleiner Freund
die Sonne brennt dort oben heiß,
wer zu hoch hinauswill, der ist in Gefahr.«

Dieses Motto ist in erster Linie von Angst geprägt. Die Botschaft ist nichts anderes als eine Aufforderung zu Unauffälligkeit, Mittelmäßigkeit und Konformismus. »Zu hoch hinaus« steht in diesen Familien meist für alles, was den bisherigen Erfahrungshorizont der Eltern übersteigt. In der Praxis geht es meistens um einen beruflichen Weg, der »höher hinaus« führt als der von den Eltern eingeschlagene. Beispiele dafür haben wir bereits im Kapitel über die »leuchtend weißen Schafe« gesehen. Die Warnung dabei ist unmissverständlich: Wer hoch steigt, wird tief fallen. Also lautet die elterliche Empfehlung, im Rahmen des der Familie Vertrauten zu bleiben, kein Neuland zu betreten, sich nicht über den familiären Horizont hinaus zu entwickeln.

Neben dem beruflichen Bereich kann dies auch die Partnerwahl betreffen. Ich kenne Frauen aus Handwerker-Familien, denen eine Eheschließung mit einem Akademiker übel angekreidet wurde, und in einem anderen Fall war die Tatsache, dass der künftige Ehemann aus einer reichen Familie stammte und über sehr viel Geld verfügte, bereits Anlass, vor dieser Verbindung zu warnen.

Natürlich ist es eine wichtige Aufgabe für Eltern, ihre Kinder über Gefahren aufzuklären und bei allzu riskanten Unternehmungen ihr Veto einzulegen. Wenn aber alles eine Gefahr darstellt, was die Eltern nicht kennen, führt dieses Prinzip zur Hemmung und Behinderung kindlicher Entwicklungsmöglichkeiten. Meist ist es ein Elternteil, der selbst sehr ängstlich ist und die Vermittlung von Angst als wesentliches Element der Erziehung praktiziert. Der andere Elternteil will dann oft nicht widersprechen. Schließlich will auch er nicht schuld sein, wenn »dann doch was passiert«. Das Totschlagargument »Seht ihr, ich hab's ja gleich gesagt« hat immer Recht, wenn mal etwas schiefgegangen ist. Den Satz »Ich hab's gleich gesagt, dass das nicht klappt, und jetzt ging's doch gut« hört man dagegen vergleichsweise selten. Im kindlichen Erleben steigen die Gefahrenquellen »da draußen« so ins Unermessliche.

Nur wenige Kinder können sich einem überängstlichen Erziehungsstil entziehen. Die Folge davon ist oft eine sehr ängstliche Grundeinstellung der Kinder, die furchtsam versuchen, allem aus dem Weg zu gehen, was riskant erscheint. Als Konsequenz hieraus bleiben viele Möglichkeiten der Weiterentwicklung ungenutzt, die Kinder können das volle Potential, das in ihnen steckt, nicht zur Entfaltung bringen. Und wenn dies doch gelingt, ist die Angst im Erwachsenenalter ein ständiger Begleiter. Meist ist es eine Furcht, die düsteren Prophezeiungen aus Kindertagen könnten doch in Erfüllung gehen und der »Höhenflug« könnte sich rächen. Auf diese Weise werden dann zufällige Ereignisse und Missgeschicke, wie sie jeden Tag auftreten können, in einen kausalen Zusammenhang gebracht mit den Aktivitäten jenseits des »Sicherheitsbereiches«: *Weil* ich so vermessen war und gegen den Rat meiner Familie ein Studium begonnen habe, hatte ich auf dem Weg zur Uni diesen Autounfall. So kann ein »magisches Denken« entstehen, das allen negativen Vorkommnissen eine Bedeutung zuweist, die diese nicht haben. Frauen und Männer, die mit diesem Erziehungsstil aufgewachsen sind, müssen ungleich mehr Energie aufbringen, ihren eigenen Weg zu gehen, als andere, die innerhalb der Familie gefördert und ermuntert wurden. Sich auszutesten, dabei Fehler machen zu dürfen, mit der einen oder anderen Aktion auf die Nase zu fallen, all das sind wichtige Prinzipien, die in Kindheit und Jugend erfahren und gelernt sein wollen, um später mit weniger Angst durchs Leben zu gehen.

Wird speziell eine Angst vor der Auslotung eigener Grenzen und Möglichkeiten »gezüchtet«, so geht dies oft einher mit einer Überbetonung von Werten wie »Bescheidenheit« und »Demut«. Auch hier gilt, dass ein Übermaß schadet. Will ich »nach oben kommen«, besser sein als andere oder einfach alles aus mir rausholen, was in mir steckt, hat das nicht sofort etwas mit »Arroganz« oder »Hybris« zu tun. Genau dies ist aber oft der Vorwurf an die »leuchtend weißen Schafe«. Ihnen wird vorgeworfen, sie seien »Nestbeschmutzer«, die sich über die Familie erheben wollten, also überheblich seien. Zur Angst gesellen sich an dieser Stelle unübersehbar auch Missgunst und Neid.

Das Familien-Motto »Flieg nicht so hoch, mein kleiner Freund« verbirgt unter dem Deckmantel der Erziehung zur Vorsicht eine Hemmung der Entwicklungsmöglichkeiten der Kinder. Ein glückliches Leben ohne »schlechtes Gewissen« und ständige Angst wird dadurch erschwert.

Teil IV

ÜBERSCHATTETES LEBEN

»SO EIN MULMIGES LEBENSGEFÜHL«

Die Folgen von Ausgrenzung und Benachteiligung innerhalb der Familie sind vielfältig. So individuell aber die psychische Verarbeitung dieser Erfahrung im Einzelfall auch sein mag, so sehr gibt es doch Gemeinsamkeiten im Erleben, die bei den meisten schwarzen Schafen zu finden sind. Die Schwere der Beeinträchtigung reicht von eher diskreten Einschränkungen der Lebensqualität bis hin zu schweren psychischen Störungen. Verantwortlich hierfür sind die schon angesprochenen Prinzipien Vulnerabilität (Verletzlichkeit) und Resilienz (Widerstandsfähigkeit) beim Einzelnen. Warum der eine empfindsam und verletzlich ist und am anderen alles abprallt und ihn scheinbar nichts aus der Ruhe bringt, ist Gegenstand der sogenannten Resilienzforschung. Eine spannende Frage ist, ob diese »innere Stärke« trainiert werden kann, ob sich der Einzelne also aus seiner ihn behindernden »Empfindlichkeit« befreien und dadurch größere Unabhängigkeit von äußeren Einflussfaktoren erlangen kann. Auf dieses wichtige Thema werde ich im letzten Teil des Buches näher eingehen.

In jedem Fall hat es nichts mit »Schwäche« zu tun, wenn schwarze Schafe leiden. Wir können davon ausgehen, dass die Erfahrung, innerhalb der eigenen Familie eine Randexistenz zu führen, die allermeisten Frauen und Männer negativ beeinflusst. Die »empfindliche Phase«, innerhalb der wir besonders empfänglich sind für familiäre Ausgrenzung, reicht bis in die Zeit der Adoleszenz, also bis etwa Mitte 20 (S. 35). In dieser langen Zeitspanne kann sehr viel schieflaufen. Wir sprechen hier von einem Zeitraum erhöhter Störungsanfälligkeit vom Säuglingsalter bis hin zum jungen Erwachsenen. Während naturgemäß bei den kleinen Kindern die Wichtigkeit familiärer Beziehungen im Vordergrund steht, werden bei Jugendlichen und insbesondere bei den 18- bis 25-jährigen Beziehungen zu Gleichaltrigen immer bedeutsamer. Wir werden sehen, dass diese Beziehungen des frühen Erwachsenenalters bei schwarzen Schafen vielfach schon unter dem störenden Einfluss der negativen Prägung durch die familiäre Ausgrenzung stattfinden. Dies ist einer der Gründe, warum viele der Frauen und Männer mit negativen Erlebnissen innerhalb der Familie darüber klagen, dass es ihnen nicht gelingt, sich aus der Beziehungserfahrung ihrer Kindheit und Jugend zu lösen. »Gelernt« wird Beziehung in der Familie, und das dort Gelernte spielt bei der Gestaltung späterer Bindungen eine wichtige Rolle. Trifft die Ausgrenzung das schwarze Schaf erst im Erwachsenenalter, etwa im Rahmen von Erbstreitigkeiten, besteht bei vielen immerhin schon eine gefestigte Persönlichkeit, so dass die Auswirkungen dieser Benachteiligung meist nicht so gravierend ausfallen werden wie im Falle eines schon im Kindesalter stattfindenden Ausschlusses aus der familiären Gemeinschaft.

Ihr negatives Lebensgefühl beschreiben schwarze Schafe oft als ein diffuses Unwohlsein, eine Unzufriedenheit, Unausgeglichenheit, die sie sich nicht erklären können. Im äußeren Umfeld ist oftmals alles in Ordnung, viele schwarze Schafe haben Partner oder Familie, sind beruflich erfolgreich und körperlich gesund. Und dennoch fühlen sie sich in ihrer Haut nicht so recht wohl, sind unruhig, unzufrieden und frustriert.

Es wäre Unfug zu behaupten, dass die hier geschilderten Einbußen an Lebensqualität und Behinderungen in der Lebensführung immer Folgen familiärer Ausgrenzung seien. Natürlich können sich auch andere Einflüsse in der Entwicklung des Einzelnen schädigend auf sein Erwachsenenalter auswirken. Aber im Laufe der letzten 20 Jahre habe ich so viele schwarze Schafe kennengelernt, dass ich von einem massiv unterschätzten Phänomen spreche. Die Kombination einer negativen Beziehungserfahrung innerhalb der Familie durch Benachteiligung gegenüber anderen Mitgliedern und einem speziellen Lebensgefühl ist so häufig und prägnant, dass wir den Zusammenhang akzeptieren müssen.

Es lohnt sich für jeden, der sich in der Beschreibung der nachfolgenden Themen wiedererkennt, sich Fragen zu stellen: »Wie war oder ist meine Rolle innerhalb der Familie?« »Wurde oder werde ich benachteiligt? Ausgegrenzt? Nicht ernst genommen? Im Vergleich zu Geschwistern über Gebühr belastet?« oder vielleicht noch wichtiger: »Fühle ich mich benachteiligt, auch wenn das nie jemand zugeben würde?«

Umgekehrt sollte jeder, der seine negative Rolle innerhalb der Familie bereits erkannt hat, darüber nachdenken, ob nicht die folgenden Beschreibungen von Erschwernissen und Belastungen auf ebendiese traurige Erfahrung zurückzuführen sind.

»Wo ich nicht bin, da ist das Glück«

In Abwandlung einer Zeile des Schubert-Liedes »Der Wanderer« ist dies das Motto sehr vieler schwarzer Schafe. Die Ausgrenzung innerhalb der Familie und die Zurücksetzung hinter die anderen Familienmitglieder führen zu einer Ausweitung dieser Erfahrung auf das gesamte Leben. Dem schwarzen Schaf scheint der Zugang zu Freude, Angenommensein und menschlicher Nähe verschlossen. Bereits im

Traum von Thomas (S. 18 ff.) sind wir diesem Lebensgefühl begegnet.

Wir erinnern uns: Der Träumer tritt, aus dem dunklen Wald kommend, an ein Haus heran, in dem gefeiert wird. Obwohl ihn alles dorthin zieht, wagt er es nicht, die Türe zu öffnen. Er ist sich sicher, nicht willkommen zu sein.

Es erstaunt nicht, dass ich diesen Traum in ganz ähnlicher Form schon von mehreren Frauen und Männern erzählt bekommen habe. Entscheidend ist dabei die Diskrepanz zwischen dem als äußerst anziehend erlebten Geschehen innerhalb eines abgeschlossenen Raumes und der Unmöglichkeit, daran teilzuhaben. Die Symbolik des Traumes zeigt uns einen Raum, behaglich, warm, beleuchtet und sicher. Innerhalb dieses Raumes findet das statt, was wir uns von Beziehungen erhoffen: menschliche Wärme, Vertrautheit, gemeinsames Zusammensein. Oft wird gefeiert, gelacht und gescherzt. Manchmal zeigt der Traum auch eine Szene großer Ruhe und Gelassenheit, es sitzen Menschen zusammen und genießen die Gemeinsamkeit. In wieder anderen Fällen ist eine erotische Färbung deutlich, dann erscheinen dem Träumer die Menschen innerhalb dieses Raumes sexuell anziehend.

Isabella (36 J.) berichtete von einem Traum, in dem sich eine wahrhaft orgiastische Szene abspielte: Frauen und Männer jeden Alters vergnügten sich ausgelassen in völliger Nacktheit, der Wein floss in Strömen, alles war Wollust und Leidenschaft. Von dem Geschehen in ihrem »Traumhaus« war sie zunächst schockiert, fühlte sich dann aber magisch angezogen. Träumend hatte sie die Vorstellung, sie könne »erlöst« werden, wenn sie sich ihrer Kleider entledigen und unter die Bacchanten mischen würde. Anders als im Traum von Thomas zögerte sie nicht, fühlte sich nicht von vorneherein unwillkommen. Aber es gab ein anderes Hindernis: In diesen Raum der Wollust führte keine Tür.

Wie auch immer die Verlockungen innerhalb dieser Traumbilder sein mögen: Der Träumer erreicht sie nicht. Er bleibt draußen, voller Sehnsucht und Schmerz. Die meisten dieser Träume enden genau an diesem Punkt, mit der Erkenntnis, ausgeschlossen zu sein von dem, was das Leben ausmacht.

Träume zeigen oft mit großer Nachdrücklichkeit und in klaren Bildern den gegenwärtigen seelischen Standpunkt des Träumenden. Manchmal beschreiben sie die Problematik des Erlebens besser, als unser wacher Geist das vermag. Deswegen rate ich sehr dazu, gerade im Rahmen einer Therapie Träume ernst zu nehmen und zu lernen, in die Träume hineinzuhören.

Aber nicht nur im Traum zeigt sich das Gefühl des Ausgeschlossenseins. Leon (44 J.) berichtet von seiner Erfahrung mit realen Festen:

»Solange ich denken kann, ist es immer das Gleiche: Wenn ich auf eine Feier eingeladen bin, freue ich mich zunächst riesig. Je näher der Zeitpunkt der Einladung dann rückt, um so unwohler fühle ich mich. Ich kann es dann auf einmal nicht mehr leiden, feste Termine zu haben. Ich erlebe das immer als eine Einschränkung meiner Freiheit, auch wenn es sich um freiwillige Termine handelt, die ich selbst vereinbart habe. Außerdem fange ich an, am Sinn der Einladung zu zweifeln. Ich überlege mir, dass es dort vielleicht nicht so lustig sein könnte, ich mich langweile und vielleicht nach einer halben Stunde wieder gehen will, dann aber aus Höflichkeit dort bleibe und einen verlorenen Abend erlebe. Je näher der Termin rückt, desto mehr denke ich an frühere Konflikte mit ebenfalls eingeladenen Personen. Kurz vor der Einladung gelingt es mir dann meist, diese Gedanken als ›Blödsinn‹ zu entlarven und mich wieder positiv auf das Fest einzustimmen. Wenn ich hinfahre, freue ich mich dann wieder richtig darauf, auch wenn ich mich über die Tage des Grübelns und Räsonierens im Nachhinein noch ärgere. Und dann passiert Folgendes: Auf der Feier treffe ich viele nette Leute. Die Stimmung ist gut. Ich denke aber immer daran, dass ich jetzt gerade auf einem schönen Fest bin und mich amüsieren soll. Durch dieses Nachdenken bin ich aber irgendwie abwesend. Zwar lache ich mit den anderen, aber dieses Lachen kommt mir künstlich vor, ich erlebe mich nicht unbeschwert, weil ich mich die ganze Zeit darauf konzentriere, unbeschwert zu sein. Nach einiger Zeit stehe ich dann völlig neben mir. Es zieht mich unheimlich runter, dass ich mitten in dieser schönen Stimmung bin und sie nicht empfinden kann. Je mehr ich mich zwingen will ›loszulassen‹, nicht mehr zu denken und endlich ganz spontan im Augenblick zu leben, umso verkrampfter werde ich. Meist habe ich zu diesem Zeitpunkt dann schon einiges an Alkohol getrunken, was mich aber nicht lockerer, sondern nur müder und trauriger macht. Mit einem grauenhaften Gefühl, außerhalb jeglicher menschlichen Gemeinschaft zu stehen und unfähig zu sein, echte Freude zu empfinden, fahre ich dann heim. Es ist wie eine Folter, ich habe das Leben unmittelbar vor Augen, kann aber nicht daran teilnehmen.«

Dieses Erleben ist fast noch schlimmer als die vorher geschilderten Traumbilder. Leon befindet sich mitten unter den Feiernden, kann die Situation aber nicht genießen. Er steht mitten im Leben und ist doch ausgeschlossen davon. Das Hindernis, das ihn von der Teilnahme an der Ausgelassenheit und dem gemeinsamen Erleben trennt, ist in ihm.

Dass ein Zuviel an Nachdenken der Spontaneität schadet, werden viele bestätigen können. Das gilt nicht nur für schwarze Schafe, sondern ist ein allgemein menschliches Phänomen.

Durch Nachdenken über den Augenblick versäumen wir ihn. Unsere Fähigkeit zu reflektieren wird in diesen Momenten zu einem echten Problem. Nachvollziehen kann das zum Beispiel jeder Musiker: Egal, ob ich Violine spiele oder Drummer in einer Band bin, sobald ich mich zu sehr darauf konzentriere, wie ich meine Finger auf die Saiten setze oder in welcher Abfolge ich die Drums spiele, habe ich ein hohes Risiko, mich in Abläufen zu verheddern, die mir normalerweise kein Problem bereiten. Die Konzentration beim Musiker richtet sich eben nicht auf die einzelnen Bewegungsabläufe, sondern auf ein »großes Ganzes«, beim Violinisten vielleicht die Phrasierung der jeweiligen Melodie, beim Drummer das Zusammenspiel mit den Bandmitgliedern. Es ist eine Art konzentrierten Loslassens, das einen Automatismus eingeübter Bewegungen voraussetzt. Während man ein Stück einstudiert, wird zunächst jede einzelne Bewegung motorisch geübt, sobald diese Phase aber vorbei ist, muss der Musiker darauf vertrauen, dass er es »draufhat«, muss loslassen und sich auf andere Dinge konzentrieren.

Auch wenn wir keine Musiker sind, können wir auf einfache Weise testen, wie eine zu große Konzentration auf unseren eigenen Körper zum Hindernis werden kann: Versuchen Sie, über eine längere Strecke hinweg zu gehen und sich bei jedem Schritt darauf zu konzentrieren, wie genau Ihre Bewegungsabläufe sind, wie Sie das Bein in der Hüfte anheben, den Fuß nach vorne bringen, aufsetzen und abrollen, in welchem Moment das andere Bein diesen Bewegungsablauf wiederholt und so fort. Passen Sie aber auf, dass Sie dabei nach einigen Schritten nicht stolpern. Sie werden sich wundern, wie leicht Sie den Automatismus »Gehen« durch ein Übermaß an Selbstbeobachtung ins Wanken bringen können.

Wenn Sie nicht gehen können oder wollen, geht es auch noch einfacher: Konzentrieren Sie sich auf die Abläufe, die mit Ihrer Atmung zusammenhängen. Die Aufgabe dabei: Atmen Sie einfach genauso weiter wie bisher. Sie werden feststellen, dass es sehr schwierig ist, nicht einige tiefere Atemzüge zu machen und auch nicht schneller oder langsamer zu atmen. Während Sie bis jetzt nicht darüber nachgedacht haben, wie Sie eigentlich atmen, wird dieser automatische Vorgang plötzlich zum Gegenstand Ihrer Beobachtung, was zwar eine größere Bewusstheit erzeugt, aber auch die Schwierigkeit bewussten Loslassens deutlich macht.

(Sollten Sie sowohl beim konzentrierten Gehen wie beim bewusst »normalen« Atmen keine Schwierigkeiten haben – Respekt! Sie befinden sich offensichtlich in einem Zustand der inneren Balance.)

Bei diesem Ausflug in die Tücken der Selbstbeobachtung sind drei Begriffe gefallen, die ich noch einmal herausstellen möchte: Vertrauen, Loslassen und Konzentration.

Gerade schwarzen Schafen mangelt es oft an Vertrauen. Sie haben ja die Erfahrung gemacht, dass ihr Vertrauen enttäuscht wurde oder sie von Anfang an niemandem vertrauen konnten. Daraus resultiert ein vermindertes Selbst-Vertrauen, das wiederum die Voraussetzung für das berühmte und viel bemühte »Loslassen« ist. So liegt die Konzentration darauf, nichts falsch zu machen, nichts zu versäumen, und dadurch auf den völlig falschen Themen. Der Musiker, der sein Stück immer und immer wieder eingeübt hat, kann auf sich vertrauen, er sagt sich: Ich weiß, dass ich es kann. Dadurch schafft er es, an diesem Punkt nicht mehr an sich zu zweifeln, er »lässt sich los«. Seine Konzentration wendet sich dann von ihm selbst ab und anderen Dingen zu, nämlich dem Zusammenspiel oder der Musik an sich. Dadurch ist er ganz im Augenblick.

Ganz anders Leon und sein Problem mit den Partys: Er hat keinerlei Vertrauen. Im Vorfeld zweifelt er am Sinn der Einladung, er sieht schwarz, was die Beziehung zu den anderen Gästen angeht. Vor allem aber fehlt ihm das Vertrauen in sich selbst. Seine Erfahrung lautet: Partys und ich – das geht schief. Also bemüht er sich, gegenzusteuern, indem er sich darauf konzentriert, möglichst normal und entspannt zu sein. An dem Punkt, an dem der Musiker loslässt, versucht Leon, sich »in den Griff zu kriegen«, was so ziemlich das Gegenteil von Loslassen ist. Dann merkt er, dass es nicht klappt und verstärkt seine Bemühungen, er erzeugt, um mit Watzlawick (15) zu sprechen, »mehr vom Gleichen«, also in diesem Fall vom völlig Falschen. Seine Konzentration ist dadurch ganz auf ihn selbst gerichtet, er versucht sich immer verzweifelter zu kontrollieren, was ihm immer schlechter gelingt. Während die anderen Partygäste sich auf ihr Gegenüber, auf Gespräche, Musik oder Tanz konzentrieren, ist Leon nur mit sich beschäftigt. Das Leben läuft an ihm vorbei. Deprimiert und frustriert geht er nach Hause.

Dass dieses Thema gerade schwarze Schafe so sehr betrifft, liegt daran, dass diese Frauen und Männer in den meisten Fällen große Schwierigkeiten mit den genannten drei Begriffen haben: Mangelndes Vertrauen und vor allem Selbst-Vertrauen führt zum Versuch, sich selbst oder die Außenwelt zu kontrollieren, was ein Loslassen sehr schwer bis unmöglich macht. Die Konzentration ist dadurch auf sie selbst gerichtet und nicht auf das Leben im Augenblick. So entsteht dieser Eindruck: »Wo ich nicht bin, da ist das Glück«.

Um dieses Gefühl ranken sich dann verschiedene persönliche Verschwörungstheorien: »Immer passiert nur mir so etwas«, »Es ist mir einfach nicht bestimmt«, »Das Schicksal hat etwas gegen mich«. So oder so ähnlich lauten die Parolen vom Leben Enttäuschter, die die Ursache ihrer negativen Erlebnisse dort suchen, wo ihnen der Zugriff versagt ist: im »Schicksal«, der »Bestimmung« oder ähnlichen nicht fassbaren äußeren Einflüssen auf das eigene Leben. »Warum immer nur ich« hat dabei auch noch den Effekt der Selbst-Überhöhung, durch diesen Satz bin ich ja etwas Außergewöhnliches, Einmaliges, unterscheide mich von allen anderen, denen in meiner Vorstellungswelt nicht so viel zustößt. Dies ist letztlich nur der (unbewusste) Versuch, die eigene Isoliertheit zumindest noch mit Einmaligkeit aufzupeppen, was die Sache aber auch nicht besser macht.

Ich sehe schwarze Schafe von diesem Punkt aus in zwei prinzipielle Richtungen gehen: in die Depression und in die Verbitterung. Der erste Weg beschäftigt sich sehr stark mit der eigenen Person, der zweite mehr mit der Außenwelt. Über beide Wege werde ich später noch sprechen.

An dieser Stelle aber heißt die spannende Frage: Wenn ich als schwarzes Schaf den Vergleich mit dem Musiker sehe, kann ich dann nicht so vorgehen, wie er es macht? Üben, bis ich mir vertrauen kann? Aufbauend auf diese Sicherheit des Selbst-Vertrauens dann loslassen, um mich endlich nicht mit mir selbst, sondern mit dem Leben zu beschäftigen?

Auch wenn sich Selbstvertrauen nicht so einfach üben lässt wie Fingersatz oder Drumstick-Haltung, so ist diese Idee es doch wert, dass wir uns intensiv mit ihr beschäftigen. Deshalb werde ich im Kapitel »stärker werden, achtsam sein« (S. 262 ff.) darauf zurückkommen.

Selbstwert und Vergleich

Neben dem Gefühl, ausgeschlossen zu sein, bestimmt vor allem ein schlechtes Selbstwerterleben die innere Welt schwarzer Schafe. Beide Aspekte können wir ohne Probleme aus den Erlebnissen dieser Frauen und Männer in ihren Familien verstehen. Dort fand ja gerade dies statt: Sie waren ausgegrenzt und weniger wert als andere Familienmitglieder.

Gerade beim Thema Selbstwert erkennen wir, wie sehr die

Erfahrungen mit anderen unser Bild von uns selbst beeinflussen. Je früher die Rolle des schwarzen Schafes innerhalb der Familie vergeben wird, desto gravierender wird der Einfluss auf das Selbstwertgefühl sein. Von klein auf daran gewöhnt, nur ein »Kind zweiter Klasse« zu sein, werde ich mich auch als Erwachsener als ein »Mensch zweiter Klasse« fühlen.

Ohne dass die schwarzen Schafe es merken, nistet sich dabei ein spezieller Gedanke in ihre Selbst-Bewertung ein. Die Erfahrung innerhalb der Familie lautet nämlich nicht »Du bist nichts wert«, sondern »Du bist nicht so viel wert wie die anderen«. Solchermaßen in eine Welt des Vergleichens gestellt, haben schwarze Schafe ab diesem Zeitpunkt eine »Lieblingsbeschäftigung«: Sie vergleichen sich mit anderen.

»Mein Bruder kommt irgendwie besser an. Bei allen Festen, die wir als Teenager gemeinsam besucht haben, stand er im Mittelpunkt. Na ja, er ist ja auch einnehmender und ein Meister des Smalltalks. Ich dagegen stehe in seinem Schatten«, berichtet Rüdiger (22 J.). Hier bezieht sich der Vergleich direkt auf ein Mitglied der Familie.

Anders bei Bea (54 J.): »Dass ich jetzt nicht mehr mit meinem Job zurechtkomme, kann ich einfach nicht akzeptieren. So schwer ist das im Büro ja auch nicht. Und meine Kinder sind schließlich schon groß, die machen nicht mehr so viel Arbeit wie früher. Gut, dadurch dass mein Ehemann arbeitslos ist, stehe ich schon etwas unter Druck. Aber andere schaffen das ja auch. Zum Beispiel meine Freundin Jutta. Die ist genauso alt wie ich und hat sogar noch eine Tochter im Pubertätsalter und einen Mann, der ganz gerne mal zu viel trinkt. Was soll die denn sagen? Der geht es schlechter als mir, aber die macht nicht schlapp.«

Oder hören wir, was Meike (36 J.) über ihre Beziehung sagt: »Eigentlich sollte ich mich von meinem Freund trennen. Wir sind schon seit 14 Jahren zusammen, und ich bin einfach nicht glücklich mit ihm. Er ist überhaupt nicht mehr aufmerksam oder liebevoll. Er behandelt mich, als würde ich zur Einrichtung gehören. Aber ich habe keine Lust, alleine zu leben. Eine neue Beziehung? Nein, so blauäugig bin ich nicht. Wer will denn schon mit so einer komplizierten Person wie mir zusammen sein? Ich muss ja eigentlich froh sein, dass ich nicht als Single lebe. Außerdem wollen Männer nur attraktive Frauen. Und mit meinem Übergewicht hätte ich da sowieso keine Chance.« (An dieser Stelle sollte man wissen, dass Meike 169 cm groß ist und 65 kg wiegt, das »Übergewicht« also sehr subjektiv ist.)

Besonders im letzten Beispiel sehen wir, wie der Vergleich mit anderen zu einer regelrechten Selbstabwertung führt. Im Erleben des schwarzen Schafes dominieren diejenigen seiner Eigenschaften, die es selbst als negativ betrachtet. Der menschlichen Phantasie sind da keine Grenzen gesetzt: Ich bin zu klein/zu groß, zu dick/zu schmächtig, zu dumm/zu intellektuell, jede Aussage über tatsächliche oder vermeintliche, über äußere oder innere Aspekte der eigenen Person wird im Sinne der Selbstdestruktion ins Negative gedreht.

»Wer vergleicht, hat schon verloren«, sagt ein Sprichwort, und das ist wohl wahr. Gerade schwarze Schafe vergleichen sich nahezu niemals mit Menschen, die ganz offensichtlich nicht so gut mit dem Leben zurechtkommen wie sie selbst. Mit dem zerlumpten Bettler am Straßeneck vergleicht sich niemand, nicht mit den Drogensüchtigen am Hauptbahnhof und nicht mit dem Knastbruder, der gerade seine Bewährung vermasselt hat. Ein Vergleich »lohnt« sich für schwarze Schafe nur mit Menschen, die etwas vermeintlich besser machen, besser aussehen, erfolgreicher/reicher/beliebter sind als sie selbst. Alle menschlichen Eigenschaften eignen sich zum Vergleichen, dazu tatsächliche oder vermutete Leistungen, seien es sportliche Erfolge oder Zockerglück an der Börse (wobei Letzteres dann nicht als Glück, sondern als Spekulationsgeschick gesehen wird).

Ein Grundprinzip beim Vergleichen lautet: Das, was ich nicht bin, kann oder habe, ist das Entscheidende im Leben. Ähnlich dem Leitsatz aus dem letzten Kapitel, »Wo ich nicht bin, da ist das Glück«, signalisiert das schlechte Selbstwertgefühl dem schwarzen Schaf: »Was du nicht bist, hast oder kannst, das ist das Wichtige.«

Auf diese Weise dient das Vergleichen der ständigen Selbstabwertung. Es ist die Bestätigung der Botschaft aus der Familie: »Ich bin nicht so viel wert wie ein anderer.« Nur brauchen schwarze Schafe keinen mehr, der so mit ihnen umgeht, das übernehmen sie mittlerweile selbst und in Eigenregie.

»Das rede ich mir doch nicht ein, das sehe ich doch jeden Tag.« Wie oft ich diesen Satz schon gehört habe, gefolgt von einer Aufzählung aller Vergleichsobjekte im Umfeld des schwarzen Schafes, die schöner/klüger/leistungsfähiger sind, die weniger »schwächeln«, sich besser behaupten, mehr Glück haben oder einfach »besser drauf« sind. Dass sie sich selbst demontieren, indem sie sich genau in dem Punkt vergleichen, in dem sie schlechter abschneiden, sehen die schwarzen Schafe nicht. Das Vergleichen ist ein Paradebeispiel für eine unbewusst ablaufende, automatisierte Verhaltensweise. Es ist wie ein Reflex: Ich bin mit mir nicht zufrieden, und im selben Moment fallen mir ein, zwei (oder mehrere) Menschen ein, die genau das, was ich mir ankreide, bestens hinkriegen. Wieder hat es mit der Diät nicht geklappt? Die Annemarie hat doch jetzt nur mit Selbstdisziplin 12 Kilo abgenommen.

Ich bekomme einfach kein Geld auf die Seite, obwohl ich wirklich viel arbeite. Der Nachbar hat sich gerade den neuen Wagen gekauft, dabei sitzt der am Wochenende im Garten, während ich in der Firma Überstunden mache. Auf die Klausur gelernt und trotzdem nicht bestanden? Der Jürgen hat's geschafft, und der war beim Skaten, während ich gelernt habe.

Ein eingeschliffener Automatismus, eine gut geölte Denkmaschine ist das, zu jedem eigenen Scheitern gibt es die richtige Assoziation, die mir genau denjenigen serviert, der das »mit links« hinkriegt, was ich nicht schaffe.

Gerade beim Vergleichen sind schwarze Schafe sehr hartnäckig und wollen sich oft partout nicht darauf einlassen, dass sie damit besser aufhören sollten.

Bastian (34 J.) erklärt, warum es ihm so schwerfällt: »Eigentlich sehe ich das ja ein, dass ich selbst diese Vergleiche anstelle und mir immer jemanden aussuche, gegen den ich im Vergleich schlecht aussehe. Aber immer wenn ich versuche, es bleiben zu lassen, kommt dieser innere Zweifel. Zum Beispiel neulich, als ich im Fernsehen Leichtathletik angeschaut habe. Es hat mir gar keinen Spaß gemacht, weil sich sofort mein schlechtes Gewissen gemeldet hat. Ich wollte ja jetzt endlich mal mit dem Joggen anfangen und komme nicht in die Puschen. Dann habe ich mich daran erinnert, worüber wir immer in unserer Sitzung reden. Also sage ich mir, sei nicht ungerecht zu dir. Du schaffst andere Dinge, die für dein Leben wichtiger sind als ein neuer Europarekord im 100-Meter-Lauf. Also vergleich dich nicht mit diesen Profi-Sportlern, die den ganzen Tag nichts anderes tun als trainieren. Aber dann kommt so etwas wie eine innere Stimme, die mir höhnisch sagt: ›Jaja, lieber Bastian, red es dir nur schön, dass du ein Couch-Potato bist. Das hat der Teuschel ja gut hingekriegt, dass du jetzt auch noch stolz darauf bist, so ein disziplinloses Weichei zu sein.‹ Tja, und dann bin ich mir nicht mehr so sicher, wer jetzt Recht hat, diese innere Stimme oder Sie.«

An dieser Schilderung sehen wir, wie schwer es ist, eingefahrene Denkgewohnheiten zu ändern, und auf welche inneren Widerstände sie treffen. An Bastians Formulierungen fällt auf, wie negativ und abwertend er von sich spricht. Die »innere Stimme« ist diejenige Instanz, die verhindern möchte, dass wir besser mit uns umgehen. Sie ist sehr mächtig, und wir werden ihr später im Buch noch begegnen. Bastian hat bereits erkannt, auf welchen Mechanismen seine ständigen Vergleiche basieren und wie sie seiner Selbstabwertung dienen. Das heißt nicht, dass er es dadurch bereits anders, besser machen kann. Er ist jetzt mit seiner inneren Abwehr konfrontiert und sehr verunsichert.

Die Selbstwertproblematik als eines der Hauptthemen schwarzer Schafe lässt sich ebenso wie das Gefühl des Ausgegrenztseins aus dem Erleben familiärer Benachteiligung erklären. Während aber die Ausgrenzung alle schwarzen Schafe betrifft, müssen wir bei der Entwertung etwas differenzieren. Das »typische« schwarze Schaf, benachteiligt, behindert oder gemobbt, wird nur schwer ein gesundes Selbstwertgefühl aufbauen können, so viel leuchtet uns ein. Wie sieht es aber mit den »leuchtend weißen Schafen« (S. 67 ff.) aus, die innerhalb der Familie aufgrund ihrer besonderen Fähigkeiten und Begabungen aus der Gemeinschaft gedrängt werden? Und wie mit denen, die als »Sonnenvögel« (S. 73 ff.) für die gesamte Familie »emporfliegen« und unter Aufbietung all ihrer Kräfte ihre Angehörigen »retten« sollen? Müssten diese beiden Sonderfälle nicht ein gutes, wenn nicht übersteigertes Gefühl der eigenen Wichtigkeit entwickeln?

Dies trifft nur bei flüchtiger Betrachtung zu. Ganz allgemein haftet der Sonderrolle eben durch die damit verbundene

Ausgrenzung aus der familiären Gemeinschaft bereits ein Makel an, so dass in vielen Fällen im Erleben des Ausgegrenzten die Botschaft »Du gehörst nicht zu uns« die Einschätzung »Du bist etwas Besseres« überwiegt. Nicht dazuzugehören, nicht »mitspielen« zu dürfen, ist schmerzhaft, wie wir gesehen haben (S. 27 ff.). Daran ändert auch der Umstand nichts, dass der Betreffende hochgelobt wird. Außerdem haben wir gesehen, dass gerade bei den »leuchtend weißen Schafen« die Bewertung durch die anderen Familienmitglieder schnell umschlagen kann. »Hochmut« und »Arroganz« lauten nicht selten die Vorwürfe, mit denen die Tochter oder der Sohn bedacht werden, die sich durch besondere Leistungen von den anderen abheben.

Auch kommt hinzu, dass gerade bei den »Sonnenvögeln« die Sonderrolle immer mit einem Auftrag verbunden ist: Du kannst etwas, das wir nicht können, also musst du uns helfen/ uns retten/alles für uns tun. Der Sonnenvogel wird also auf die Wichtigkeit reduziert, die er für die anderen Familienmitglieder hat. Er wird nicht als Mensch geschätzt und geliebt, sondern in seiner Funktion und Rolle. Damit wird sein Gefühl, als Mensch etwas wert zu sein, nicht erhöht, sondern vermindert. Er lernt, dass sein »Wert« darauf beruht, etwas für andere zu tun. Die problematische Botschaft ist nicht wie bei den anderen schwarzen Schafen »Du bist nicht so viel wert wie ein anderer«, sondern »Du bist nur dadurch etwas wert, dass du für uns da bist«. Bereits hier sehen wir, wohin die Entwicklung gehen wird. Frauen und Männer, die in ihrer Familie die Rolle des »Sonnenvogels« zugewiesen bekommen, neigen zu Selbstüberforderung und Selbstausbeutung.

Neben der allgemeinen Selbstabwertung und der Neigung zu ständigen Vergleichen ist dies eine der größten Gefahren für schwarze Schafe. Nicht nur die »Sonnenvögel« stellen überhöhte Anforderungen an sich selbst. Die meisten Frauen und Männer, die familiär ausgegrenzt wurden, entwickeln eine Tendenz, sich die ausbleibende Akzeptanz durch ein Übermaß an Leistung verschaffen zu wollen. Dies ist überwiegend ein unbewusster Vorgang, der ebenfalls nicht spezifisch für schwarze Schafe ist, sondern bei vielen Menschen vorkommt, die zu wenig Liebe, Beachtung und Akzeptanz erfahren haben. Schwarze Schafe allerdings sind Meister darin, sich auf eine Leistungsschiene zu setzen, auf der sie dann ein ganzes Leben lang Gas geben. Wieder hat dies mit der Konkurrenzsituation innerhalb der Familie zu tun. Wenn ich erlebe, dass meine Schwester oder mein Bruder mir vorgezogen werden, entwickle ich automatisch und oft unbewusst Theorien, womit das zusammenhängen könnte. Liegt es daran, dass die Schwester bessere Noten nach Hause bringt? Dass der Bruder der bessere Sportler ist? Was immer es sei, der Unterschied, den ich zwischen mir und meinem Geschwister ausgemacht habe, steht im Verdacht, der Grund zu sein, aus dem die Eltern sie oder ihn mir vorziehen. Schwierig wird es, wenn es sich dabei um körperliche Merkmale handelt, die sich nicht durch Leistung ausgleichen lassen. Gute Schulnoten lassen mich nicht wachsen, zumindest nicht körperlich. Trotzdem versuchen die familiär Benachteiligten, auf anderen Gebieten möglichst vorzeigbare Resultate zu erzielen, um den vermeintlichen Nachteil gegenüber den Geschwistern auszugleichen. Auch hier sehen wir wieder, wie sehr schwarze Schafe den Fehler zunächst bei sich suchen.

Jahrelange Selbstausbeutung führt in der Regel zu ständiger Überforderung und birgt die Gefahr von Erschöpfungszuständen und Burnout. Nicht wenige Patienten, die mit dieser Diagnose beim Hausarzt oder Psychiater behandelt werden, haben eine Vorgeschichte als schwarzes Schaf. Natürlich stammt die Erschöpfung letztlich aus einem Zuviel an Einsatz und Engagement am Arbeitsplatz. Ganz klar, dass die Ausgepowerten dort ansetzen und Änderungen herbeiführen müssen. Aber der Motor dieser ganzen Überforderung, die Quelle des Übels, sitzt in vielen Fällen ganz woanders: In dem unseligen und meist unbewussten Versuch, durch ständige Demonstration der eigenen Leistungsfähigkeit uralte Wunden heilen zu wollen, seelische Wunden, die innerhalb der Familie durch Benachteiligung und Herabsetzung entstanden sind.

Im Burnout erleben diese Menschen dann die ultimative Niederlage. Sie können nicht mehr, werden krank, fallen in der Arbeit aus, was wiederum katastrophale Folgen für den Selbstwert hat. Durch monatelange Krankschreibung oder Frühberentung sind sie erneut aus der Gemeinschaft ausgegrenzt, durch die Maschen gefallen, weg vom Fenster. Sie fühlen sich wertlos, gehören nicht mehr dazu. Wieder hat es »nicht gereicht«, nur ist es jetzt schlimmer als zuvor.

Diese Tragik der schwarzen Schafe macht deutlich, dass wir es bei diesem Thema keinesfalls mit leichten Störungen der Befindlichkeit zu tun haben oder mit einem »Luxusthema«, dem man sich widmen kann, wenn man sonst keine Probleme hat. Nein, schwarze Schafe sind in ernster Gefahr. Ihnen droht nicht nur ein Leben ohne Freude und in ständigem Selbstzweifel, sondern sie sind darüber hinaus bedroht durch Selbstüberforderung bis hin zum Burnout.

So ein Fall ist Christine (48 J.). Sie kommt nach monatelangem Zögern und nur unter dem Druck ihres Hausarztes in die psychiatrische Sprechstunde. Wie so viele Menschen hat sie große Vorbehalte gegen alles, was mit »Psycho« zu tun hat. Bereits der Gang zum Psychiater ist für sie der Tiefpunkt einer Entwicklung, die vor fast einem Jahr begann:

»Nach einer einfachen Erkältung bin ich nicht mehr richtig gesund geworden. Ständig kam etwas anderes hinzu, zuerst die Nebenhöhlen, dann eine Blasenentzündung, Bronchitis,

Muskelschmerzen, Ischias. Dann konnte ich nicht mehr schlafen, habe mich nachts hin und her gewälzt, geschwitzt, mir Sorgen gemacht. Bei der Arbeit war ich unkonzentriert und habe Fehler produziert. An manchen Tagen saß ich an meinem Schreibtisch und habe eine Stunde lang nur vor mich hingestarrt. Ich konnte einfach nicht mehr. Nach der Arbeit bin ich dann nach Hause und gleich auf die Couch. Auch zu Hause habe ich nichts mehr auf die Reihe gebracht. Schließlich bin ich zum Hausarzt, der mich für eine Woche krankgeschrieben hat. Danach hatte ich mich etwas erholter gefühlt, nach zwei Tagen bei der Arbeit war es aber schlimmer als zuvor. So habe ich mich in den letzten Monaten zwischen Krankschreibung und Arbeit hin- und hergeschleppt, aber unter dem Strich wurde es immer schlimmer. Jetzt hat mir mein Arzt gesagt, dass ihm die Krankenkasse Schwierigkeiten macht, wenn er mich noch länger krankschreibt. Deshalb musste ich jetzt hierher kommen.«

Die neue Rolle als »psychiatrische Patientin« war für Christine nicht leicht zu akzeptieren. »Ich bin doch nicht verrückt«, sagte sie. Erst im Laufe der folgenden Wochen konnte sie erkennen, wie wichtig eine langfristige Auszeit von der Arbeit und ein ebenso langfristig angelegter Plan für die Zukunft waren. Sie realisierte, dass Erschöpfung und Depression nichts mit »Verrücktheit« zu tun haben, sondern ernst zu nehmende und behandelbare Störungen sind. Wie bei vielen anderen mit einer ähnlichen Geschichte wie Christine standen zunächst akute Maßnahmen im Vordergrund, um Entlastung zu schaffen und sinnvolle Behandlungsschritte einzuleiten, die allesamt langfristig angelegt sind. Dazu gehörte auch eine Psychotherapie, denn es wurde schnell klar, dass Christine eine Frau mit sehr hohem Leistungsanspruch an sich selbst war, die sich überdies durch einen unglaublichen Perfektionismus erheblich unter Druck setzte. Leistungsanspruch und Perfektionismus sind per se keine negativen Eigenschaften. Aber sie müssen immer ergänzt sein durch Erholungszeiten und eine Einstellung, dass auch mal »fünf gerade« sein dürfen. Christine lebte einseitig; Ständig forderte sie von sich Höchstleistungen, verzieh sich keinen Fehler, setzte sich unter Druck. Im Laufe ihrer Therapie kam natürlich auch die Sprache auf ihre Kindheit und Jugend. Hören wir einmal, was sie darüber sagt:

»Zu Hause war ich die Älteste und hatte noch zwei kleinere Brüder, die deutlich jünger waren als ich. Meine Mutter war eine sehr dominante Frau, mein Vater ein klassischer Pantoffelheld. Ich wurde von der Mutter sehr streng behandelt, während meine Brüder die Prinzen waren. Dabei war mein kleinerer Bruder ein echtes Problemkind, hyperaktiv, ständig stellte er etwas an. Ich fand mich in der Rolle wieder, für die Untaten dieses Bruders mit verantwortlich zu sein. Es war schlichtweg unmöglich, ihn zu bändigen. Meine Mutter griff selten selbst ein, sie beobachtete uns Kinder wie von einer erhöhten Warte aus und erteilte mir Anweisungen. Der Vater war tagsüber bei der Arbeit und danach im Garten oder vor dem Fernseher. Der einzige Kontakt, den ich mit ihm hatte, war, dass er mir gelegentlich die Schulter tätschelte, aber mehr so im Vorbeigehen, so nebenbei. Mit den Brüdern spielte er von Anfang an viel mehr, nahm sie mit in den Garten oder später auf Ausflüge, während ich mit der Mutter alleine zu Hause blieb. Es war eine seltsame Stimmung bei uns, Männer und Frauen getrennt, über allem die Mutter, die mich immer mit gerunzelter Stirn beobachtete und der ich nie etwas recht machen konnte.«

Diese eigenartige Familienatmosphäre zeigt Christine in der Rolle des schwarzen Schafes. Ihr wurden Arbeit und Verantwortung für andere aufgebürdet, sie erhielt kein Lob, keine Anerkennung, keine liebevollen Worte. Die Brüder dagegen

durften sich ausleben und waren vom Vater akzeptiert und gefördert, wenn sie auch von der undurchschaubaren Mutter
ebenso auf Distanz gehalten wurden wie Christine. Das seltsame Schultertätscheln des Vaters machte auf Christine keinen guten Eindruck: »Mir kam das immer so vor, als wäre ich
eine Hausangestellte, eine Bedienstete. Ja, da würde dieses
Tätscheln gut hinpassen, zu einer Dienstmagd, der man zwischendurch mal auf die Schulter klopft, weil sie ihre Arbeit
ohne zu murren macht.«

Der rote Faden von dieser einschneidenden Erfahrung innerhalb ihrer Familie hin zu einem Übermaß an Selbstanfor-
derung im Beruf ließ sich bei Christine über ihr schulisches
Engagement und die Ausbildung bis zu ihren beruflichen
Leistungen gut verfolgen. Sie war eine der besten Mitarbeite-
rinnen an ihrem Arbeitsplatz, von Kolleginnen und Chef
gleichermaßen geschätzt wie ausgenutzt. In der Tat hatten es
Mitarbeiter und Vorgesetzte leicht mit Christine, die ständig
ansprechbar war, wenn es um Extra-Arbeit, Überstunden
oder Vertretungen ging. Hier fand sie die innerhalb ihrer Familie nie gekannte Bestätigung und Anerkennung, aber nur
um den Preis eines selbst auferlegten, übermäßigen und sie im
Endeffekt auslaugenden Einsatzes.

Christine konnte im Laufe ihrer Therapie die Zusammenhänge zwischen ihrer Biographie und ihrem Burnout schnell
erkennen. Dies war der erste Schritt in dem auch dann noch
schwierigen Prozess, aus dieser Erkenntnis die nötigen Konsequenzen zu ziehen. Nach insgesamt eineinhalb Jahren Auszeit
war Christine wieder bei der Arbeit, aber nicht mehr an der
alten Stelle. Sie hat sich vorgenommen, diesmal einiges anders
zu machen, und es scheint ihr zu gelingen.

Ruhelos, heimatlos

Neben dem Gefühl, nicht dazuzugehören und der Selbstabwertung mit all ihren Folgen fällt bei vielen schwarzen Schafen vor allem die Ruhelosigkeit auf. Sie ist im Großen wie im Kleinen zu sehen, in der allgemeinen Lebensführung wie auch in manchen Details. Ein gutes Beispiel für so ein unruhiges Leben ist Johannes (54 J.). Als Kind und Jugendlicher hat er gegenüber seinem jüngeren Bruder bei den Eltern »keinen Fuß auf den Boden gekriegt«, wie er sich ausdrückt. Er wurde benachteiligt und ausgegrenzt, wo es nur ging. Als der jüngere Bruder 18 Jahre alt wurde, setzten die Eltern diesen zum Alleinerben ein. Damals war Johannes 23, und einen Tag nachdem die Eltern ihm mitgeteilt hatten, dass sie ihn enterbt hatten, zog er von zu Hause aus. Seither hat er nichts mehr von ihnen und dem Bruder gehört. Johannes ist ein kluger Kopf und hat seinen Weg gemacht. Er ist ein Meister des »Networking« und lebt gut von Vermittlungen diverser Geschäfte nach Asien. Allerdings hält er es nicht lange an einem Ort aus. Er hat keine feste Beziehung, immer nur kurz dauernde Liebschaften und Affären. Als er noch als Angestellter arbeitete, wechselte er spätestens nach eineinhalb bis zwei Jahren den Job. Mittlerweile ist er selbständig und völlig ungebunden. Auch seine Wohnungen bewohnt er nicht lange, Tausende Euro hat er bereits in Umzüge, Kautionen und Provisionen gesteckt.

Im Gespräch zeigt sich Johannes als herzlicher und zugewandter Mensch, aber nach einigen Treffen zieht er sich wieder zurück. Beziehungen pflegt er nicht, er geht lieber neue ein. Mit Frauen hat er jede Menge Erfahrungen, aber die Nähe einer dauerhaften Partnerschaft erträgt er nicht. Er jettet zwischen Europa und Asien hin und her, mal ist er in Hamburg zu finden, mal in Berlin, Zürich oder München, dann wieder zieht es ihn nach Hongkong, Singapur oder Kuala Lumpur. Er macht gute Geschäfte, hat mittlerweile das Geld, um sich diesen unsteten Lebensstil leisten zu können. Ist er glücklich mit seinem Leben?

»An sich lebe ich genau so, wie ich mir das immer gewünscht habe, unabhängig, frei, mein eigener Herr. Aber natürlich vermisse ich etwas, wäre zwischendurch gerne mal irgendwo zu Hause. Auch wenn ich eine längerfristige Beziehung nicht aushalte, habe ich doch immer wieder mal Sehnsucht nach einer Partnerin, mit der ich länger als ein paar Monate zusammen bin. Wenn ich ganz ehrlich sein soll, habe ich auch immer mal wieder daran gedacht, eine eigene Familie zu haben, aber ich glaube nicht, dass ich der Typ dazu bin.« Fragen wir nach, wie er aus heutiger Sicht seine eigene Familie sieht, zu der er keinen Kontakt mehr hat: »Einerseits ist das alles ja schon viele Jahre her, aber auf der anderen Seite fühlt sich manches so an, als wäre es erst letzte Woche geschehen. Ich habe ja nie rausgefunden, warum meine Eltern mich verstoßen haben. Ja, ich weiß, ich bin selbst ausgezogen und habe den Kontakt abgebrochen, aber zuvor haben sie mich enterbt, und das nach 23 Jahren, in denen ich nie wusste, was ich eigentlich in dieser Familie soll. Ehrlich gesagt wäre es mir lieber gewesen, meine Eltern hätten mich ins Heim gegeben, wenn sie schon nichts von mir wissen wollten. Heute interessiert es mich nicht mehr, was meine Eltern oder mein Bruder machen, ob sie noch leben oder nicht. Das Einzige, was mich noch interessieren würde, ist, warum das alles so gelaufen ist.«

Auch nach über 30 Jahren ist Johannes nicht darüber hinweg, dass er das schwarze Schaf seiner Familie war. Sein Erfolg und sein aufwendiger Lebensstil haben nicht dazu beigetragen, diese alte Wunde zu schließen. Im Einklang mit seiner damaligen Entscheidung, die Beziehung zur Familie abzubrechen, treibt ihn trotzdem die Frage um, warum das alles so gekommen ist.

Was hat sein Lebensstil mit seiner Vorgeschichte zu tun? Ohne sich darüber im Klaren zu sein, ist Johannes ständig auf der Suche nach etwas, das er sein ganzes Leben lang vermisst hat. Es sind gar nicht so sehr stabile und lang dauernde Beziehungen, die er sucht, nach eigener Aussage hält er die ohnehin nicht aus. Er vermisst etwas, das man am besten mit einem leider etwas aus der Mode gekommenen Begriff bezeichnen kann: Heimat. Gerne würde Johannes einen Ort finden, an dem er im übertragenen Sinn ein paar Wurzeln sprießen lassen könnte. Aber nirgendwo kommt das Gefühl auf, dass hier der richtige Platz dafür ist. Vielleicht ist es anderswo schöner oder besser, vielleicht fühlt er sich ja auf der nächsten Station seiner rastlosen Reise irgendwie daheim?

Unruhigen Geistern wird ja oft nachgesagt, sie hätten Angst, etwas zu verpassen. Johannes verpasst nichts, er lebt ein intensives Leben. Ihn treibt seine Heimatlosigkeit durch die Welt.

Wir kennen das Prinzip schon. »Wo ich nicht bin, da ist das Glück« und »Was ich nicht bin, das ist das Wichtige« sind uns als Lebensgefühl schwarzer Schafe schon begegnet. Die Ruhelosigkeit von Johannes ist eine Variation dieses Themas. Das mulmige Gefühl der Unzufriedenheit und Unausgeglichenheit lässt ihn nirgendwo die bereits zitierten Wurzeln schlagen. Letztlich ist auch dies eine Form fehlenden Vertrauens. Auch »Heimat« lernen wir in der Familie. Das ist mehr als ein Ort, es ist ein Umfeld, in dem Sicherheit und Geborgenheit vorherrschen, in dem wir willkommen und gern gesehen sind, in dem uns nichts droht und wir etwas tun können, das ebenfalls schon angesprochen wurde: loslassen. In einer solchen Umgebung schlagen wir Wurzeln, die uns mit Nährstoffen versorgen wie Selbstvertrauen, Selbstsicherheit, Gelassenheit.

Durch das Erleben, Teil einer wohlmeinenden und versorgenden Gemeinschaft zu sein, entwickeln wir das Gefühl, dazuzugehören, willkommen zu sein. Hat man das erfahren, muss man nicht nach einem Ort namens Heimat suchen, denn dann trägt man ihn in sich.

Johannes kennt dieses Gefühl nicht. Er vermisst all das instinktiv, vielleicht sogar ohne es benennen zu können. Also beginnt er zu suchen, und weil er die finanziellen Mittel dazu hat, sucht er auf der ganzen Welt danach. Natürlich kann er nirgendwo finden, was er vermisst und was ihn zur Ruhelosigkeit verdammt. Er wird die Suche nach innen ausdehnen müssen, wird lernen müssen, in sich selbst einen Anker zu setzen, um zur Ruhe zu kommen. Das liest sich logisch und ist schnell hingeschrieben, gehört aber erfahrungsgemäß zu den schwierigeren Übungen, denen wir uns stellen müssen. Beispiele, wie so etwas gelingen kann, werde ich noch anführen.

Während die Ruhelosigkeit Johannes über die halbe Welt jagt, zeigt sie manchmal auch ein ganz anderes Gesicht. So hat Isabell (30 J.) ähnlich wie Leon (S. 180 f.) große Probleme, im Augenblick zu leben, ist nie so ganz und gar im Hier und Jetzt und immer irgendwie auf dem Sprung. Bei ihren Freunden ist ihr Terminkalender legendär. Immer hat sie ihn bei sich, und er bestimmt zu großen Teilen ihr Leben. »Wir müssen mal was ausmachen« ist der Satz, der ihr Sozialverhalten am besten charakterisiert. Schon ist der Terminkalender gezückt, und »Warte mal, hast du Zeit am 24., ach nein, ich sehe gerade, da bin ich ja mit Uli beim Brunch. Vielleicht eine Woche drauf, ach nein, geht ja auch nicht, da bin ich bei Carola eingeladen, um ihre Hochzeit zu besprechen. Abends geht's bei mir meistens eh nicht … Weißt du was, am besten, wir telefonieren uns mal ganz spontan zusammen.«

Zu diesen spontanen Treffen kommt es allerdings selten, der Terminkalender hat meist etwas dagegen.

Sieht man genau hin, so macht sich Isabell mit ihren vielen Terminen etwas vor. Nach ihrer Ansicht führt sie ein erfülltes Leben, kennt tausend Leute, ist auf jede Party eingeladen. Und wirklich ist Isabell sehr beliebt, denn sie hat eine lebendige und sympathische Art, mit Menschen umzugehen. Allerdings leidet sie darunter, nie ganz ausgeglichen zu sein, immer unterwegs, nie richtig »angekommen«. Mit ihrem Terminkalender erzeugt sie für sich das Gefühl, mitten im Leben zu stehen, dabei steht sie immer leicht daneben. Wenn Isabell versucht, »nichts« zu tun, sich vielleicht mal eine Stunde auf ihr Sofa zu setzen und nachzudenken, wird sie extrem unruhig. Dann fallen ihr tausend Dinge ein, die sie schnell noch machen muss. Isabell hält es mit sich alleine nur schlecht aus. Durch ihre Art der Ruhelosigkeit kommt sie sich selbst nie näher. Ihr Terminkalender hat gerade dadurch eine beruhigende Wirkung auf sie. So viele Termine, da kann ich mich ja gar nicht mit mir beschäftigen. So kann Isabell es selbst nicht formulieren, denn dazu müsste sie sich schon etwas auf die Schliche gekommen sein. Durch ihren Aktionismus vermeidet Isabell die wichtige Auseinandersetzung mit eigenen Themen.

Auch an dieser Stelle der Hinweis, den ich schon wiederholt gebracht habe: Viele Leute, die so unterwegs sind wie Isabell, sind keine schwarzen Schafe. Aus der inneren Ruhelosigkeit lässt sich nicht erkennen, was die seelischen Hintergründe dafür sind. Aus einem Symptom kann man selten auf die Ursache schließen. Andererseits aber ist die Ruhelosigkeit eines der wichtigsten Themen schwarzer Schafe, und auf diese Weise wird dann eben auch »ein Schuh daraus«: Wirft man einen Blick auf Kindheit und Jugend vieler Ruheloser, so erkennt man genau die Strukturen und Mechanismen, die uns in diesem Buch beschäftigen: Zurücksetzung und Benachteiligung in der Familie, in einem Fall diskreter, im anderen Fall krasser. Während der Weltenbummler Johannes sicher ein Beispiel für die unverblümte und brutale Ausgrenzung ist, liegt die Sache bei Isabell ganz anders. Aufgewachsen mit zwei Geschwistern, ist sie das typische »Sandwich-Kind« zwischen einer geistig behinderten und zwei Jahre älteren Schwester, die einen Großteil der elterlichen Fürsorge und Energie absorbiert hat, und einem sechs Jahre jüngeren Bruder, der als »braves« Kind und geistiger Überflieger der Familie nur Freude und Erleichterung brachte. Isabell war eines dieser »vergessenen« Kinder, die »irgendwie halt auch da« sind, ein typischer »Normalo« (S. 84 ff.). Geboren zu einem Zeitpunkt, an dem die Eltern mit der Betreuung der älteren Schwester beschäftigt waren, musste sie immer zurückstecken. Dass die Eltern auch anders konnten, sah sie an dem Umgang mit ihrem jüngeren Bruder, sie selbst aber blieb emotional auf der Strecke. Jetzt gibt ihr der Terminkalender das Gefühl eigener Wichtigkeit. Wie wir gesehen haben, aber nur scheinbar. Auch Isabell steht vor der Aufgabe, ihre aktionistische Lebensführung zu überdenken und sich an wichtige Fragen zu wagen, die hinter der inneren Unruhe verborgen in ihr selbst auf Beantwortung warten.

Depression, Angst, Verbitterung: Wenn »Familie« krank macht

Bereits mehrfach ist angeklungen, dass schwarze Schafe Gefahr laufen, ernsthaft zu erkranken. Dabei lässt sich kein linearer Zusammenhang herstellen zwischen der Art oder dem Beginn der familiären Ausgrenzung und der daraus resultierenden gesundheitlichen Gefährdung. Das Auftreten schwerwiegender psychischer Probleme als Folge familiärer Ausgrenzung und Benachteiligung scheint aber viel mit der individuellen Belastbarkeit zu tun zu haben. Die Begriffe Resilienz und Vulnerabilität habe ich ja bereits angesprochen und werde später noch darauf eingehen.

Beim Thema Burnout (Christines Geschichte S. 193 ff.) haben wir bereits Symptome gesehen, die auch bei einer Depression auftreten. Für viele Psychiater ist das Burnout-Syndrom gar keine eigene Erkrankung, sondern eine Form der Depression. Wie auch immer man dazu stehen mag, in jedem Fall ist das Phänomen, in dem sich die beiden Begriffe überlappen, die Erschöpfung. Sie ist nur durch eine lang dauernde Phase der Schonung mit Vermeidung von Überforderung und gleichzeitiger sinnvoller Aktivität zu überwinden. Bei der Depression stehen dagegen auch noch andere Optionen der Behandlung zur Verfügung.

Um gleich mit einem Missverständnis aufzuräumen: Depression hat nichts zu tun mit »mal schlecht drauf sein«, mit gelegentlichem »Durchhängen« oder gar mit nachvollziehbarer Traurigkeit als Reaktion auf Lebensereignisse. Depressive Menschen schildern viel öfter ein Gefühl der inneren »Versteinerung« oder Teilnahmslosigkeit. Sie berichten nicht, dass sie viel weinen würden, sondern im Gegenteil, dass sie nicht mehr weinen können. Sie erleben sich als bedrückt, aber nicht als traurig, vielmehr als leer, kalt oder »ausgeschaltet«. Das unterscheidet die Stimmungslage depressiver Menschen von Schwankungen der Befindlichkeit, die wir alle kennen. Hinzu kommt, dass die Phase der depressiven Verstimmung in der Regel länger dauert als nur ein paar Tage. In schweren Fällen und ohne Behandlung kann eine Depression Monate, wenn nicht Jahre andauern.

Nicht nur die Stimmung, auch das Denken verändert sich in der depressiven Phase. Es wird als gehemmt erlebt, es »fließt« nicht mehr. Meist sind die Gedanken auch eingeengt auf negative Themen. Alles Positive, das dem Depressiven den Tag über begegnet, scheint er gar nicht zu bemerken, er sieht nur das Schlechte, das Dunkle und Belastende. Besonders quälend wirkt sich die Schwunglosigkeit aus.

Heidrun (64 J.) berichtet von ihrer Depression: »Ich bringe nichts mehr zustande. Bei mir ist völlig die Luft raus, die Batterie ist leer. Ich sitze zu Hause auf dem Sofa und sehe die Arbeit rumliegen, aber ich kann mich nicht aufraffen. Ich müsste das Geschirr wegräumen und staubsaugen, aber ich sitze nur da und schaue vor mich hin. Wenn ich nur daran denke, dass ich auch noch zum Einkaufen gehen muss, weiß ich gar nicht, wie ich das alles noch auf die Reihe kriegen soll. Ich verstehe das nicht, früher ging's doch auch. Jeden Tag versuche ich aufs Neue, mich zusammenzureißen, aber es klappt einfach nicht.«

Die Antriebsstörung wirkt sich aus wie eine angezogene Handbremse. Bei allem Bemühen können depressive Menschen diese Bremse nicht willentlich lösen. Die meisten werfen sich das vor, bezeichnen sich als »faul« und erleben sich als Versager. Dabei ist die Hemmung aller psychischer Bereiche das Kardinalsymptom der Depression.

Ebenfalls sehr häufig sind Selbstvorwürfe und Schuldgefühle. Dies kann so weit gehen, dass sogar ein Schuldwahn auftritt, also eine völlig unrealistische Vorstellung, etwas gravierend Schlimmes getan zu haben. Im schlimmsten Fall glaubt der Depressive, er sei schuld an allem Übel in der Welt.

Während sinnvolle Tätigkeiten in der Depression oft nicht mehr möglich sind, besteht gleichzeitig eine quälende innere Unruhe, welche die Patienten umtreibt und jede Erholung unmöglich macht. Hinzu kommen schwere Konzentrations- und Schlafstörungen. Schon das Einschlafen dauert stundenlang, weil Grübeleien und Gedankenkreisen nicht aufhören wollen. Ist der bedauernswerte Patient dann doch eingeschlafen, so wacht er mitten in der Nacht wieder auf, meist voller Angst und Unruhe, und das Grübeln geht von vorne los. Nach so einer Nacht ist man dann am nächsten Tag »nur die Hälfte wert«, der Tag liegt wie ein nicht zu erklimmender Berg vor einem und Verzweiflung macht sich breit. Wenn wir uns vorstellen, dass dieser Kreislauf wochen- oder monatelang andauert, können wir nachvollziehen, dass sich irgendwann der Gedanke einstellt, nicht mehr leben zu wollen. In der Tat treten im Rahmen einer Depression sehr häufig Suizidgedanken auf, und das Risiko für einen Suizidversuch ist deutlich erhöht. Aus diesem Grund sollte eine Depression so früh wie möglich ärztlich behandelt werden! Wir haben hier das Terrain nachvollziehbarer psychischer Probleme verlassen und sind mitten im Gebiet schwerer psychischer Krankheiten gelandet.

Wie oft schwarze Schafe eine derart ausgeprägte und behandlungsbedürftige Depression entwickeln, ist unklar. Nach meinen Erfahrungen kommt es durchaus vor, häufiger sind aber Fälle, in denen die Beschwerden nicht in Richtung einer klassischen Depression gehen.

An dieser Stelle kann und will ich nicht zu ausführlich über Depressionen und ihre Behandlung schreiben, dafür gibt es andere Bücher (16). Eine wichtige Sache aber sollte noch erwähnt werden: Die zur Behandlung von Depressionen eingesetzten Medikamente (die sogenannten Antidepressiva) sind insbesondere bei schweren Formen auf jeden Fall einen Versuch wert. Entgegen einem häufigen Vorurteil wird man nicht abhängig von diesen Tabletten. Ein guter Arzt wird über mögliche Nebenwirkungen aufklären und auch über die Dauer der Behandlung (in aller Regel mindestens ein halbes Jahr) informieren. Auch Suizidgedanken sollten offen mit dem Arzt beredet werden. Fast jeder depressive Patient hat irgendwann einmal diese Gedanken. Das bedeutet nicht, dass man dann gleich in die Klinik eingewiesen wird. Diese Maßnahme ist denjenigen Betroffenen vorbehalten, die akut suizidgefährdet sind.

In den meisten Fällen profitieren depressive Patienten auch von einer Psychotherapie. Diese wird von einem speziell dafür ausgebildeten Arzt oder Psychologen durchgeführt, meist in Sitzungen von 50 Minuten und im wöchentlichen Turnus.

Wer aufgrund seiner Depression nicht in der Lage ist zu arbeiten, wird vom Arzt krankgeschrieben. Ist eine längere Krankschreibung nötig (bei den meisten schweren Depressionen ist das der Fall), so wird der Hausarzt den Patienten zum Facharzt für Psychiatrie überweisen. Überhaupt empfehle ich bei einer ausgeprägten Depression die Behandlung beim Facharzt. Wenn Sie betroffen sind: Gehen Sie hin! Wir beißen nicht!

Ich habe bereits angedeutet, dass die Gefühle des Ausgegrenztseins und die Selbstwertproblematik bei einem Teil der schwarzen Schafe weniger in Richtung Selbstabwertung gehen, sondern sich etwas anders äußern.

Vor mir sitzt Magda (59 J.). Es ist ihr erster Termin beim Psychiater. Missmutig herabgezogene Mundwinkel, zusammengezogene Augenbrauen, vor der Brust verschränkte Arme. Die langen grauen Haare sind in der Mitte gescheitelt. Sie erscheint nicht ungepflegt, aber doch so, als habe sie kein Interesse daran, sich herzurichten. Magda blickt mich kaum an. Sie wirkt nicht so, als hätte sie diesen Termin selbst vereinbart, sondern als hätte man sie zu einem Verhör vorgeführt. Ihre Angaben sind einsilbig, auf Fragen antwortet sie knapp und manchmal genervt.

Vordergründig kommt Magda wegen einer Mobbing-Situation an ihrem Arbeitsplatz. Bei näherem Hinsehen aber wird deutlich, dass sie auch darüber hinaus kein schönes Leben hatte. Magda war verheiratet, aber das ist lange her. Ihr Mann hat sich vor über 25 Jahren aus dem Staub gemacht, sie hat sich dann scheiden lassen. Die einzige Tochter hat sie neben der Arbeit aufgezogen, auch die ist aus dem Haus und »lässt sich nicht mehr blicken«, wie Magda sagt. Jetzt lebt sie alleine in einer Wohnung, die ihr zu groß ist und viel Arbeit macht. Die Nachbarn nerven, sie seien laut (»viele Ausländer, viel Hartz IV«) und hätten viele Kinder. Einen Umzug könne sie sich nicht leisten. In der Arbeit werde sie seit Jahren unterdrückt, alle würden sich auf ihre Kosten »einen Lenz machen«. Besonders eine Kollegin tyrannisiere sie, öffne immer das Fenster, wo sie doch wisse, dass Magda das nicht vertrage. Magda leidet an einer ganzen Reihe körperlicher Krankheiten, hat Rheuma, immer wieder Blasenentzündungen, häufig Bronchitis und eine Menge Allergien. Hört man Magda eine Zeit lang zu, so erkennt man, dass sie sich in allen Bereichen ihres Lebens ungerecht behandelt fühlt. Es ist fast so, als sei die ganze Welt angetreten, ihr das Leben schwerzumachen. Dabei argumentiert sie oft mit verallgemeinernden Einschätzungen (die »lauten Ausländer«, die »arbeitsscheuen Hartz IV-ler«, die »niveaulosen jungen Dinger« in der Arbeit und so weiter). Magdas Erfahrungen als Kind und Jugendliche in ihrer Herkunftsfamilie zeigen uns das nunmehr schon gut bekannte Muster. Als einziges Mädchen mit drei Brüdern hatte sie unter der Lieblosigkeit beider Eltern zu leiden, musste zudem erleben, dass alle ihre Brüder allein aufgrund ihres Geschlechts bevorzugt wurden. Sie selbst hatte in der nach sehr primitiven Regeln agierenden Familie die Rolle einer Dienstmagd. Die Brüder machten sich über sie lustig, wenn sie sie überhaupt beachteten. Hört man Magda genau zu, so findet man einige Beschreibungen aus ihren trüben Kindertagen, die an familiäres Mobbing (S. 108 ff.) denken lassen.

So ziehen sich Enttäuschungen, Frustrationen und Kränkungen durch Magdas gesamte Biographie. Die Rolle des schwarzen Schafes konnte sie nie richtig ablegen, nach der verpfuschten Kindheit und Jugend folgte die Ehe mit einem Tunichtgut, der sie mit der kleinen Tochter sitzenließ. Unterstützung hat sie nie erfahren, musste sich immer alleine durchschlagen. Dabei wurde sie immer härter. Nach und nach machte sich die Erkenntnis breit, dass das Leben es nicht gut mit ihr meint. Immer mehr schien ihr die Umwelt feindselig, immer weniger sah sie ihre Belange und Wünsche berücksichtigt. Was dann einsetzte, lässt sich am besten als Verbitterung beschreiben. Die ganze Enttäuschung über all das Elend ihres Lebens kippte um in einen einzigen großen Vorwurf. Von diesem wurde nahezu alles und jeder erfasst, das oder der sich in ihrem Umfeld befand. Die Wohnung war Mist, die Lage ein Glasscherbenviertel, die Nachbarn asozial, die Kolleginnen blöde Gänse, der Chef ein Despot. Überhaupt war die ganze Welt im Niedergang begriffen. Der Euro habe die Preise ruiniert, der Zuzug der Ausländer lasse das Land runterkommen, ihre Rente sei lächerlich niedrig dafür, dass sie ein Leben lang geschuftet habe, und so weiter und so fort.

Verbitterte Menschen haben sich zurückgezogen in eine Haltung der Vorwürflichkeit. Alles, was ihnen begegnet, wird mit Ablehnung, bestenfalls noch Skepsis betrachtet und meist sehr schnell als negativ beurteilt. Kein Wunder, dass sich nach einer gewissen Zeit auch tatsächlich immer mehr Menschen dem Verbitterten gegenüber ablehnend verhalten. Die griesgrämige Art, an nichts und niemandem ein gutes Haar zu lassen, stößt uns ab, wir wollen mit solchen Menschen möglichst wenig zu tun haben. So entsteht ein Teufelskreis aus Ablehnung, Rückzug und Verbitterung.

Menschen wie Magda zu helfen ist nicht leicht. Wo ist der Ansatzpunkt, wo der Zugang in diese Festung, in der sie sitzt und auf alles schießt, was ihr zu nahe kommt? Frustration und Genervtheit übertragen sich leicht auf den Therapeuten, der es mit verbitterten Menschen aufnehmen will. Es gehört viel Selbstreflexion und Erfahrung dazu, sich nicht in den Strudel aus Abwertung und Negativität, der von Menschen wie Magda ausgeht, hineinziehen zu lassen.

Steht die Verbitterung als Hauptmerkmal im Vordergrund einer psychischen Störung, so sollte an die Diagnose einer »Verbitterungsstörung« gedacht werden. Der Berliner Psychiater Michael Linden hat diese Störung beschrieben (17). Bezeichnenderweise sind die therapeutischen Ansätze, die er zur Behandlung vorschlägt, die sogenannte »Weisheitstherapie« (18) und die »Genusstherapie«. Erstere Therapieform besteht in der Vermittlung eines Standpunktes, von dem aus die Welt nicht mehr durch die rauchgraue Brille des Verbitterten gesehen wird, sondern von dem aus eine Neubewertung vieler Erlebnisse und Einschätzungen nach allgemein gültigen (»weisen«) Kriterien erfolgen kann. Die Genusstherapie versucht, wie der Name schon andeutet, durch gezieltes und geplantes Genießen einen Gegenpol zur Verbitterung zu schaffen. Gute Ansätze, denn mit herkömmlichen Methoden kommt man an den Menschen, der in dem Granitstein aus Verbitterung feststeckt, oft nicht heran.

Damit der Weg eines schwarzen Schafes in die Verbitterung führt, bedarf es vielfältiger negativer Lebensereignisse auch außerhalb des familiären Rahmens. Frauen und Männer, die in ihren Familien ausgegrenzt und unterdrückt wurden, sind allerdings in besonderer Weise gefährdet, beim Auftreten von Frust und Enttäuschung den Rückzug anzutreten und »der Welt da draußen« für alles die Schuld zu geben, was in ihrem Leben schiefläuft. Sie kommen dann fast ein wenig den »Pechmaries« nahe, die eigenes Versagen auf ihre Familie projizieren und sich in die Opferrolle zurückziehen (S. 100 ff.). Die Gemeinsamkeit besteht in der Ungerechtigkeit, mit der die Mitmenschen beurteilt werden. Die Pechmarie schiebt von vorneherein die Schuld auf alle anderen, dem Verbitterten wird wirklich Unrecht getan, so lange, bis er den Spieß des Unrechts umdreht.

Eine weitere und viel häufigere gesundheitliche Konsequenz aus dem schädigenden Erleben familiärer Ausgrenzung ist die Entwicklung einer Angststörung. Wie bei der Depression ist der Unterschied zu den ganz normalen Ängsten, die wir alle kennen, das Ausmaß und die Art der Angst. Wir unterscheiden hier zwei Formen: eine anfallsartig auftretende Angst, die oft auch als »Panikattacke« bezeichnet wird, und eine unterschwellig stets vorhandene, die sich mal mehr, mal weniger zeigt. Beide können das Leben sehr belasten.

Franz (44 J.) beschreibt seine Panikattacken: »Das Fiese daran ist, dass ich nie weiß, wann die Panik kommt. Mal trifft es mich in der U-Bahn, mal im Auto, mal zu Hause vor dem Fernseher, oder ich wache nachts auf, schweißgebadet, zitternd, mit Herzrasen und trockenem Mund. Als ich das erste Mal so etwas hatte, war ich gerade im Kino. Zuerst wurde mir schwindlig, dann hatte ich das Gefühl, nicht mehr richtig Luft zu bekommen. Ich musste sofort raus aus dem Gebäude. Draußen bekam ich dann Angst, konnte an gar nichts anderes mehr denken, als dass ich gleich zusammenbrechen oder tot umfallen würde. Mit dem Notarzt kam ich dann in die Klinik und wurde durchgecheckt. Nach zwei Tagen waren alle Untersuchungen abgeschlossen: Ich war kerngesund. Ich schob das Ganze auf Kreislaufprobleme, weil ich wenig Sport gemacht hatte. Aber zwei Wochen später erwischte es mich erneut, diesmal beim Einkaufen. Mir war klar, dass die Ärzte in der Klinik irgendetwas übersehen haben mussten, und ich rief wieder den Notarzt. Das Ergebnis war dasselbe, wieder wurde nichts gefunden. Allerdings gab mir der Arzt im Krankenhaus den Rat, einen Psychiater aufzusuchen. Das hat mich zuerst total geärgert: Erst finden sie nichts und dann wollen sie mich auf die Psycho-Schiene schieben, dachte ich mir. Aber nach den nächsten beiden derartigen Anfällen bin ich dann doch hingegangen. Ja, jetzt weiß ich, was ich habe: Panikattacken!«

Eine typische Geschichte. Bis zur Diagnose einer Panikstörung vergeht oft einige Zeit, in der der Patient mehrfach körperliche Untersuchungen durchführen lässt, so sehr steht die Angst im Vordergrund, einen Herzinfarkt oder Schlaganfall zu bekommen. Andere Patienten berichten über das Gefühl, jetzt und auf der Stelle wahnsinnig zu werden. So ist die Panikattacke eine Notfallsituation. Die gute Nachricht dabei: Ist die Diagnose erst einmal gestellt, gibt es gute Behandlungsmöglichkeiten, die auch realistische Erfolgsaussichten haben. Auch bei Panikattacken hat sich eine Kombination aus medikamentöser Behandlung und Psychotherapie bewährt.

Franz ist übrigens einer der von mir so bezeichneten »Sonnenvögel« (S. 73 ff.). Nach außen hin ein fröhlicher Typ, der immer versucht, in allem das Beste zu suchen. Ein herzensguter Mensch, patent und nicht dumm. Der einzige Mann in seiner Herkunftsfamilie (der Vater ist früh gestorben), hat er immer alles für seine Mutter und seine beiden Schwestern getan. Je mehr er sich ins Zeug gelegt hat, desto phlegmatischer wurden die anderen. Franz' Mutter ist extrem übergewichtig, wohnt in einer winzigen Wohnung und isst nach seiner Beschreibung den ganzen Tag über Chips. Die Schwestern führen ein ähnliches Leben, beide alleinstehend, eine arbeitet in der Altenpflege, die andere ist in Frührente. Der vielseitig begabte und fleißige Franz dagegen arbeitet derzeit als Hausmeister in einer großen Wohnanlage, wo er aufgrund seines freundlichen Wesens und seiner Hilfsbereitschaft allgemein beliebt ist. Eine Partnerin hat er nicht, dafür fehlt ihm nach eigenem Bekunden die Zeit. Die geht nämlich neben seiner

Arbeit ganz und gar für die Versorgung und Unterstützung seiner Schwestern und seiner Mutter drauf. Auch Franz ist aus dieser Gemeinschaft ausgegrenzt, leidet aber nicht so sehr darunter, zu den Kuchen- und Chips-Orgien in der kleinen Wohnung seiner Mutter nicht eingeladen zu sein. Vielmehr kränkt es ihn, dass er (neben dem zeitlichen Einsatz) wie selbstverständlich als »Mädchen für alles« rund um die Uhr zur Verfügung stehen soll. Seine Mutter und die Schwestern haben sich daran gewöhnt, dass Franz nicht nur für alles Handwerkliche zuständig ist (»Du bist doch Hausmeister, du kannst das doch sicher«), sondern auch für alle anderen Belange wie Behördengänge, Chauffeurdienste, Großeinkäufe und alles Schriftliche (»Du weißt doch, ich kann nicht so lange laufen«, »Könntest du mich vielleicht mal kurz zum Arzt fahren?«, »Du, ich blick da nicht durch bei dem Handy-Vertrag, kannst du da mal einen Blick drauf werfen?«). Im Laufe der Jahre haben die Schwestern auch jede Form von Dankbarkeitsbekundung eingestellt. Franz' Rundumversorgung wird als selbstverständlich angesehen.

Dass Franz gerade eine Panikstörung entwickelt hat, ist kein Zufall. Vor allem vor dem Hintergrund einer sich langsam anbahnenden Erschöpfung, wie sie bei Franz vorliegt, hat es die Panik leicht, zuzuschlagen.

Ganz anders liegt der Fall bei Jasmin (29 J.). Die junge Mutter eines vierjährigen Sohnes ist eine stille Person, klein, schmal, sie sieht eher aus wie 19. Sie sei immer schon »so ein Mäuschen« gewesen, erzählt sie. Gegen ihre große Schwester habe sie sich nie durchsetzen können. Diese sei dem Vater sehr ähnlich, einem impulsiven, kraftvollen Versicherungsmakler. Mit Jasmins stillem Wesen habe der Vater nie so recht etwas anfangen können, berichtet sie, da sei ihm die ältere Tochter mehr gelegen, sie sei sportlich, laut, in der Schule schon »so der

Typ Klassensprecherin«. Diese Schwester sei bereits als Kind immer ihre eigenen Wege gegangen, mit Jasmin gespielt habe sie nur selten und wenn die Eltern es ihr angeschafft hätten. Die Mutter sei eine ebenso zurückhaltende Person wie Jasmin, in sich gekehrt, mit der Versorgung der Familie schon am Rande der Belastbarkeit. Sie selbst sei von der Mutter meist ignoriert worden. Erinnern könne sie sich allerdings, dass die Mutter immer sehr vorsichtig war und ständig Angst gehabt habe, Jasmin könne sich verletzen. Während die große Schwester ständig irgendwelche wilden Sportarten praktiziert habe, habe die Mutter Jasmin gewarnt: »Das ist nichts für dich. Pass bloß auf, du bist so zerbrechlich, deine Schwester ist aus einem anderen Holz geschnitzt.«

So habe sie sich nie viel zugetraut, sei ein ängstliches Kind gewesen, aus dem eine ängstliche Frau wurde. Seit der Geburt von Jonas habe sich das alles deutlich verschlechtert. Jetzt habe sie nicht mehr Angst um sich, sondern um das Kind. Das sei schon in der Schwangerschaft losgegangen. Sie habe immer in sich hineingehorcht, wäre am liebsten jede Woche zum Ultraschall gegangen und habe jeden ihr angebotenen Test durchführen lassen, der Aufschluss über die Gesundheit des Kindes geben konnte. Dann das erste Jahr nach der Geburt: Sie konnte kaum schlafen aus Angst vor dem »plötzlichen Kindstod«. Obwohl Jasmin nach Kräften von ihrem sehr fürsorglichen Ehemann unterstützt wurde, kam sie mit den immer größeren Sorgen, die sie sich um Jonas machte, nicht mehr zurecht und musste sich in Behandlung begeben. Die Angst hatte sich mittlerweile auf alle Bereiche des Lebens ausgeweitet. So sorgte sie sich um die Qualität der Nahrung, las alle Berichte über die Giftigkeit von gefärbtem Spielzeug, starb tausend Tode, als Jonas sein erstes Laufrad bekam und bekam schweißnasse Hände, wenn sie mit ihm über die Straße ging, aus Angst, er könne sich losreißen. Nun sind solche Ängste sicher vielen

Eltern vertraut, ein Stück weit sind sie ja auch normal. Aber Jasmin hatte ein Problem: Sie konnte zwischendurch nicht mehr abschalten. Bei ihr gaben sich die verschiedenen Befürchtungen die Klinke in die Hand. Sie hatte keine ruhige Minute mehr, in der sie entspannen und sich erholen konnte. Als Jonas in den Kindergarten kam, wurde es besonders schlimm. Sie konnte es kaum ertragen, den Kleinen »aus der Hand zu geben« und ihn den Erzieherinnen anzuvertrauen.

Diese sich immer mehr ausweitende und das ganze Leben beherrschende Störung nennt man »generalisierte Angststörung«. Fast noch treffender ist der Ausdruck »Sorgenkrankheit«. Anders als bei der Panik treten keine Angstattacken auf, zwischen denen dann wieder Ruhe herrscht (sieht man mal von der Angst vor einem nächsten Anfall ab). Bei der Sorgenkrankheit geht die Angst nie ganz weg, sie sucht sich zielsicher all die Themen aus, auf die wir keinen Einfluss haben und die sich unserem Zugriff entziehen. »Ich kann mir ja nie ganz sicher sein, dass nicht ...« beginnt jeder zweite Satz bei Jasmin. Und das stimmt natürlich. Keiner kann ihr die Garantie geben, dass Jonas nicht eine Krankheit bekommt, ein Autofahrer die Kontrolle über sein Fahrzeug verliert und auf den Gehsteig fährt oder das Essen im Kindergarten verdorben ist. Wir sehen, dass in Jasmins Gedankenwelt ganz realistische Befürchtungen gleichwertig neben äußerst unwahrscheinlichen (aber natürlich nie ganz auszuschließenden) Ängsten stehen. Aber das ist genau die Welt, in der wir leben. Keiner von uns kann sicher sagen, dass nicht im nächsten Moment irgendeine Katastrophe über ihn hereinbricht. Aber wir haben gelernt, mit dieser Unsicherheit zu leben. Wir machen uns Sorgen um Krankheiten und hoffen, dass wir gesund bleiben, aber wir rechnen nicht mit einem Meteoriteneinschlag. Jasmin kann nicht mehr zwischen normalen und übertriebenen Ängsten unterscheiden, die ständigen Befürchtungen beherrschen ihr gesamtes Denken. Durch die fehlende Erholung baut sie immer mehr ab, wird dadurch noch nervöser und ängstlicher. Auch sie ist krank geworden und braucht eine Behandlung, um aus dieser inneren Sackgasse wieder herauszufinden. In Jasmins Psychotherapie müssen sowohl die überängstliche Erziehung durch die Mutter als auch ihre Rolle als schwarzes Schaf mit (im Vergleich zur Schwester) zu wenig Beachtung und Förderung thematisiert werden.

Depression, Verbitterung und Angststörung treffen viele Menschen, nicht nur schwarze Schafe. Aus ihrer speziellen Vorerfahrung heraus sind aber Frauen und Männer mit dem Hintergrund familiärer Ausgrenzung in besonderer Weise in Gefahr, eine dieser Störungen zu entwickeln.

SCHWARZE SCHAFE IN IHREM UMFELD

Die Benachteiligung innerhalb der Familie beeinflusst das Lebensglück des schwarzen Schafes gravierend, und so bleibt die Frage, wie sich diese Rolle auf sein späteres Leben, seine Partnerschaft und die selbst gegründete Familie auswirkt.

Zu erwarten ist, dass die sozialen Beziehungen in umso größerem Maße betroffen sind, je früher die Ausgrenzung innerhalb der Familie stattgefunden hat. Wenn also das schwarze Schaf bereits als Kind in diese Rolle geraten ist, sehen wir einen größeren Einfluss auf seine soziale Entwicklung als in den Fällen, in denen der Bruch mit der Familie erst spät erfolgt, vielleicht im Rahmen von Erbauseinandersetzungen. Diese treffen als Belastungsfaktor immerhin auf einen Menschen, dessen Entwicklung bis zu diesem Zeitpunkt relativ normal verlaufen ist.

Ganz anders sieht es bei den häufigeren Fällen aus, in denen bereits im Kindesalter die Benachteiligung und Abwertung eines einzelnen Familienmitgliedes beginnt. Dass dies gravierende Folgen für Lebensgefühl (»Ich bin ausgeschlossen vom Glück«) und Selbstwert (»Die anderen sind besser als ich, mit mir stimmt was nicht«) hat, haben wir gesehen. Solchermaßen vorbelastet gehen schwarze Schafe Partnerschaften ein, werden Eltern und gehen zur Arbeit. Was sind die Folgen?

Das schwarze Schaf als Partner

Natürlich lässt sich keine Regel aufstellen, nach der schwarze Schafe in Partnerschaften prinzipiell Fehler machen, sich die oder den Falschen aussuchen oder nie glücklich werden können. Das wäre holzschnittartig und entspricht in keiner Weise meiner Erfahrung. Einige problematische Tendenzen sind aber dennoch erkennbar.

Martin (23 J.) erzählt, wie er seine Chancen bei Frauen einschätzt: »Ich bin ja eher schüchtern. Auf Partys bin ich nicht so der große Anmacher, lieber stehe ich bei meinen Freunden und schaue mich um. Wenn ich ein wirklich attraktives Mädchen sehe, schaue ich meist gleich wieder weg. Ganz ehrlich gesagt glaube ich, dass solche Mädchen für andere Jungs bestimmt sind. Warum, kann ich nicht sagen, es fühlt sich so an. Mir ist das aber egal, weil es mir eigentlich mehr auf so Dinge wie Treue ankommt und dass man zusammenpasst und so.«

Das schlechte Selbstwertgefühl, das Martin durch seine Rolle als schwarzes Schaf innerhalb der Familie mit auf den Weg bekommen hat, hat zugeschlagen. Er geht, ohne groß darüber nachzudenken, davon aus, dass er keine attraktive Partnerin bekommen kann, dass hübsche Mädchen »für andere bestimmt« sind. Selten hört man diese Einstellung so offen formuliert, oft muss ich mich in Gesprächen mit schwarzen

Schafen erst durch den Wust an Rationalisierungen graben, den sie unbewusst vor ihrer inneren Wahrheit aufgebaut haben. Rationalisieren bedeutet nichts anderes als ein (nicht bewusstes) Schönreden. Martin macht das auch, er stellt »andere Dinge« in den Vordergrund und übersieht dabei, dass sich Attraktivität und »innere Werte« nicht ausschließen. Hinter vielen Begründungen, warum man sich lieber einen nicht so attraktiven Partner sucht, steht oft die schlichte Überzeugung, dass »so einer wie ich« da sowieso keine Chance hätte.

Nun haben keineswegs alle schwarzen Schafe unattraktive Partner, weit gefehlt. Es ist aber eine der Fallen, in die Frauen und Männer stolpern können, wenn sie ihr schlechtes Selbstwertgefühl nicht reflektieren und abbauen lernen.

Einen bemerkenswerten Bericht über ihre Ehe liefert Gunda (54 J.): »Ich bin jetzt über 30 Jahre mit meinem Mann zusammen. Er ist der Beste, den ich kriegen konnte. Er hält zu mir, wir verstehen uns gut, in all den Jahren ist uns miteinander nicht langweilig geworden. Er ist ein super Vater für die Kinder. Die meiste Zeit ist er gut drauf, fröhlich, humorvoll, geht gern in seine Arbeit. Das Problem ist eher, dass ich weiß, was ich für ein Glück mit ihm gehabt habe, er mir aber auch nicht darüber hinweghelfen kann, wie die Situation mit meiner Familie ist. Oft denke ich, er hätte auch eine Partnerin verdient, die mal entspannen kann und nicht ständig diese Probleme mit in die Ehe bringt. Wenn ich ihm das sage, lacht er und nimmt mich in den Arm. Er will keine andere, sagt er. Einerseits macht mich das froh, gleichzeitig bin ich unglücklich darüber, was ich als Ehefrau für eine Krücke bin.«

Gunda leidet seit Kindertagen darunter, dass seit der Scheidung ihrer Eltern für den Vater nur noch seine beiden Mädchen aus der zweiten Ehe, also Gundas Halbschwestern, eine Rolle spielen. Der Vater, den sie als kleines Mädchen bewundert und geliebt hat, hat sich von ihr abgewendet. Jetzt ist Gunda 54 Jahre alt, ihre Halbschwestern sind in den Vierzigern und – wieder dieses Thema – wurden als Alleinerbinnen eingesetzt. Auf das Geld (viel ist es nicht) wäre Gunda nicht angewiesen, aber der damit in Verbindung stehende Liebesentzug schmerzt sie sehr.

Auch Gundas Geschichte hat Auswirkungen auf ihr privates Glück. Sie hat nach eigener Aussage »den besten Ehemann der Welt«, leidet aber dennoch: Zum einen fühlt sie sich unter Druck, eine ebenso gute Partnerin zu sein, was ihr in ihrem Erleben nicht gelingt. Zum anderen spürt sie, dass selbst dieser Glücksgriff von Partner ihre negativen familiären Erfahrungen nicht ausgleichen kann.

Diese Situation sehe ich bei sehr vielen schwarzen Schafen. Sie haben reizende, fürsorgliche und wertschätzende Partner, können dieses Glück aber nicht genießen. Das Gift der familiären Ausgrenzung wirkt in die aktuelle Beziehung hinein, so gut sie auch sein mag. Wir sehen, wie tief gehend der Einfluss der Familie auf unser späteres Lebensglück ist. Die Rechnung, sich sozusagen als »Ausgleich« für die Entbehrungen der Kindheit und Jugend einen Partner zu suchen, der all das vergessen macht, was Eltern und Geschwister an Abwertung und Geringschätzung »verbrochen« haben, geht nicht auf. Auch hier erkennen wir wieder, dass die Erfahrung, das schwarze Schaf der Familie zu sein, keine Lappalie ist, nichts, das man übertünchen oder vergessen machen könnte.

Die einzige Chance, sich davon zu lösen, vielleicht gar damit abzuschließen, besteht darin, sich dem Thema zu stellen. Aber dazu später mehr.

Eine weitere Schwierigkeit in Beziehungsdingen haben wir bereits bei Meike kennengelernt (S. 187). Ihr gelingt es nicht, sich aus einer unglücklichen Partnerschaft zu lösen. Viele Beziehungen sind ja von außen betrachtet ein Hin und Her, und trotzdem sind sie über die Jahre hinweg stabil. Bei anderen Paaren ertappt man sich aber auch bei dem Wunsch, es möge den beiden doch gelingen, dem Schrecken oder der Ödnis ein Ende zu machen. So wie Meike schaffen es viele schwarze Schafe nur schwer, sich aus Beziehungen zu lösen. Dafür sind zwei Dinge ganz besonders verantwortlich. Die Bedeutung der negativen Selbstbewertung haben wir ja bereits kennengelernt. Vielen in einer unbefriedigenden Beziehung festsitzenden schwarzen Schafen erscheint es aussichtslos, nach der Trennung wieder einen neuen Partner zu finden. Unter dem Motto »Nur nicht alleine sein« verharren sie mit einer Freundin, einem Freund oder Ehepartner an der Seite, mit der oder mit dem sie nicht glücklich sind und niemals sein werden.

Aber dies ist nicht der einzige Grund, warum es manchen so schwerfällt zu gehen. Die andere Ursache liegt tiefer, im Unbewussten. Haben wir als Kind etwas Wichtiges und Essentielles wie Liebe, Aufmerksamkeit, Wohlwollen und Unterstützung nicht oder zu wenig bekommen, dann verfallen wir tief in uns drinnen in einen Warte-Modus. Wir bleiben an dieser Stelle unserer Entwicklung stehen. Etwas in uns sagt: »Ich rühre mich hier nicht weg, bis ich nicht all das bekommen habe, was ich für meine Entwicklung zu einem glücklichen Menschen brauche.« Natürlich ist da niemand in uns, der das aktiv oder bewusst beschließt. Es findet einfach statt.

Das Bild eines »inneren Kindes« beruht auf diesem Phänomen. Obwohl oft kritisiert, halte ich dieses Konzept für vorteilhaft, wenn man an die weit reichenden Entwicklungsmöglichkeiten denkt, die Kinder noch haben. Haben wir erst einmal Kontakt zu unserem »inneren Kind« gefunden, so spüren wir oft deutlich, auf welcher Stufe der seelischen Entwicklung es stehengeblieben ist und was es benötigt, um weiterzugehen. Das »innere Kind« vieler schwarzer Schafe verharrt in einem Zustand der Bedürftigkeit. Daraus entwickelt sich in manchen Fällen im Erwachsenenalter eine Tendenz, weit reichende Entscheidungen nicht oder nur sehr schwer treffen zu können. Gerade eine Trennung setzt ja für die Zeit danach einen stabilen Selbstwert und ein gesundes Maß an Vertrauen in die eigene Selbständigkeit voraus, alles Dinge, an denen es schwarzen Schafen in der Regel gebricht. Und so bleiben die Frauen und Männer, die als Kinder und Jugendliche im Vergleich zu ihren Geschwistern zu wenig geliebt und gefördert wurden, im Zustand der ewigen Erwartung, in einer unbewussten »Ich hab noch was gut«-Einstellung. Diese Haltung interessiert naturlich den aktuellen Partner, mit dem die Beziehung gerade am Scheitern ist, nicht die Bohne. Und anstatt sich aus der unsinnig gewordenen Beziehung zu lösen, dominiert bei vielen schwarzen Schafen dieses »Bauchgefühl«, es wäre vielleicht doch noch zu früh, man könnte ja noch dieses oder jenes versuchen und ähnliche unbewusste Taktiken der Verzögerung. Man sieht deutlich den Irrtum an dieser Stelle: Was die Eltern und Geschwister verpfuscht haben, soll der Partner wiedergutmachen. So klappt das natürlich nicht, so eine Rechnung geht nie auf. Da ist jemand wie Gunda schon weiter, sie erkennt genau, dass ihr Partner nicht dazu da ist, Defizite aus ihrer Biographie auszugleichen.

Eine ganz andere Form misslingender Beziehungsgestaltung haben wir bei Johannes gesehen (S. 197 ff.). Genauso unstet wie sein heimatloses Jetten um die Welt sieht es in puncto Partnerschaft aus. Bei keiner Partnerin bleibt er lange genug, um so etwas wie wirkliche Bindung aufkommen zu lassen. Johannes ist nicht wirklich bindungsunfähig, tief in sich drin spürt er ja die Sehnsucht nach einem Menschen, der bei ihm bleibt, aber er misstraut zum einen sich selbst und letztlich auch allen potentiellen Partnerinnen, und zum anderen ist er auf der Suche nach der ultimativen Liebe, bei der er ohne großen Einsatz spürt, dass er jetzt wirklich »die Beste, die Einzige« gefunden hat. In Abwandlung des Mottos »Wo ich nicht bin, da ist das Glück« ist es bei Johannes ein »Wo ich nicht bin, da ist die Superfrau«. Also bricht er seine Zelte ab und sucht woanders nach seiner blauen Blume.

Die Schwierigkeiten, die schwarzen Schafen in Beziehungsdingen begegnen können, sind also sehr vielfältig. In all diesen Konstellationen können wir aber von der spezifischen und schädigenden Erfahrung innerhalb der Familie, die Lebensgefühl und Selbstwert dieser Frauen und Männer geprägt hat, auf das im Erwachsenenalter auftretende Beziehungsproblem schließen.

Noch ein Hinweis zum Abschluss: Nichts im Leben ist schwarz oder weiß. Keinesfalls haben alle schwarzen Schafe Beziehungsprobleme. Aber wie bei allen anderen Betrachtungen in diesem Buch geht es darum, ein Gefährdungspotential aufzuzeigen, eine Bewusstheit dafür zu schaffen, dass die spezielle, schwerwiegende kindliche Benachteiligung im Sinne des Themas »schwarzes Schaf der Familie« das Risiko für viele Schwierigkeiten im Erwachsenenalter deutlich erhöht.

Das schwarze Schaf als Mutter oder Vater

Eine der am häufigsten geäußerten Sorgen vieler Eltern ist die Angst, Frustrationen oder Benachteiligungen aus der eigenen Biographie an ihre Kinder »weiterzugeben«. Gemeint ist, dass die Kinder ähnlich ungerecht oder lieblos behandelt werden wie Mutter oder Vater es selbst erlebt haben. Bezogen auf die schwarzen Schafe ist diese Sorge in den allermeisten Fällen unbegründet. Zunächst einmal ist ja derjenige, der sich darüber Gedanken macht, schon einen Schritt weiter. Ihm ist bewusst, dass die Beziehung der Eltern zu ihren Kindern ein wichtiges Thema ist. Wer wüsste das besser als gerade diejenigen, die am eigenen Leib erfahren haben, wie belastend sich eine Ungleichbehandlung in Kindheit und Jugend auswirkt. Und wer unter seinen Geschwistern gelitten hat, ohne dass die Eltern eingeschritten sind, wird genau darauf achten, dass sich »Darwin im Kinderzimmer« (S. 46 ff.) bei den eigenen Töchtern und Söhnen nicht wiederholt.

Die meisten schwarzen Schafe, die ich als Eltern kennengelernt habe, sind liebevoll und gerecht zu ihren Kindern.

Warum geht es mit den Kindern scheinbar so einfach, wo doch die Partnerwahl, wie wir gesehen haben, sehr unter dem Einfluss der eigenen biographischen Probleme steht? Es scheint so zu sein, dass wir unseren Partner suchen, damit es uns gut geht, bei den Kindern haben wir aber zumeist deren Wohl im Auge. Ich spreche jetzt nicht davon, dass die Entscheidung, Kinder zu haben, nicht auch eine für das eigene Wohl wäre. Natürlich wollen werdende Eltern mit dem Entschluss, eine Familie zu gründen, in erster Linie ihr eigenes Leben komplettieren und um eine wichtige Dimension bereichern. Sind die Kinder aber erst einmal da, so nehmen wir normalerweise von Anfang an alle möglichen Erschwernisse in Kauf und stellen eigene Interessen weitgehend zurück, um dem Kind und seinen Bedürfnissen gerecht zu werden. Und gerade Frauen und Männer, die in ihrer Herkunftsfamilie vernachlässigt oder gar ausgegrenzt wurden, werden peinlich genau darauf achten, dass sie nicht in die Fußstapfen ihrer Eltern treten. Zu den biologisch verankerten »Brutpflegeinstinkten« kommt bei ihnen die bewusste Entscheidung, es in jedem Fall besser machen zu wollen als die eigenen Eltern. Es bestehen also von Anfang an sehr gute Bedingungen dafür, dass in dieser neuen Familie keine schwarzen Schafe gezüchtet werden.

Dies ist auch der gravierende Unterschied zu den beschriebenen Problemen in partnerschaftlichen Beziehungen. Gegenüber einem Partner gibt es weder brutpflegerische Grundtendenzen, noch beschließen wir, für unsere Freundin oder unseren Freund wie ein Kind zu sorgen. Die Elternrolle ist eine völlig andere als die Partnerrolle.

Meine Formulierung, dass es mit den Kindern »scheinbar« einfach ginge, lässt vermuten, dass doch noch ein Haken dabei ist. Genaugenommen sind es sogar deren drei.

Lassen wir einmal Anna (34 J.) zu Wort kommen: »Ich muss ehrlich sagen, dass mich die Kindererziehung extrem stresst. Meine drei Jungs sind jetzt sechs, vier und ein halbes Jahr alt. Um den Kleinen muss ich mich noch rund um die Uhr kümmern, so dass für die anderen beiden einfach weniger Zeit übrigbleibt, als sie das bisher gewohnt waren. Irgendwie merken sie das und fangen jetzt an, übereinander herzufallen, wenn ich gerade mit ihrem kleinen Bruder beschäftigt bin. Tobias (der Älteste) ist manchmal richtig fies zu Alwin (dem Vierjährigen). Ich glaube, da gehen jetzt irgendwelche Revierkämpfe los; ständig beschwert sich Tobias, dass ihm Alwin Spielsachen wegnimmt oder versteckt. Früher ist er damit immer zu mir gekommen, jetzt nimmt er seinen Bruder aber direkt in die Mangel. Die dreschen richtig aufeinander ein, wobei natürlich Tobias immer die Oberhand behält. Ich habe Angst, dass bei Alwin irgendwas hängenbleibt. Natürlich knöpfe ich mir die beiden und insbesondere Tobias vor, sobald ich wieder meine Hände freihabe. Aber in dem Moment, in dem das Geschrei im Kinderzimmer losgeht, kann ich Alwin natürlich nicht immer zu Hilfe kommen. Am Wochenende ist es einfacher, da ist mein Mann zu Hause. Dann verhalten sich die Jungs auch viel friedlicher, so als wüssten sie, dass ich jetzt Verstärkung habe.«

Anna ist beim Thema »Schutzlosigkeit« besonders hellhörig. Als einziges Mädchen mit zwei Brüdern hatte sie oft die Rolle, in der ihr Sohn Alwin jetzt ist. Sie wurde von ihren beiden älteren Brüdern ständig traktiert und ausgebeutet, ohne dass die Eltern eingeschritten wären. Der Vater von Anna hatte eine eigene Schreinerei, und da die Mutter sich um alles Schriftliche und die Buchhaltung kümmerte, blieb nicht so viel Zeit, als dass die Eltern davon überhaupt viel mitbekommen hätten. Der Vater war ein in sich gekehrter und ruppiger Mann, die Mutter schnell überfordert. Die beiden lebhaften Söhne halfen früh im Betrieb mit und galten dem Vater mehr als die kleine Tochter, mit der er nichts Rechtes anfangen konnte. So wurde Anna zum Sorgenkind in der Familie. Beschwerte sie sich über die Behandlung durch ihre Brüder, so galt sie als der Störenfried, der »ständig was zu meckern« hatte. Anna wuchs in einer Atmosphäre der Ablehnung auf, sie hatte immer das Gefühl, sie falle den anderen zur Last, sei nur durch einen unglücklichen Zufall in diese Familie hineingeboren, wo sie keiner wirklich haben wollte. Viel später, als Anna schon ausgezogen war, erfuhr sie in einem Gespräch mit der Mutter, dass sie tatsächlich nicht mehr »geplant« gewesen war. Fünf Jahre nach ihrem zweiten Bruder geboren, erlebten die Eltern sie als »Betriebsunfall«.

Natürlich identifiziert sich Anna jetzt mit dem derzeit schwächsten Glied in der Geschwisterkette, dem vierjährigen Alwin. Sie kennt das Gefühl nur zu gut, wenn man vom größeren und stärkeren Bruder terrorisiert wird, ohne dass einem jemand hilft.

Aber sind ihre Sorgen wirklich berechtigt? Ich denke nicht. Ganz im Gegensatz zu ihren eigenen Eltern hat Anna einen wachsamen Blick auf die Vorgänge im Kinderzimmer. Dass sie nicht sofort eingreifen kann, wenn die Jungs wieder einmal übereinander herfallen, liegt in der Natur der Sache. Die Betreuung des sechs Monate alten Säuglings steht jetzt im Vordergrund. Aber sobald Anna wieder Zeit hat, kümmert sie sich um die Streithähne. Sie stellt klare Regeln auf, was geht und was nicht. Sie schimpft und tröstet. Ihre Jungs wären keine Kinder, wenn sie nicht spitzgekriegt hätten, dass die Mama nicht jederzeit eingreifen kann und diese Situation nicht nach Kräften ausnützen würden. Bestes Indiz dafür, dass die Kinder genau wissen, wie der Hase läuft, ist das Wochenende. Da ist die Familie komplett, und siehe da – alle halten sich an die Regeln. Anna macht sich unbegründet Sorgen, dass bei Alwin etwas »hängenbleiben« könnte. Sie hat Angst, dass sich genau das wiederholt, was in ihrer Kindheit falschgelaufen ist. Mit etwas Abstand aber wird sie erkennen, dass die beiden Familien nur in der Anzahl ihrer Mitglieder vergleichbar sind, sonst aber in nichts. In einem gewissen Sinn ist es für Tobias und Alwin vielleicht ganz gut, dass sie noch ein jüngeres Brüderchen haben, das die Mama davon abhält, bei jedem Streit gleich dazwischenzugehen. Schließlich sind diese brüderlichen Machtkämpfe nichts Pathologisches, sondern eine wichtige Möglichkeit, eigene Stärken und Grenzen auszutesten.

Die Gefahr, in der Anna schwebt, ist der Versuch einer übermäßigen Regulierung der Vorgänge im Kinderzimmer. Es geht ja nicht darum, jegliche Frustration von den Kindern fernzuhalten und alle blauen Flecke und Kratzer zu vermeiden, die sie sich gegenseitig zufügen. Im Gegenteil, genau das können und sollen Kinder von ihren Geschwistern lernen, dass soziale Gemeinschaften nach ganz bestimmten Spielregeln funktionieren und dass man mal der Stärkere und mal der Unterlegene ist.

In diesem Zusammenhang ist das Eingreifen der Eltern wichtig bei sich ständig wiederholenden Ungerechtigkeiten und zum Schutz vor gröberem Unheil. Und über allem steht immer die Erfahrung der Kinder, dass sie geliebt werden, mit Mama und Papa schmusen und kuscheln und reden können.

Neben der Versuchung, allzu häufig und bereits bei geringen Anlässen in Konflikte zwischen den Kindern einzugreifen, ist vor allem die Gefahr einer übermäßig verwöhnenden Erziehung ein Fallstrick für schwarze Schafe in der Elternrolle. Die Einstellung, dass die eigenen Töchter und Söhne eine bessere Kindheit erleben sollen als man selbst, ist ja richtig. Allerdings sollte die Kirche dabei im Dorf bleiben. Ich kenne einige schwarze Schafe, die als Mutter oder als Vater für ihre Kinder ein System geschaffen haben, das aus weitgehender Verwöhnung bei fast völligem Fehlen eigener Verantwortung besteht. Sie versuchen, jegliche Form von Frustration von ihren Kindern fernzuhalten und schießen dabei weit über das Ziel hinaus. Nach meiner Erfahrung ist es überaus schwer, Eltern, die es mit ihren Kindern »ja nur gut meinen« davon zu überzeugen, dass sie diesen mit einer »Erziehung ohne Grenzen« keinen Gefallen tun. Gut, mag man argumentieren, besser geliebt und verwöhnt aufwachsen als ungeliebt und ausgegrenzt. Das stimmt, aber ein Extrem ist selten sinnvoll durch das andere zu ersetzen.

Eine weitere Falle im Verhältnis zu den Kindern besteht ebenfalls in der an sich ja nachvollziehbaren Einstellung, das eigene Schicksal solle sich bei diesen nicht wiederholen. Manchen schwarzen Schafen genügt es, wenn sie miterleben, dass ihre Töchter und Söhne sich geliebt fühlen, ein gesundes Selbstwertgefühl ausbilden und die Erfahrung machen, anerkanntes Mitglied einer familiären Gemeinschaft zu sein. So wichtig das auch ist, aber eines ändert sich dadurch nicht, nämlich die negativen Erfahrungen, die das schwarze Schaf selbst gemacht hat. Genauso wenig, wie der Partner dafür zuständig ist, die schlimmen Erlebnisse der eigenen Kindheit vergessen zu machen, genauso wenig ist für die oder den Betreffenden gewonnen, wenn seine Kinder ohne diese schlechte Erfahrung aufwachsen. Natürlich ist es wunderbar, wenn man dazu beiträgt, dass die eigenen Kinder glücklich werden. Was aber viele dabei vergessen, ist, dass nach wie vor ein »Kind«

im Regen steht. Die Idee eines »inneren Kindes«, das nach wie vor darauf wartet, geliebt und gefördert zu werden, erzeugt eine ausgeprägte emotionale Wirkung. Nach meiner Erfahrung kann man mit kaum etwas einem schwarzen Schaf besser »Beine machen«, sich um sich selbst zu kümmern, als mit diesem Bild.

Es sollte nie so sein, dass die eigenen Kinder stellvertretend für ihre Eltern glücklich werden sollen. Für viele schwarze Schafe ist es allemal leichter, gut mit ihren Kindern umzugehen als mit sich selbst. Über dem Erleben, dass sich die eigene Tochter oder der eigene Sohn in die richtige Richtung entwickelt, vergessen sie ihr eigenes Seelenheil. Auch wenn das negative Lebensgefühl, die innere Unsicherheit und Rastlosigkeit und die schlechte Selbstbewertung durch die Elternrolle für einige Jahre weniger spürbar sein sollten, weg sind sie nicht. Wenn die Kinder älter werden oder gar aus dem Haus sind, werden nicht wenige schwarze Schafe von ihrem eigenen Thema mit großer Wucht wieder eingeholt. Dies trifft zwar auf viele Eltern zu, die sich allzu ausschließlich um das Wohl der Kinder kümmern und sich selbst dabei ver-kümmern lassen. Bei den schwarzen Schafen kommt aber noch ein Aspekt dazu, und der hat schon fast etwas Diabolisches. Gerade die Grundproblematik des schwarzen Schafes, nämlich die Herabsetzung gegenüber anderen, taucht in dieser Konstellation wieder auf. Auf der seelischen Ebene ist es nämlich schlicht eine Wiederholung der kindlichen Erfahrung, wenn ein anderer wichtiger ist als ich. Nur dass es sich dabei jetzt nicht um meine Geschwister handelt, sondern um meine Kinder. Und derjenige, der diese Ungerechtigkeit begeht, bin ich selbst! »Aber es ist doch etwas völlig anderes, ob ich mich um meine Kinder sorge oder um mich«, werden einige jetzt ausrufen. Andere werden mir zu erklären versuchen, dass Egoismus doch wirklich nicht angebracht sei, wenn es um das Wohl der eigenen Kinder geht. (Die innere Abwehr ist selten größer, als wenn es darum geht, die Beschäftigung mit sich selbst zu vermeiden.)

Was das erste Argument angeht, so ist zu sagen, dass auf einer bestimmten Erfahrungsebene kein Unterschied besteht, gegenüber wem ich vernachlässigt werde. Der eigenen Seele ist es ziemlich gleich, ob die Zurücksetzung gegenüber den Geschwistern oder den eigenen Kindern stattfindet. In unserer bewussten Bewertung sind das natürlich zwei völlig verschiedene Dinge, aber erklären Sie das mal dem inneren Kind. Das wird sich weiter zurückziehen und sagen: »Schon wieder war ein anderer wichtiger als ich.« Deshalb darf das Wohl der eigenen Kinder keine Ausrede sein, sich nicht um sich selbst zu kümmern. Das gilt für jeden, und ganz besonders für schwarze Schafe.

Das schwarze Schaf am Arbeitsplatz

Auch die Entscheidung für einen Beruf, das Verhalten am Arbeitsplatz und ganz allgemein die Einstellung zur eigenen Berufstätigkeit ist beeinflusst von der Erfahrung, in der eigenen Familie benachteiligt und ausgegrenzt worden zu sein. Die Auswirkungen sind höchst unterschiedlich, einige immer wieder anzutreffende Muster werde ich beschreiben.

Vielen schwarzen Schafen bietet der Arbeitsplatz die Möglichkeit einer alternativen Erfahrung in einer sozialen Gemeinschaft. So war Julian (29 J.) sehr zufrieden mit seiner Arbeit. Er ist seit vielen Jahren Krankenpfleger in einer großen Klinik und berichtet von seinen Erfahrungen auf zwei verschiedenen Stationen:

»Von Anfang an habe ich mich auf der ersten Station wohl gefühlt. Hier hatte ich meine Aufgabe, war angesehen und geschätzt. Bei uns war eigentlich immer eine gute Stimmung in der Arbeit, obwohl viel zu tun war und auch oft Stress herrschte. Aber wir haben zusammengehalten. Es gab keinen Streit über die Dienste, weil unsere Chefin das immer sehr gerecht verteilt hatte. Außerdem wurde alles ausdiskutiert, wenn es einmal Konflikte gab. Auch außerhalb der Arbeit hatte ich ein enges Verhältnis zu meinen Kolleginnen und Kollegen. Einige hätte ich damals auch als Freunde bezeichnet, wir haben viel miteinander unternommen. Manchmal war meine Freundin schon eifersüchtig, weil ich so gerne zur Arbeit gegangen bin und mich so gut mit den Kollegen verstanden habe.«

So weit, so gut. Das Problem begann, als Julian innerhalb des Klinikums auf eine andere Station versetzt wurde. Grund war die Schließung der gesamten Abteilung, auf der sich seine bisherige Station befand. Mit dieser Situation kam er nicht zurecht, fühlte sich vom ersten Tag an unwohl mit den neuen Kollegen, empfand die Arbeit als eine Belastung und das Verhalten der Ärzte ihm gegenüber als eine Zumutung. Von einem auf den anderen Tag war nichts mehr so wie bisher. Auch das Verhältnis zu seinen ehemaligen Kollegen änderte sich, plötzlich schien sich jeder selbst der Nächste zu sein und nur an den eigenen Vorteil zu denken. Die Stationsgruppe hatte die Auflösung der Abteilung auch privat nicht überstanden. Sie fiel auseinander, was Julian die vielleicht größte Enttäuschung seines bisherigen Lebens bescherte.

Julian befand sich bereits vor diesem Wechsel seines Arbeitsplatzes in Therapie aufgrund einer übertriebenen Ängstlichkeit und immer wieder auftretender psychosomatischer Störungen wie Bauchschmerzen und Schwindelanfällen. Die Therapeutin, die mit Julian arbeitete, erlebte den von ihm so gepriesenen Arbeitsplatz als stabilisierendes Element in seinem Leben, war aber auch etwas skeptisch, ob Julian nicht zu viel Persönliches in diese Arbeit hineinbrachte. Wiederholt gingen die Gespräche in die Richtung, ob er sich das Arbeitsumfeld als »Ersatzfamilie« gestalte. Das räumte Julian auch ein, sah aber nicht die Gefahr, die dadurch für ihn entstanden war. Julian war eines dieser in der eigenen Familie »vergessenen« Kinder. Aus ärmlichen Verhältnissen stammend, wuchs er mit sieben Geschwistern auf, die alle mehr oder weniger sich selbst überlassen waren. Während sich seine Schwestern und Brüder irgendwie alleine durchschlugen, stand der sensible Junge immer etwas ratlos da und wusste nicht, was er tun sollte. Den Weg, den seine Geschwister gingen, wollte und konnte er nicht einschlagen (drei seiner Brüder wurden straffällig, einer hatte schon mit 25 Jahren eine Leberzirrhose aufgrund seiner Alkoholsucht, ein anderer verschwand von einem Tag auf den anderen und eine Schwester heiratete sehr früh und sehr unglücklich). In der Schule wurde der Nägel kauende Julian als »Mongo« und »Spasti« verspottet und gemobbt und bekam so recht kein Bein auf den Boden. Trotzdem waren seine Leistungen nicht schlecht, und aus irgendeinem Grund blieb er trotz der schlechten Startbedingungen ein grundanständiger Bursche. Nach der Schule machte er die Ausbildung zum Krankenpfleger, wobei bereits in dieser Ausbildung ihm ein bisher nicht gekanntes Wohlwollen vonseiten der anderen Schülerinnen und Schüler entgegengebracht wurde.

Und Julians Eltern? Er tut sich bis heute sehr schwer, seine Mutter und seinen Vater zu beschreiben. Während er viele, überwiegend negative, Geschichten über das Verhalten seiner Geschwister ihm gegenüber erzählen kann, ist die Erinnerung an seine Eltern (zu denen er keinen Kontakt mehr hat) blass. So kann er sich auch nicht an liebevolle Zuwendung, Schutz und Trost oder ermunternden Zuspruch erinnern. Bei ihm steht weniger der Aspekt der Unterdrückung und Ausgrenzung im Vordergrund, als vielmehr eine weit reichende Vernachlässigung. Es ist anzunehmen, dass diese auch seine Geschwister betraf, die aber aus einem härteren Holz geschnitzt zu sein scheinen und sich aus eigenem Antrieb heraus, vielleicht einer Art Überlebenswillen, in der Familie behauptet haben. Julian, das ratlose schmächtige Kerlchen, wurde in dieser von Ellbogen und Rivalität dominierten Umgebung zwar »untergebuttert«, wie er es formuliert, entwickelte aber einen moralischen Standpunkt, der ihm das psychische Überleben sicherte.

Julian ist ein faszinierender Mensch mit einer ungewöhnlichen Vorgeschichte. Da er schon früh seine Beschwerden entwickelte, kam er bereits mit Anfang 20 erstmals in psychotherapeutische Behandlung und konnte wichtige Punkte seiner Biographie klären. Die Krise mit dem Arbeitsplatzwechsel brachte dann das Thema »Familie« mit Macht zurück in sein Leben. Julian hatte sich in der Tat eine »Scheinfamilie« aufgebaut, indem er viele Aspekte, die er in seiner Herkunftsfamilie vermisst hatte, auf die Kollegen projizierte. Hier spürte er eine familiäre Atmosphäre mit gegenseitigem Vertrauen, Herzlichkeit, Verbundenheit. Als der Blitz in Form der Auflösung der Station einschlug, wurde er aus seinen Träumen gerissen.

Schön, wenn man sich bei der Arbeit wohlfühlt, nette Kollegen hat und als schwarzes Schaf vielleicht zum ersten Mal im Leben die Erfahrung macht, angenommen und geschätzt zu werden und ein wertvolles Mitglied der Gruppe zu sein. Warnen möchte ich jedoch davor, die Augen zu schließen vor der Tatsache, dass es sich eben doch »nur« um einen Arbeitsplatz handelt und nicht um eine tatsächliche Familie. Sehr viele Menschen haben eine ähnliche Erfahrung gemacht wie Julian und waren schwer enttäuscht darüber, dass die Beziehungen zu ihren Arbeitskollegen sich plötzlich und dramatisch änderten, wo sie doch die Hand dafür ins Feuer gelegt hätten, dass gerade das nicht passieren würde.

Die erste Falle für schwarze Schafe besteht also darin, aus dem Arbeitsplatz eine familienähnliche Gemeinschaft machen zu wollen. Die Verwechslung dieser beiden Ebenen menschlichen Miteinanders trägt bereits den Keim des Scheiterns in sich. So gut die Stimmung am Arbeitsplatz auch sein mag und so sicher die Beziehungen zu den Kollegen sich auch anfühlen, es bleibt immer ein Arbeitsplatz und nichts anderes. Mit dem Akzeptieren dieser Tatsache kann man sich viel Kummer ersparen, und gerade schwarze Schafe mit ihrem Bedürfnis nach echten und verlässlichen menschlichen Beziehungen sollten beherzigen, dass kein Arbeitsplatz der Welt das ausgleichen kann, was sie an Verletzungen in sich tragen.

Die zweite Problematik, in die schwarze Schafe am Arbeitsplatz geraten können, hängt thematisch eng mit dem Thema »Arbeit als Familienersatz« zusammen. Der Einsatz, den Frauen und Männer erbringen, die als Kinder aus ihren Familien ausgegrenzt wurden und im Job akzeptiert und gelobt werden, ist in aller Regel nicht gerade gering. Nicht jedes Schulterklopfen dient aber nur dem Zweck von Bestätigung und Lob. Oft lautet die unausgesprochene Botschaft: »Super, dein Engagement! Solche fleißigen Mitarbeiter, die für uns andere mitarbeiten, haben wir hier sehr gerne.«

Das ist der Speck in der Mausefalle des Ausgenutzt-Werdens. An jedem Arbeitsplatz befinden sich immer einige Mitarbeiter, die fleißiger, motivierter und wohl auch befähigter sind als andere. Es ist auch ganz in Ordnung, wenn diese Leistungsträger einen etwas höheren Einsatz abliefern und dafür ein Extra-Lob erhalten. Der Übergang in eine Situation, in der andere dieses Engagement ausnutzen, ist aber fließend. Insbesondere wenn die Belastung für den Fleißigen dadurch immer größer wird, dass sich andere auf seine Kosten zunehmend einen schönen Lenz machen, gerät die Situation in eine Schieflage. Diese Gefahr ist an den meisten Arbeitsplätzen gegeben, da die Zahl derer, die ganz gerne mal zurückstecken und lieber die Kollegin oder den Kollegen arbeiten lassen, meist nicht geringer ist als die der Leistungswilligen. Und nachdem es allemal energiesparender ist, Beifall zu spenden als selbst Hand anzulegen, werden sich immer genügend Kollegen finden, die das schwarze Schaf darin ermuntern, weiter in Richtung Selbstausbeutung aktiv zu sein. Gerade in einem Arbeitsumfeld, das sich durch eher monotone Arbeitsabläufe auszeichnet, die den Mitarbeitern wenig Gestaltungsmöglichkeiten bieten, besteht diese Gefahr einer Fehlentwicklung.

An sich sollte ja der Vorgesetzte so etwas erkennen und regulierend eingreifen. Aber der Betriebsfrieden ist weniger gefährdet, wenn sich alle ausruhen und nur einer sich »totarbeitet«. Die Erschöpfung liegt in einem solchen Umfeld für das schwarze Schaf auf dem Selbstüberforderungs-Trip bereits auf der Lauer. Haben sich dann erste Zeichen eines beginnenden Burnouts eingestellt, machen nicht wenige schwarze Schafe die enttäuschende Erfahrung, dass die bisher so netten und wohlmeinenden Kollegen plötzlich alle verschwunden sind. In vielen Fällen schlägt die Stimmung sogar ins Gegenteil um: Wer gestern noch hochgelobt wurde, weil er so perfekt »funktioniert« hat, ist bei den ersten Anzeichen nachlassender Arbeitsleistung »unten durch«. »Er hätte besser auf sich achten sollen«, heißt es dann in der Kaffeepause, »kein Wunder, dass er ausgebrannt ist, so wie der hier immer Gas gegeben hat.«

Es ist leider eine der häufigsten Erfahrungen engagierter Mitarbeiter, dass sich bei längerer krankheitsbedingter Abwesenheit keiner der Arbeitskollegen mehr meldet.

»Ich bin nur so lange für die anderen interessant, wie ich mich für sie aufopfere«, hat es einmal eine Patientin von mir auf den Punkt gebracht. Das ist ein häufiges Prinzip auf vielen Beziehungsebenen, und am Arbeitsplatz ist es gerade für diejenigen eine bittere Erfahrung, die aus dem Lob und den

Ermunterungen von Kollegen und Chef auf ehrliche menschliche Zuneigung geschlossen haben. Ich möchte nicht missverstanden werden: Natürlich ist gerade das Loben bei der Arbeit unverzichtbar. Verbirgt sich dahinter aber die Absicht, die in Wirklichkeit stattfindende Ausbeutung zu kaschieren, so ist das nichts als Heuchelei.

Selbstüberforderung als Preis für falsch interpretierte Beliebtheit bei Mitarbeitern und Vorgesetzten sehe ich als zweites großes Arbeitsplatzthema bei schwarzen Schafen.

Die dritte Gefahr liegt in einem Übermaß an Einsatz und einer perfektionistischen Arbeitsweise, um sich selbst »etwas zu beweisen«. Gemeint ist hier nicht ein gesunder Ehrgeiz, sondern eine ebenfalls zu Selbstausbeutung führende, allzu kritische Einstellung sich selbst gegenüber. In diesem Fall ist es nicht der Wunsch nach einer guten Beziehung zu den Kollegen, der mich in die 60-Stunden-Woche treibt, sondern die innere Unzufriedenheit mit meiner Person in Verbindung mit der ebenfalls schon geschilderten Rastlosigkeit. Leonie (31 J.), eine junge Frau mit einer klassischen »Schwarzes Schaf«-Vorgeschichte und weit reichenden Erfahrungen mit familiärer Ausgrenzung und Abwertung, beschreibt es sehr plastisch:

»Ich habe das Gefühl, dass ich bei mir selbst immer ›auf Bewährung bin‹. Es ist so, als müsste ich jeden Tag meine Lebensberechtigung aufs Neue beweisen. Ich bin selbst mein strengster Richter und mein härtester Kritiker. Für mich ist Lob von anderen eher nervig, weil ich das nie so ganz glauben kann. Ich will mich schließlich nicht ›einlullen‹ lassen und mich auf meinen vermeintlichen Lorbeeren ausruhen. Deshalb verlange ich auch von mir selbst immer Höchstleistungen, nur dann bin ich mit mir zufrieden. Allerdings währt die Zufriedenheit auch nicht lange, weil ich schnell wieder Angst habe, satt und genügsam zu werden.«

Diese Selbstcharakterisierung von Leonie ist sicher starker Tobak, gibt aber in extremen Worten wieder, wie negatives Lebensgefühl und Selbstwertproblematik bei schwarzen Schafen zu einer ganz und gar ungesunden Arbeitseinstellung führen können. Menschen wie Leonie haben es nach meiner Erfahrung viel schwerer, mit der zu Erschöpfung und Burnout führenden Selbstüberforderung aufzuhören als die Gruppe von schwarzen Schafen, die auf die Lobhudeleien von Kollegen hereinfallen. Dem schlimmsten Antreiber wie auch dem gefährlichsten Verführer begegnen wir nicht in anderen Menschen, sondern in uns selbst.

Wie wir gesehen haben, sind Frauen und Männer mit einer Vorgeschichte familiärer Benachteiligung mehr als andere in Gefahr, in ihrer Partnerschaft, in der eigenen Familie und am Arbeitsplatz Probleme zu bekommen. Grund dafür sind die »inneren Baustellen« wie Selbstabwertung, ein Gefühl des Ausgeschlossenseins und die Rastlosigkeit, die sich aus den negativen Erfahrungen dieser Menschen innerhalb ihrer Herkunftsfamilien ergeben. Die Liste der Lebensbereiche, die von dieser Thematik berührt werden, ließe sich noch fortsetzen und um Freundschaften, Verhalten in Freizeit und Sport oder Hobbys erweitern. Letztlich wiederholen sich die vorgestellten Prinzipien auf all diesen Gebieten und verhindern eine zufriedene, entspannte und glückliche Lebensführung.

Teil V

IMPULSE, WEGE, WACKERSTEINE

DAS ZIEL UND DER WEG

Dieses Buch ist kein Ratgeber. Es ist keine Anleitung zur Selbst-Therapie und will keine Patentrezepte verkaufen. In erster Linie ging es mir darum, auf ein Phänomen aufmerksam zu machen, nämlich das Schicksal der schwarzen Schafe, die in ihren Familien benachteiligt und ausgegrenzt werden.

Aber jeder, der dieses Schicksal aus eigenem Erleben kennt, wird sich fragen, was er jetzt damit anfangen soll. Die Auswirkungen dieser einschneidenden Erfahrung, die meist schon im Kindes- und Jugendalter beginnt, sind belastend, wenn nicht krankmachend. Deshalb werde ich einige Prinzipien anführen, die aus meiner Sicht wichtig sind, um dem negativen Lebensgefühl, das die schwarzen Schafe umtreibt, etwas entgegenzusetzen.

Die meisten dieser Empfehlungen haben sich aus den vielen hundert Stunden ergeben, die ich im Gespräch mit diesen Frauen und Männern verbracht habe. Eine »spezifische Behandlung« schwarzer Schafe existiert nicht – wie auch, wenn das Thema als solches bisher kaum Beachtung fand. Es handelt sich also um Erfahrungswerte, die sich aus den vielfältigen Lösungsversuchen der Betroffenen herauskristallisiert haben. Manches davon sind bewährte Sichtweisen oder Techniken aus Psychotherapie, Coaching und Beratung. Dabei muss aber immer die spezielle Situation des schwarzen Schafes im Blickpunkt bleiben. Wir dürfen niemals Störungsbilder oder Symptome therapieren, sondern müssen uns zum einen der Individualität unseres Gegenübers öffnen, zum anderen seine Erfahrung der Ausgrenzung immer im Hinterkopf haben. Es versteht sich von selbst, dass die Einmaligkeit eines face-to-face-Kontaktes nie durch ein Buch ersetzt werden kann. Die Vermittlung wichtiger Grundsätze dagegen lässt sich gut in dieser Form realisieren.

Das Ziel jeder Auseinandersetzung mit dem eigenen Schicksal als schwarzes Schaf wird immer die **Distanz** sein. Diese betrifft zwei Bereiche. Erstens ist es erforderlich, Abstand zu gewinnen von allen Menschen, sei es innerhalb oder außerhalb der Familie, die dazu beitragen, dass sich Benachteiligung oder Ausgrenzung in nennenswerter Weise wiederholen. Zweitens, und das ist das Wichtigere und gleichzeitig Schwierigere, gilt es, Distanz zu schaffen zu eigenen Einstellungen, Bewertungen, Sicht- und Verhaltensweisen.

Warum ist Distanz so wichtig, dass ich sie als oberstes Ziel bezeichne? Zunächst einmal entsteht durch den Abstand eine Schutzzone. Wenn einem alles dicht auf die Pelle rückt, fühlt man sich leichter davon bedroht. Die Nähe beziehungsweise Distanz zu anderen Menschen, aber auch bestimmten Themen, selbst festlegen zu können, ist wichtig, damit wir um uns herum einen persönlichen Bereich der Sicherheit erleben können. Gerade schwarze Schafe benötigen Schutz vor der immer aufs Neue gemachten Erfahrung, benachteiligt zu werden.

Außerdem wächst mit der Distanz unser Gefühl von Kontrolle und unsere Einflussmöglichkeit. Dies entsteht durch den Effekt einer größeren Übersicht. Stehe ich zehn Zentimeter vor einer Mauer, so kann ich nicht sagen, wie weit sich diese Mauer erstreckt, ob sie zu einem Haus, einer Brücke oder sonst einem Gebäude gehört. Ich kann nicht beurteilen, wie dieses Gebäude beschaffen ist, ob es Türen und Fenster hat. Sobald ich aber zwei oder drei Schritte zurücktrete, habe ich eine bessere Übersicht über diese Mauer. Und wenn ich die Distanz auf fünf Schritte erhöhe, kann ich mir schon einen ganz guten Eindruck von dem Gebäude verschaffen, vor dem ich stehe. Ähnlich ist es mit allen anderen Themen, vor allem mit Sorgen und Befürchtungen. Je näher ich »dran bin«, umso größer und bedrohlicher erscheinen sie mir und umso weniger habe ich einen Überblick, worum es sich handelt und was ich tun kann. Beim Gefühl »Ich komme hier nicht weiter«, empfiehlt es sich immer, für mehr Distanz zwischen mir und meinem Problem zu sorgen.

Die Distanz nach außen hin, ich möchte sie externe Distanz nennen, beinhaltet die bewusste Abkehr von allen, die weiterhin in die Kerbe der Kindheit und Jugend schlagen und mir das Erleben vermitteln, zurückgesetzt oder weniger wichtig zu sein als andere. Abkehr bedeutet nicht, diesen Menschen den Rücken zu kehren und sie zu meiden. Das kann in Einzelfällen gut und richtig sein, aber in der Regel empfiehlt es sich, die eigene »Stellung zu halten«, also im Kontakt mit diesen Menschen zu bleiben und sich gegen Benachteiligung zu wehren. Auch wenn in sehr vielen Fällen dieser Kampf nicht zu gewinnen ist, so ist die Unterstützung, die ich mir selbst durch dieses Verhalten gebe, doch ein Gewinn.

Dieses Sich-Wehren wird anfangs große Probleme bereiten. Schließlich ist es eine neue, eine ungewohnte Verhaltensweise. Die Mischung aus Angst und schlechtem Gewissen, die dadurch ausgelöst wird, ist meist so dominant, dass viele Anläufe erforderlich sein können, um Fortschritte zu machen. Wichtig ist auch, zunächst mit weniger angstbesetzten Situationen zu beginnen, also regelrecht zu üben. Es ist wie im Videospiel: Zunächst kommen die leichteren Aufgaben und erst ganz zum Schluss dann der »Endgegner«. Im Klartext heißt das, dass ich anfangs schon stolz und froh sein kann, wenn ich an der Käsetheke die Bedienung darauf hinweise, dass jetzt ich dran bin und nicht der Kunde, den sie gerade angesprochen hat und der nach mir kam. Genau das sind nämlich die kleinen versteckten Wiederholungen der Thematik des schwarzen Schafes, die uns vielleicht gar nicht auffallen, wenn wir nicht bewusst im täglichen Leben auf das Prinzip »Benachteiligung« und »Ausgrenzung« achten. Wenn Sie zu denjenigen gehören, die dieses Buch lesen, weil ihnen das Thema aus eigenem Erleben bekannt ist, konzentrieren Sie sich doch einmal darauf, wie oft Ihnen jeden Tag dieses Prinzip begegnet.

Um gleich mit einem Missverständnis aufzuräumen: Es ist nicht das Ziel, immer und in jeder Situation Benachteiligung und Ausgrenzung zu verhindern. Das wäre ein aussichtsloses Unterfangen, außerordentlich stressig und sozial unverträglich. Es geht in der frühen Phase der persönlichen Auseinandersetzung mit dem eigenen Schicksal darum, ein Gespür zu entwickeln, in welchen Situationen ich mich selbstverständlich und ohne nachzudenken abkanzeln, unterbuttern und über den Tisch ziehen lasse. Die eingeschliffene Reaktion, sich nicht dagegen zu wehren, ist ein unheilvoller Automatismus. Diesen Automatismus gilt es zu ersetzen, und zwar durch eine Entscheidung. Wollte ich jetzt jeder Benachteiligung sofort die Stirn bieten, hätte ich nur einen anderen Automatismus installiert, der mir auf lange Sicht nicht weniger Probleme bereiten würde. Nein, das Ziel ist, die täglich stattfindenden Ungerechtigkeiten, die mich einem anderen gegenüber benachteiligen, möglichst schnell zu bemerken und mich dann bewusst zu entscheiden, wie ich damit umgehen will. Im einen Fall ist es mir wichtig genug, den Mund aufzumachen und mich zur Wehr zu setzen, im anderen Fall ist Schweigen Gold. Den Unterschied zwischen den beiden Situationen zu erkennen, ist eine Aufgabe, die mit zunehmender Routine leichter wird. Es ist nicht schlimm, wenn ich anfangs nicht das richtige Maß finde.

Karolin (48 J.) erzählt: »Nachdem ich begonnen hatte, mich zur Wehr zu setzen, bekam ich häufig die Rückmeldung, dass ich zickig und angespannt rüberkam. Des Öfteren wurde ich gefragt, warum ich in letzter Zeit so überempfindlich sei. Das hat mich einerseits verunsichert, andererseits wusste ich dadurch auch, dass ich auf dem richtigen Weg war: Ich ließ mir nichts mehr bieten. Heute weiß ich, dass ich damals übertrieben habe und bei jeder Kleinigkeit hochgegangen bin, wenn ich das Gefühl hatte, jetzt läuft mal wieder was gezielt an mir vorbei. Aber woher hätte ich wissen sollen, wie ich das richtig dosiere? Das war ja alles Neuland für mich.«

Eine typische Beschreibung aus einer Zeit, in der man anfängt, Automatismen durch Entscheidungen zu ersetzen. Es fehlt noch das richtige Maß, das Gefühl dafür, wann ich mich wehren und wann ich schweigend einen Haken hinter die Situation setzen soll. Aber der Weg ist schon erkennbar. Dadurch, dass es ein neuer Weg ist, führt er nahezu zwangsläufig zu Konflikten mit Menschen aus meiner unmittelbaren Umgebung. Ich darf nicht verlangen, dass jeder mir wohlwollend auf die Schulter klopft, wenn ich widerspenstiger bin als früher. Es ist nicht die Aufgabe meiner Mitmenschen, meine seelische Entwicklung zu unterstützen. Aber ich sollte mich auch nicht durch diese Kritik von meinem Weg abbringen lassen. Im Laufe der Zeit werde ich lernen, welche der kritischen Rückmeldungen berechtigt sind und welche nicht.

Wir haben bereits ein wichtiges Prinzip kennengelernt, das uns auf dem Weg zu unserem Ziel Distanz immer wieder begegnen wird. Es ist die **Bewusstheit.** Erst durch diese erkenne ich meine Themen, erst durch sie fallen mir die täglich statt-findenden Benachteiligungen auf, erst wenn ich mir bewusst bin, dass ich innere Automatismen habe, die mir schaden, kann ich etwas dagegen tun. Um die Bewusstheit muss ich mich nicht allzu sehr bemühen, sie stellt sich ein, wenn ich mich einem Thema zuwende und auf Entsprechungen im All-tag achte. Ich bin mir sicher, dass jedes schwarze Schaf, das dieses Buch bis hierher gelesen hat, schon ein Großteil Be-wusstheit für das Thema erlangt hat.

Auch ein zweites wichtiges Prinzip auf unserem Weg wurde schon angesprochen: die **Entscheidung**. Alleine das Wort macht vielen Angst, sie denken gleich an lebensverändernde und nie mehr rückgängig zu machende (und dann auch noch selbstverschuldete) Entwicklungen. Der Grund dafür dürfte sein, dass im Hintergrund eine noch viel größere Angst vor etwas steht, das mit Entscheidungen zusammenhängt: die Verantwortung. Ich will dieses Thema hier nicht in aller Aus-führlichkeit besprechen, weil es jeden Rahmen sprengen würde, werde aber an einigen Stellen noch auf die Angst vor der Verantwortung zu sprechen kommen.

In unserem Kontext geht es zunächst nicht um die großen richtungweisenden Entscheidungen, sondern um das bereits angesprochene Prinzip »Entscheidung statt Automatismus«. Mit der entsprechenden Bewusstheit für unser Thema werden wir jeden Tag mehrere »Weggabelungen« entdecken, an denen wir uns für eine Richtung entscheiden müssen. Der eine Weg ist der, den wir automatisch und ohne nachzudenken bisher immer gegangen sind. Der andere Weg führt in noch unbe-kanntes Gelände, in Bereiche, in denen wir uns nicht mehr ab-kanzeln, benachteiligen oder ausgrenzen lassen wollen. Wel-cher Weg wird uns wohl mehr Angst machen? Sicherlich doch derjenige, der unsere Schritte in die neue Richtung führt. Stel-len wir uns diesen Weg jetzt noch neblig vor (schließlich wissen wir nicht, was uns erwartet), dann ist doch klar, wie wir ihn beschreiten werden: Langsam, tastend, vorsichtig, vielleicht auch mit zitternden Knien. Neue Wege werden meist so beschritten.

Ich habe bereits dargestellt, dass es nicht sinnvoll ist, sich immer und an jeder Weggabelung für den neuen Weg zu entscheiden. Der wirklich wichtige Punkt ist gerade am Anfang überhaupt erst einmal die Erkenntnis: Oha, ich stehe jetzt an einer Weggabelung. Wenn ich diese inneren Orte spüre, an denen ich mich bisher immer automatisch verhalten habe, und merke, dass ich jetzt eine bewusste Entscheidung treffen kann, habe ich schon einen wichtigen Schritt getan. Was so dramatisch klingt, kann in der Praxis banal sein: Die Kollegin nervt mich, weil sie mich immer zuquasselt, wenn ich gerade was Kompliziertes am PC mache. Mein bisheriger Automatismus ist, nichts zu sagen und mir selbst vorzumachen, es sei nicht so schlimm, die Arbeit auch noch später zu erledigen und die Kollegin sei ansonsten ja ganz nett. Das geschieht im Bruchteil einer Sekunde. Ich lege die Maus weg und lächle die Kollegin an. Die Variante Entscheidung dagegen heißt: Ich überlege mir, ob ich das so machen will wie eben oder ob ich ihr sage: »Karin, wart mal gerade einen Moment, ich höre dir gleich zu, will nur noch schnell die Daten hier fertig eingeben.« Also nichts Weltbewegendes, aber eine Entscheidung, die für mich selbst sehr viel bewegen kann, alleine dadurch, dass ich Handlungsalternativen in Betracht ziehe. Das entlastet innerlich, stärkt den Selbstwert und macht ein kleines bisschen frei.

Und wenn wir gerade von Freiheit sprechen, gleich noch ein weiteres wichtiges Prinzip: Die **Wahrheit** macht frei. Also sollten wir uns nichts vormachen, das würde nur unseren Weg behindern. Das beginnt schon damit, dass ich mir als Erstes eingestehen sollte: Ja, ich bin das schwarze Schaf meiner Familie. Ich wurde oder werde benachteiligt, ausgegrenzt, überfordert, nicht akzeptiert. Natürlich tut das weh. Das dürfte der Hauptgrund dafür sein, dass so viele Menschen die Wahrheit nicht sehen wollen. Lieber reden sie sich ihre Rolle und ihr Leben schön, vermeiden dadurch den Schmerz der Wahrheit und kommen so keinen Schritt weiter.

Noch etwas kommt hinzu: Die Rolle des schwarzen Schafes ist die Rolle des Opfers. Zu diesem Begriff haben wir nach meiner Erfahrung ein höchst zwiespältiges Verhältnis. Es widerspricht unserem Verständnis eines selbstbestimmten Lebens, in dem wir möglichst von niemandem abhängig sein wollen. Dieses Ideal ist in meinen Augen eine Utopie. Das Ziel kann höchstens sein, die Abhängigkeiten so gering wie möglich zu halten, also so unabhängig zu werden, wie es geht und dabei nie aus den Augen zu verlieren, dass eine völlige Unabhängigkeit nicht zu erreichen ist. Die Opferrolle gilt vielen Menschen als Zeichen der Schwäche und gleichzeitig als billige Ausrede. Deshalb wird sie sowohl von den Opfern selbst als auch von ihrem Umfeld höchst skeptisch gesehen. Ich sehe in unserer Gesellschaft einen unseligen Reflex, einem Opfer vorschnell vorzuwerfen, es würde durch »Einnehmen der Opferrolle« irgendeinen Vorteil für sich herausschlagen wollen. Auf diese Weise werden Menschen, die wirklich zum Opfer geworden sind, in eine höchst unangenehme Situation gebracht.

Für die schwarzen Schafe liegt darin einer der Gründe für die Mischung aus Scham- und Schuldgefühlen, die ihr Leben prägt. Die Erfahrung, innerhalb der eigenen Familie benachteiligt und ausgegrenzt worden zu sein, erzeugt intensive Gefühle von Minderwertigkeit. Gleichzeitig geistern durch unsere Köpfe die Gleichungen »Opfer = selbst schuld« und »Opfer = will sich durch die Opferrolle Vorteile verschaffen«. Dies führt nicht nur zu Verwirrung, sondern zu noch mehr Schuldgefühlen.

Ich habe bisher den Begriff »Opfer« vermieden (außer beim Thema Mobbing) und will das auch weiterhin tun. Er ist aus den genannten Gründen höchst problematisch geworden, so dass er einem schwarzen Schaf bei der Bewältigung seiner Aufgaben nicht wirklich hilft. Für das Verständnis der Mühlsteine Scham und Schuld, die tonnenschwer um seinen Hals hängen, taugt er aber.

Die allermeisten schwarzen Schafe wissen tief in ihrer Seele, dass sie keine Schuld haben an den Entwicklungen, die zu ihrer Ausgrenzung geführt haben. Sie sollten es in jedem Fall wagen, auch dies als Wahrheit zu akzeptieren.

Ich habe eingangs geschrieben, die Distanz zu eigenen Denk- und Verhaltensweisen sei sowohl wichtiger als auch schwieriger zu erlangen als die externe Distanz. Es ist schlichtweg einfacher, die Loslösung aus der Rolle des schwarzen Schafes darin zu sehen, sich von allen abzugrenzen, die einen benachteiligen und ungerecht behandeln. So wichtig dieses Prinzip auch ist, es wird in keinem Fall ausreichen, nur das im Blickpunkt zu haben. Der Grund ist, dass die Erfahrungen, die das schwarze Schaf auf seinem Weg in die familiäre Benachteiligung gemacht hat, sich tief in seiner Seele eingenistet haben. Dort haben sie sich zu Einstellungen, Bewertungen und nicht mehr hinterfragten Grundannahmen entwickelt.

Der wahre Feind sitzt deshalb in uns selbst. Dort müssen wir ihn aufspüren und den Kampf mit ihm aufnehmen. Nichts schwerer als das, denn, um bei meinem personifizierenden Bild zu bleiben: Der innere Feind will sich nicht vertreiben lassen. Er wird sich tarnen, wird sich hinter scheinbar logischen Argumenten verstecken, wird uns auslachen und verhöhnen. Ein Beispiel dafür haben wir schon von Bastian (S. 189 f.) gehört. Wann immer er versucht, gegen seine Selbst-Abwertung zu kämpfen, kommt diese »innere Stimme«, die ihn auslacht und ihm vorwirft, er wolle nur der Wahrheit nicht ins Auge schauen. Dieses Argument des »Feindes in uns«, nämlich dass er die Wahrheit sei, ist seine stärkste und mächtigste Waffe. Tatsächlich aber dienen alle seine Argumente nur dazu, dass das schwarze Schaf in seinem Zustand des Selbstzweifels, seiner Getriebenheit und Bedrücktheit bleibt. Hierin besteht die größte Aufgabe für alle Frauen und Männer, die in ihrer Familie benachteiligt und ausgegrenzt wurden und werden: Den Kampf aufzunehmen mit dem *verinnerlichten* Benachteiliger und Ausgrenzer, der jeden Tag aktiv am Werk ist, ihnen das Leben zu vermiesen.

Wir sehen, dass zu dem Nein zur Kollegin, die mir die Zeit stehlen will, auch das Nein zu meinem inneren Feind kommen muss, sonst sind alle meine Fortschritte nur scheinbar.

Sowohl das Erreichen einer externen Distanz wie auch vor allem ein Abstand zu meinen eigenen selbstdestruktiven Überzeugungen und Verhaltensweisen braucht Zeit. Deshalb ist die **Geduld** das letzte Prinzip, auf das ich hier hinweisen möchte. Viele Menschen haben eine allzu mechanistische Einstellung zu inneren Vorgängen. Alleine das so häufig zu hörende Wort »aufarbeiten« ist schon ein Hinweis darauf, dass viele sich inneren Prozessen so zuwenden, als würden sie ihr Auto in die Werkstatt bringen nach dem Motto: »Also, wir arbeiten jetzt mal schnell alles auf, was ich so an negativen Erfahrungen und falschen Prägungen erlebt habe, und dann bin ich gesund.« Mag sein, dass dieses Prinzip für einige Themen des Lebens mit dem Fokus auf eng umschriebene Verhaltensänderungen fruchtet. Für schwarze Schafe aber ist diese Vorstellung unsinnig. Ob jemand nun alleine an sich arbeitet, versucht, mit guten Freunden über das Thema zu reden, sich coachen lässt oder eine Therapie beginnt, es wird sich in jedem Fall um eine längere Reise handeln, die er beginnt. Nicht nur, dass es viel Zeit in Anspruch nimmt, die richtige Einstellung zu sich und anderen zu finden, mit geändertem Verhalten zu experimentieren und eine neue Sichtweise auf das eigene Leben zu finden. Nein, das Problem ist Folgendes: Wir werden den inneren Feind nie ganz besiegen können. Wenn wir es hinkriegen, dass er keine Macht mehr über uns hat, wenn wir seine »Tricks« durchschaut haben und ihm nicht mehr glauben, haben wir schon sehr viel erreicht. Aber wehe, wenn wir ihn aus den Augen lassen und aufhören, an uns zu arbeiten. Er wird schnell wieder aktiv sein und versuchen, den alten Zustand wiederherzustellen. Wir müssen also geduldig sein und uns darauf einstellen, dass das Thema des schwarzen Schafes ein Leben lang präsent sein wird. Das heißt nun nicht, dass alles aussichtslos wäre oder sich die Bemühungen ohnehin nicht lohnen würden, ganz im Gegenteil! Sich intensiv mit der eigenen Rolle als schwarzes Schaf der Familie zu beschäftigen, um all die negativen Erfahrungen und Prägungen hinter sich zu lassen, kann zu einem weitgehend befreiten und glücklicheren Leben führen. Wir sollten nur mit den richtigen Vorstellungen und Zielen ans Werk gehen. Auf einige Dinge, die zum Gelingen beitragen können, möchte ich in den nächsten Kapiteln zu sprechen kommen.

DEN KOPF FREI BEKOMMEN

Für jedes schwarze Schaf ist es lohnenswert, sich mit einigen Themen auseinanderzusetzen, die eigene Einstellungen berühren. Die Rede ist von Denkblockaden, die dadurch entstehen, dass bestimmte grundsätzliche Annahmen nicht mehr hinterfragt werden. Dies hat zur Folge, dass wir beim Nachdenken darüber, wie wir aus der ungeliebten Rolle herauskommen, irgendwann Gedankenkarussell fahren. Dann sind wir in einer Grübelschleife angelangt, die zu keinem Ergebnis mehr führt, sondern sich nur unproduktiv im Kreise dreht. Das bereitet großes Unbehagen und macht Angst. Wir fühlen uns gedanklich eingekerkert und finden keine Lösung für unser Problem, spüren aber deutlich, dass wir eine Lösung finden müssen, weil es »so nicht weitergehen kann«. Das Gedankenkreisen wird immer intensiver, ohne dass wir das wollen, »es denkt« einfach immer weiter und wir leiden schließlich sogar unter unseren eigenen Gedanken, die wir als sinnlos empfinden, aber doch nicht stoppen können.

Das Gedankenkarussell setzt sich bevorzugt abends vor dem Einschlafen in Gang. Das schwarze Schaf liegt im Bett, jetzt wäre Schlafen angesagt, denn morgen ist wieder ein anstrengender Tag. Es ist still und dunkel im Zimmer, nichts lenkt ab, und schon setzen die Grübeleien ein. Wie soll es weitergehen mit meinem Leben? Die verschiedensten Themen spazieren durch den Kopf, konkrete Konflikte oder allgemeine Sorgen. Unter Umständen können so Stunden vergehen, ohne dass auch nur ein Gedanke auftaucht, der mich einer Lösung näherbringt. Der Blick auf den Wecker jede halbe Stunde zeigt mir, dass ich jetzt aber wirklich schlafen müsste. Aber jetzt ist mein Gehirn hellwach, obwohl ich doch so müde bin. Ich weiß, dass mittlerweile der Tag morgen auch schon wieder gelaufen ist. Wie soll das bloß weitergehen? Auf zur nächsten Grübelrunde …

Der Hintergrund mancher Denkblockade und Grübelei ist, wie gesagt, die eine oder andere Einstellung, die nicht ausreichend hinterfragt wird. Ich möchte einige davon kurz ansprechen.

Die heilige Familie

Zu Beginn dieses Buches habe ich gesagt, dass wir an der Familie nicht vorbeikommen. Wir werden stets die Kinder unserer Eltern und die Geschwister unserer Schwestern und Brüder sein. Diese starke Bindung ist einerseits Grundlage all des

Positiven, das wir durch unsere Familienerfahrung erleben können und gleichzeitig wird sie denjenigen, die benachteiligt, ausgegrenzt oder gar gemobbt werden, zum großen Problem. Gesellschaftlich wird der Wert der Familie sehr hoch eingeordnet, das Wort von der »Keimzelle der Gesellschaft und des Staates« weist ebenso auf diese Bedeutung hin wie die Zehn Gebote in Christentum und Judentum, in denen das Gebot, »Du sollst Vater und Mutter ehren« gleichberechtigt neben »Du sollst nicht morden« steht. Wir alle wachsen mit dieser allgegenwärtigen Regel auf, und die Familie bekommt auf diese Weise etwas Sakrosanktes. Sie gilt als unantastbar und heilig. Auch wenn man nichts mit religiösen Themen anfangen kann, hat die Unberührbarkeit der Familie diese Funktion eines Gebotes. Der Verstoß gegen dieses Gebot ist auf der emotionalen Ebene gleichzusetzen mit dem Konzept der Sünde, das zwar wiederum ein religiöses Konstrukt ist, unter dem wir uns aber alle etwas vorstellen können: Da gibt es etwas, das ich nicht machen darf und zwar nicht, weil es gesetzeswidrig wäre, sondern weil ich mich moralisch in Misskredit bringe. Folgen dieses Regelverstoßes sind die bereits mehrfach angesprochenen Schuldgefühle.

Die Bewältigung dieses Dilemmas im Sinne einer völligen Überwindung der Thematik ist nicht vorstellbar. Die Last des Gebotes »Sündige nicht gegen deine Familie« ist kaum zu stemmen.

Noch einmal möchte ich an dieser Stelle darauf hinweisen, dass es mir nicht um eine religiöse Aussage geht. Ich leihe mir für die Argumentation lediglich von der Religion den Begriff der Sünde, um die Dimension eines moralischen Verbotes zu unterstreichen, das den allermeisten schwarzen Schafen größte Probleme bereitet. Bin ich mit dem religiösen Regelwerk nicht einverstanden, kann ich immerhin aus der Kirche austreten. Einen Austritt aus der Familie in diesem Sinne gibt es aber nicht. Selbst wenn ich alle Kontakte abbreche und ans Ende der Welt ziehe, bin ich auch dort noch Mitglied meiner Familie und trage alle Erfahrungen, die ich in ihr gemacht habe, im Herzen – im Guten wie im Schlechten.

Ich kann hier nicht eine in Stein gemeißelte moralische Regel als kaum überwindbar charakterisieren und dann eine Lösung anbieten. An dieser Stelle geht es mir um zweierlei: Zum einen möchte ich, dass sich schwarze Schafe bewusst sind, woher ihre Schuldgefühle kommen und dass sie nicht so einfach wegzuwischen sein werden. Zum anderen möchte ich aber doch dafür plädieren, dieses in Kirche und Gesellschaft tief verankerte Thema »Gebot und Sünde« vor dem Hintergrund eines persönlichen Schicksals etwas aufzuweichen. Gerade gegenüber kirchlichen Organisationen wächst das Unbehagen vieler Menschen. Die Unantastbarkeit mancher Themen ist heute mehr denn je in Frage gestellt, was für die christliche Kirche zu einer bereits jetzt deutlichen Krise geführt hat. Mit zunehmender Emanzipation von alten Einstellungen sinkt auch die stets gezüchtete Angst, dass alles in Anarchie und Chaos versinkt, wenn wir uns gegen Regeln zur Wehr setzen, die unser Leben zwar »schon immer« beherrscht haben, aber eben auch nie nur zum Guten.

Um es klar zu sagen: Ich halte die Familie weiterhin für einen einzigartigen, wichtigen und lebensnotwendigen Raum menschlichen Zusammenseins, der mit keiner anderen Gemeinschaft vergleichbar ist.

Erstarrung in Unantastbarkeit bleibt aber immer Erstarrung. Diese schadet all den Menschen, die in Familien leben, welche ihrer Aufgabe nicht gerecht werden, für ihre Mitglieder ein gutes Leben zu ermöglichen.

Schwarze Schafe sollten sich überlegen, ob sie nicht beim Blick auf ihre Familie ein wenig über das Leistungsprinzip nachdenken wollen. Eine kleine Prise von »Was hat die Familie für mich getan und was bin ich ihr schuldig?« sollte nicht gleich die Welt zum Einsturz bringen und als Todsünde verbucht werden.

Die eingangs des Buches erwähnte »Ur-Dankbarkeit« den Eltern gegenüber (S. 16), die auf der Tatsache basiert, dass wir ihnen unser Leben verdanken, bleibt davon unberührt. Eltern haben dadurch einen lebenslangen Kredit, den wir nie werden abzahlen können. Vor dieser Tatsache dürfen aber nicht alle anderen Erfahrungen, die wir in der Familie machen, verblassen. Werde oder wurde ich in meiner Familie nennenswert benachteiligt oder ausgegrenzt, so sollte das ebenfalls meine Einstellung zu dieser Familie prägen. Es wäre fatal, wenn die Vorstellung einer »heiligen Familie« meinen Weg aus der Misere des schwarzen Schafes dadurch verhindern würde, dass ich beständig gegen ein Gebot verstoße und meine Schuldgefühle mich niederdrücken. Dies ist einer der Fälle, in denen ich mich nach meinen Überlegungen richten sollte und nicht nach meinem Gefühl. Durch das Einnehmen eines rationalen Standpunktes sind die Schuldgefühle zwar nicht weniger geworden, aber ich habe jetzt etwas, das mir als Wegweiser dient. Ich nehme mir vor, auf meinem rationalen Weg zu bleiben und das »schlechte Gewissen« auszuhalten. Das bedeutet nicht, dass alle Zweifel damit aus dem Weg geräumt wären. Wieder und wieder werde ich mich hinterfragen müssen. Aber wenn meine Argumentation richtig und die »heilige Familie« für mich gar nicht mehr so unantastbar ist, so werde ich immer wieder auf diesen Punkt zurückkommen: Ich darf einen distanzierten Standpunkt zu meiner Familie haben und einen kritischen Umgang mit meinen Angehörigen pflegen. Wenn ich ein schwarzes Schaf bin, muss ich das sogar.

Das steht mir doch zu

Eines der größten Hemmnisse bei der Suche nach der richtigen Distanz ist das Gefühl, ich hätte noch etwas gut im Leben. Gerade schwarze Schafe haben ja die Erfahrung gemacht, dass andere in der Familie mehr bekommen haben als sie, mehr Geld, mehr Aufmerksamkeit, mehr Akzeptanz, mehr Liebe. Insofern sind sie tatsächlich zu kurz gekommen. Ihnen wurde oder wird vorenthalten, was die familiäre Gemeinschaft zu einer positiven Lebenserfahrung werden lässt. Was liegt da näher als der Wunsch, dies möge sich doch bitte einmal ausgleichen lassen. Diese Idee, in der Kindheit Versäumtes doch noch von den Eltern zu bekommen, ist ein Phänomen, das weit über das Thema des schwarzen Schafes hinausreicht. Es dürfte einer der wichtigsten Hemmschuhe in der persönlichen Weiterentwicklung vieler Menschen sein.

Allerdings haben schwarze Schafe in diesem Punkt noch eine viel schlimmere Erfahrung gemacht. Gerade weil andere Familienmitglieder all das bekommen haben, was ihnen vorenthalten wurde, wirkt sich dieses Thema besonders drastisch aus. Viele Frauen und Männer, die zusammen mit ihren Geschwistern erleben mussten, dass die Eltern ihnen weniger gegeben haben, als sie gebraucht hätten, finden irgendwann entschuldigende Erklärungen dafür. »Unsere Eltern hatten andere Sorgen, sie konnten sich nicht so gut um uns Kinder kümmern« oder »Mein Vater hatte selbst eine schwere Kindheit, da konnte er uns keine Liebe geben« sind Beispiele dafür. Bei schwarzen Schafen klappt das nicht. Sie haben am eigenen Leib erlebt und mit eigenen Augen gesehen, dass die Mutter oder der Vater durchaus in der Lage waren, liebevoll für ihre Kinder zu sorgen, nur eben nicht für das schwarze Schaf. Sie können sich diese Erfahrungen nicht mit Rationalisierungen schönreden.

Das Ausweichen in eine Grundstimmung großer Gekränktheit ist deshalb eine häufige Reaktion. Manche schwarzen

Schafe verschränken innerlich die Arme vor der Brust, runzeln die Stirn und bleiben stehen. So, hier rühre ich mich jetzt nicht mehr von der Stelle, bis ich bekommen habe, was mir zusteht. Wer kleine Kinder hat, kennt dieses Verhalten, mit dem etwas ertrotzt werden soll, was gewünscht, aber gerade nicht zu haben ist. Diesen Effekt, bei dem das »innere Kind« in einen Warte-Modus geht, habe ich bereits beschrieben und darauf hingewiesen, dass die Grundhaltung »Ich habe noch was gut« auch aktuelle Beziehungen des schwarzen Schafes belasten kann (S. 219 f.).

Der entscheidende Punkt dabei ist, dass wir nicht versuchen dürfen, das Versäumte bei anderen Menschen einzufordern. Weder die Eltern, die für die Erfahrung verantwortlich sind, dass ich zu kurz gekommen bin, noch der Partner, noch der Chef sind dafür zuständig, meinem »inneren Kind« etwas Gutes zu tun.

Warum? Fordere ich etwas von anderen, mache ich mich von ihnen abhängig. Ich baue eine Erwartungshaltung auf, die in den allermeisten Fällen zur Enttäuschung führt. So entsteht gerade in der Beziehung zu den Eltern, die mich benachteiligt oder ausgegrenzt haben, ein lebenslanges Hinterherlaufen, eine fatale und negativ getönte Verbindung. Ich knüpfe mein Schicksal und mein Lebensglück an das Verhalten meiner Eltern mit der Begründung »Das steht mir doch zu«. Natürlich steht es mir nicht weniger zu als meinen Geschwistern, von den Eltern Aufmerksamkeit und Akzeptanz zu erhalten. Aber ich kann mir das weder ertrotzen, noch sollte ich ein Leben lang darauf warten. Gerade dieser Punkt, dass da noch was gehen könnte, dass da noch eine Rechnung offen ist, dass ich noch etwas bekomme, das mir zusteht, verhindert die Erreichung des eingangs genannten Ziels: Distanz.

Am diesem Punkt loszulassen und einen Haken dahinter zu setzen, dass ich im Gegensatz zu anderen Familienmitgliedern zu wenig bekommen habe, ist unglaublich schwer. Dafür sind die Emotionen verantwortlich, die dieses Verharren, Warten und »Nachlaufen« prägen. Die Mischung aus Trotz, Gekränktheit und Hoffnung verhindert, dass das schwarze Schaf sich innerlich wieder in Gang setzt, nicht um jemandem hinterherzulaufen, sondern um den eigenen Weg zu finden. Die Erkenntnis, dass ich im Warte-Modus nicht weiterkomme und mich damit abfinden muss, dass die Schale, die meine Eltern bei meinen Geschwistern reich gefüllt haben, bei mir leer bleibt, ist überaus schmerzhaft. Es ist eine Abkehr von der Hoffnung und ein bewusster Verzicht. In diesem Moment akzeptiere ich, dass ich in diesem Leben von meinen Eltern und Geschwistern nie mehr das bekommen werde, von dem ich weiß, dass es auch mir zugestanden hätte. An diesem Punkt spüre ich, wie schmerzhaft die Wahrheit sein kann. Der Blick zurück zeigt mir noch einmal, wie weh es tut, ausgegrenzt zu sein.

Aber es ist gleichzeitig auch ein Geburtsschmerz. Mit dem Verzicht, mein Lebensglück an ein bestimmtes Verhalten anderer Menschen zu koppeln, mit diesem Loslassen, diesem Zulassen von Distanz, entsteht Freiheit. Indem ich nichts mehr von meinen Eltern und meinen Geschwistern verlange, ihnen nicht mehr innerlich hinterherlaufe, habe ich mich ein Stück weit befreit. Ich bin jetzt in der Lage, mich nach anderen Wegen umzusehen, um meine Lebenssituation, meinen Selbstwert und mein Glück zu fördern. Ich sehe, dass die Einstellung »Das steht mir doch zu« nachvollziehbar und inhaltlich richtig ist, aber ich weiß auch, dass es mich nicht weiterbringt, bei anderen Menschen als bei mir selbst die Verantwortung für mein Leben zu suchen.

Diese Aufgabe ist schwer, weil es einfacher ist, in alten Strukturen zu verharren und weil das Gefühl der Gekränktheit eine bittere Befriedigung beinhaltet. Sie ist leicht, weil

Freiheit leicht macht und neue Aufgaben neue Energien mobilisieren. Ich kann allen schwarzen Schafen nur raten, diese Aufgabe anzunehmen.

Auch dieses Loslassen findet nicht in einem einmaligen Moment der Erlösung statt, sondern kann sich über Jahre hinziehen. Die Erkenntnis, dass ich besser darauf verzichte, dass mir noch etwas zusteht, wird sich immer wieder aufs Neue einstellen müssen. Auch hier gibt sich der »innere Feind« nicht so einfach geschlagen und wird mir den Standpunkt, noch Forderungen offen zu haben, und die daraus resultierende Passivität als die beste Option verkaufen wollen. Aber mit jedem erneuten Durchleben der bewussten Abkehr von dieser hemmenden Einstellung gewinne ich mehr Abstand und beginne, mein Leben selbst zu gestalten.

Gerechtigkeit

Das Gefühl für Gerechtigkeit ist bei den meisten Menschen ausgeprägt. Gleichzeitig dürfte eines der am wenigsten erfüllten Bedürfnisse sein, dass es doch gerecht zugehen möge. Versucht man der Bedeutung des Begriffes auf den Grund zu gehen, so landet man schnell im Dschungel verschiedenster Auslegungen. So ganz genau kann nicht definiert werden, was Gerechtigkeit eigentlich ist, und deshalb hat jeder eine etwas anders gefärbte Vorstellung davon, was gerecht ist und was nicht. Bezogen auf unser Thema werden wir es wohl übereinstimmend als ungerecht bezeichnen, wenn ein einzelnes Mitglied einer Familie benachteiligt oder ausgegrenzt wird, ohne dass es etwas dafür kann. Diese Erfahrung einer ganz persönlich erlebten Ungerechtigkeit führt bei manchen dieser schwarzen Schafe dazu, dass sie bei diesem Thema sehr empfindlich eingestellte Antennen haben. Die innere Warnlampe »Achtung, Ungerechtigkeit!« leuchtet bei ihnen sehr schnell auf.

Schwarze Schafe können nach meiner Erfahrung auf zweierlei Weise durch ihr Gerechtigkeitsempfinden Probleme bekommen. Die erste Gefahr lauert darin, beim Kampf gegen Ungerechtigkeiten die Beschäftigung mit dem persönlichen Schicksal zu vernachlässigen. Meistens hat ja unser Engagement für die eine oder andere Sache etwas mit uns selbst zu tun. Das ist so lange kein Problem, wie ich nicht versuche, meine eigenen Themen zu lösen, indem ich anderen helfe. Und genau das haben einige schwarze Schafe versucht, mit denen ich gesprochen habe. Sie waren engagiert im Kampf gegen die Globalisierung, gegen den Hunger in Entwicklungsländern, für mehr »soziale Gerechtigkeit«, für die Gleichstellung der Frau. Meine Aufzählung ist zufällig und enthält keine Wertung. Mit Nachdruck möchte ich darauf hinweisen, dass soziales Engagement gut, sinnvoll und unverzichtbar ist. Nur wird es eines nicht lösen: meine eigenen Probleme. Gerade das Erleben, in der eigenen Familie benachteiligt oder ausgegrenzt zu sein, ist einerseits außerordentlich prägend, und andererseits fällt die Beschäftigung damit vielen Menschen schwer. Es ist naheliegend und nachvollziehbar, dass dieses Dilemma dazu führen kann, dass ich mich der Ungerechtigkeit »in der Welt« zuwende, weil diese leichter zu bekämpfen scheint als die Ungerechtigkeit in meiner eigenen Familie. Das stillt das Bedürfnis, die Gerechtigkeit zu fördern und lenkt von der eigenen Thematik ab. Und darin liegt das Problem. Es ist ähnlich wie in der Kindererziehung: Töchter und Söhne schwarzer Schafe machen meist bessere familiäre Erfahrungen als ihre Mutter oder ihr Vater. Diese Eltern achten aufgrund des eigenen leidvollen Schicksals in aller Regel darauf, dass »die Kinder es besser haben« und es nicht zu Benachteiligungen einzelner kommt (S. 221 ff.). Das ist gut und wichtig, hilft dem eigenen Lebensgefühl aber nur bedingt weiter. Als schwarzes Schaf komme ich nicht umhin, mich mit meiner Geschichte auseinanderzusetzen. Auch wenn es Befriedigung bringt, für eine gerechtere Welt zu sorgen, so wird diese Befriedigung nie zu einem inneren Frieden mit meiner Vergangenheit führen. Wir sehen, worauf es hinausläuft: Auch bei diesem Thema sollten wie ein »entweder – oder« vermeiden und uns dem »sowohl – als auch« zuwenden. Das bedeutet, mit aller Energie für die Themen zu kämpfen, die mir in puncto Gerechtigkeit in der Welt wichtig sind und gleichzeitig nie die persönliche Dimension aus dem Auge zu verlieren, die eine der Quellen ist, aus denen sich meine Wut und mein Engagement speisen.

Mich hat sehr erstaunt, wie groß der innere Widerstand mancher schwarzer Schafe bei diesem Thema ist. Die Botschaft, neben dem sozialen, politischen oder gesellschaftlichen Engagement für mehr Gerechtigkeit auch noch etwas Energie für die eigene Geschichte zu reservieren, wollen viele nicht hören. Solches »Psychologisieren« diene nur dazu, ihnen den Schwung zu nehmen und vom Einsatz für wichtige Themen abzulenken. Mein Plädoyer dafür, das Kernthema des schwarzen Schafes ernst zu nehmen, brachte mir schon die verschiedensten Vorwürfe ein. Um meine oben genannten Beispiele noch einmal aufzugreifen, unterstellten mir die Globalisierungsgegner eine »neoliberale Einstellung«, die Kämpfer gegen den Hunger in Afrika warfen mir vor, engstirnig zu sein und nicht über den eigenen Tellerrand hinaus zu sehen, die Befürworter von mehr »sozialer Gerechtigkeit« vermuteten bei mir eine reaktionäre Gesinnung, und die feministisch aktiven Frauen zogen eine Augenbraue hoch, was ich mit »typisch männlicher Beitrag zu diesem Thema« übersetzte. Das Misstrauen an dieser Stelle ist sehr groß, und als Gesprächspartner schwarzer Schafe hat man es manchmal schwer, diese davon zu überzeugen, dass die Argumentation nicht *gegen* ihr Engagement geht, sondern *für* eine Auseinandersetzung mit persönlichen Themen eintritt.

Die zweite Problematik, die beim Thema Gerechtigkeit auftreten kann, ist wieder geprägt von der Unfähigkeit, loszulassen. Dieses Haftenbleiben in nicht förderlichen Denk- und Verhaltensweisen habe ich im Kapitel über die Einstellung »Das steht mir doch zu« bereits erwähnt (S. 251 ff.). Es tritt ebenfalls auf im Falle eines erlittenen Unrechts, vor allem, wenn keinerlei Möglichkeit mehr besteht, etwas daran zu ändern. Wiederum reicht dieses Phänomen weit über das Thema des schwarzen Schafes hinaus und findet sich bei sehr vielen Menschen, auch wenn sie keine Erfahrung von Benachteiligung oder Ausgrenzung in ihrer Familie gemacht haben. Ich führe es hier trotzdem an, weil gerade schwarze Schafe aufgrund ihrer Vorgeschichte besonders in Gefahr sind, an einem solchen Punkt steckenzubleiben.

Ganz ausgeprägt begegnet mir das Thema übrigens auch im Umgang mit Mobbing-Opfern. In mehr als 80 Prozent der Fälle ist Mobbing am Arbeitsplatz erfolgreich, und meist scheidet die oder der Gemobbte aus dem Betrieb aus, während der oder die Mobber weiterhin dort ihr Unwesen treiben. Warum das so ist, soll hier nicht Gegenstand der Betrachtung sein. Die Tatsache, dass hier keine Gerechtigkeit eingetreten ist, dass das Opfer alle gesundheitlichen, sozialen und finanziellen Folgen zu tragen hat, während der Täter nicht bestraft wird, ist einer der am schwersten zu bewältigenden Umstände für Mobbing-Opfer. Aber auch sehr viele andere Menschen können es schlichtweg nicht ertragen, dass sie ungerecht behandelt wurden und nichts dagegen tun können. Der Kampf gegen eine als ungerecht erlebte Niederlage vor Gericht, eine zum Verlust des Arbeitsplatzes führende Intrige eines Kollegen oder andere »himmelschreiende« Ungerechtigkeiten wird schnell zum alles beherrschenden Lebensinhalt.

Aber bereits im Kleinen haben wir oft große Probleme, zurückzustecken. Der Autofahrer, der uns die Vorfahrt nimmt und dann noch bei Gelb als Letzter über die Ampel kommt, während wir bei Rot stehenbleiben müssen, kann einige Menschen tagelang beschäftigen. Am liebsten würden sie es ihm noch eine Woche später heimzahlen, obwohl die Situation schon lange vorbei ist. »Das kann ich mir doch nicht bieten lassen« oder auch »Das kann doch so nicht stehenbleiben« sind innere Leitsätze mit großer Macht über das gesamte Handeln eines Menschen. Auch wenn längst alle Möglichkeiten ausgereizt sind, wollen und können sie nicht »zur Tagesordnung übergehen« und sich anderen Themen zuwenden. Die Sinnlosigkeit einer weiteren Beschäftigung mit dem Thema sehen manche durchaus ein; die innere Stimme, die ihnen verbietet, einen Haken hinter die Sache zu machen, ist trotzdem stärker.

Nun gibt es Menschen, die über ein erstaunliches Maß innerer und äußerer Energie verfügen und sich über viele Jahre hinweg intensiv damit beschäftigen können, alle noch so schwer zu entdeckenden Hebel in Bewegung zu setzen, um zu ihrer Gerechtigkeit zu gelangen. Sie recherchieren nächtelang vor dem PC und versorgen ihren Anwalt (wenn es gerichtliche Auseinandersetzungen sind) mit ausgefeilten juristischen Argumentationen. Bei einigen dieser Menschen (es sind wenige!) habe ich eingesehen, dass ihre Kraft reicht, um immer weiter zu kämpfen, und ihnen glaube ich, dass es besser für sie ist, nicht damit aufzuhören. Sie ertragen das Gefühl nicht, aufzugeben. Sofern dadurch keine gesundheitliche Schädigung eintritt (was in den meisten Fällen eben doch der Fall ist), sollen sie sich weiter auf diese Weise beschäftigen. Schließlich müssen sie selbst entscheiden, was sinnvoll verbrachte Zeit ist und was nicht.

Die große Masse aller anderen aber muss ich davor warnen, sich auf diese Weise im Kampf um eine nie zu erreichende Gerechtigkeit zu verschleißen und gesundheitlich zu ruinieren.

Auch hier ist die Argumentation gegen ein solches Verhalten sehr schwer. Viele der Menschen, die sich in einem Kampf gegen erlittenes Unrecht verstrickt haben und es trotz bereits eingetretener körperlicher und psychischer Schäden nicht lassen können, damit immer weiterzumachen, fühlen sich unverstanden, wenn man ihnen rät, im Interesse der eigenen Gesundheit einen Kurswechsel durchzuführen. Dabei kann ich die meisten von ihnen gut verstehen und weiß, wie schwierig es ist, sich an diesem Punkt abzuwenden und in eine andere Richtung zu blicken. Die Frage ist aber, ob es die beste Lösung ist, das eigene Leben mit einem nicht zu gewinnenden Kampf zuzubringen. Das Loslassen an dieser Stelle ist nach meiner Erfahrung eine wahre Herkules-Aufgabe, zumal wenn die aktuell erlittene Ungerechtigkeit in eine bereits vorhandene Kerbe früher Benachteiligung und Ausgrenzung schlägt, wie es bei schwarzen Schafen der Fall ist. Auch hier empfehle ich, die ursprüngliche Thematik nicht aus den Augen zu verlieren und sich dem Umgang mit diesen familiären Erfahrungen zu widmen, anstatt sich auf anderen Schauplätzen zu verausgaben.

Blut ist dicker als Wasser

Mit diesem oft zitierten Satz werden Beziehungen unter Familienmitgliedern in ihrer Wichtigkeit über andere Kontakte wie Ehepartner, Freunde und Bekannte gestellt. Damit wird zum einen die Unvergleichlichkeit familiärer Bande betont, zum anderen auch eine Regel ausgegeben, nach der es jedermanns Pflicht ist, auf Mutter, Vater und Geschwister besondere Rücksicht zu nehmen. Es ist eine Variation des »heilige Familie«-Themas (S. 247 ff.), allerdings mit der Besonderheit, dass hier ein Vergleich zu anderen im Leben wichtigen Beziehungen hergestellt wird.

Die Unauflösbarkeit der familiären Struktur gibt dem Sprichwort Recht. Ich kann die Mitgliedschaft in meiner Familie nicht kündigen, kann nicht einfach austreten oder beschließen, dass meine Mutter nicht mehr meine Mutter ist. Ob mir allerdings meine Eltern, meine Schwester und mein Bruder immer wichtiger sein müssen als meine Freunde oder mein Lebenspartner, ist die Frage. Bei intakten familiären Verhältnissen und wenn ich mit einem guten Gefühl an meine Rolle innerhalb der Familie denken kann, stellt sich diese Frage meist nicht. Schließlich besteht ja keine wirkliche Konkurrenz zwischen Herkunftsfamilie, eigener Familie und Freundeskreis. Die besondere Erfahrung eines schwarzen Schafes ändert diese Situation aber. Durch die erlittene Benachteiligung oder Ausgrenzung verliert die Beziehung zur Familie an Leichtigkeit und wird zum Problembereich. Die damit einhergehenden Schuld- und Schamgefühle wurden schon angesprochen, ebenso die Gefahr, nicht loslassen zu können und bis ans Lebensende auf etwas zu warten, das nie eintritt. Dies erklärt das Paradox, dass gerade durch das Erleben von Ausgrenzung eine echte Entwicklung hinaus aus der Familie und hinein ins eigene Leben behindert wird. Dadurch leiden auch bei vielen schwarzen Schafen persönliche Beziehungen außerhalb der Familie. Nehmen wir jetzt noch die Einstellung »Blut ist dicker als Wasser« hinzu, können wir die Not mancher schwarzer Schafe besser verstehen: Die ohnehin negativ gepolte Bindung an Eltern und Geschwister erfährt durch diesen Spruch eine weitere Verstärkung, und die gerade für schwarze Schafe so wichtigen außerfamiliären Kontakte werden im wahrsten Sinne des Wortes verwässert. Die (oft unbewusste) Einstellung, Blut sei dicker als Wasser, wertet die Beziehung zu Eltern und Geschwistern auf und alle anderen Kontakte ab.

Wir sehen, dass es auch an dieser Stelle wieder wichtig ist, auf unser Grundprinzip zurückzukommen: Das Erreichen von Distanz. Gerade die Beziehung zu Freunden, zum Lebenspartner, zu den eigenen Kindern hat großes Potential, für Fortschritte zu sorgen, wenn ich dem negativen Lebens-gefühl meines Daseins als schwarzes Schaf den Kampf an-sage. Wenn dann schon wieder »per definitionem«, also quasi als Grundregel, diese Beziehungen weniger wert sein sollen als die problematischen Kontakte mit Eltern und Ge-schwistern, verstärkt dies nur die ohnehin erschwerte Loslö-sung. Meine durch die Eltern erlebte Abwertung hat dann immer mehr Gewicht als die positive Unterstützung, die mir mein Partner gibt.

Auch an dieser Stelle müssen wir aufpassen: Bereits mehr-fach habe ich betont, dass es nicht die Aufgabe von Partnern oder Freunden sein kann, die negativen Erfahrungen aus Kindheit und Jugend ungeschehen zu machen oder auszu-gleichen. Das geht auch gar nicht. Aber auf meinem Weg, mir selbst eine neue Bewertung als Mensch zu geben, bin ich durchaus auf andere angewiesen. »With a little help from my friends« geht manches leichter, das wussten schon die Beatles. Auf der »korrektiven emotionalen Erfahrung«, wie es der Psychoanalytiker Franz Alexander formulierte (19), beruht der Erfolg so mancher, wenn nicht jeder Psychotherapie. Das bedeutet, dass mir die positiven Beziehungen außerhalb mei-ner Herkunftsfamilie weit wichtiger sind, als dass man sie als »Wasser« bezeichnen könnte. Auf diese Wichtigkeit werde ich noch zu sprechen kommen.

Um den Kopf frei zu bekommen, müssen wir so manche hinderliche Einstellung hinterfragen. Dies kann ein erster wichtiger Schritt sein, um eine gesunde Distanz zu den nega-tiven Erfahrungen in der eigenen Familie herzustellen.

STÄRKER WERDEN, ACHTSAM SEIN

Obwohl es nicht möglich ist, im begrenzten Rahmen dieses Kapitels eine vollständige Übersicht über all das zu geben, was uns innerlich stärkt und unsere Selbstwahrnehmung positiv beeinflusst, möchte ich doch einige Punkte zumindest kurz ansprechen.

Auf die Bedeutung der Resilienz (Widerstandsfähigkeit) habe ich bereits hingewiesen. Sie ist in etwa das Gegenstück zur Vulnerabilität (Verletzlichkeit). Einer der Faktoren, die uns im Leben stärken, ist das Aufwachsen in einer positiven Familiensituation. Da dies allen schwarzen Schafen verwehrt ist, bleibt nur noch die aktive Förderung anderer Faktoren, die im Leben stark machen. Mittlerweile gibt es zu den Resilienzfaktoren einiges an empfehlenswerter Literatur (20)(21). Auf einige der für unser Thema besonders wichtigen Faktoren möchte ich hinweisen:

Impulskontrolle

Die Fähigkeit, in uns aufkommende Impulse in Schach zu halten und dafür zu sorgen, dass diese nicht ungefiltert in unser Verhalten einfließen, ist ein wichtiger Punkt, um innerlich stärker zu werden. Vor allem einschießende Emotionen wie Wut und Ärger gehen mit dem Drang einher, möglichst umgehend »ausgelebt« zu werden. Aber ist es so sinnvoll, immer gleich an die Decke zu gehen? Manchmal durchaus, aber sicher nicht in allen Fällen. Insbesondere wenn unsere Handlungen negative Konsequenzen für uns haben können, ist es besser, im Einzelfall zu entscheiden, ob ich meinem Ärger spontan Luft mache oder aber den Groll vorerst runterschlucke und mir eine geeignete Strategie überlege, wie ich sinnvoller vorgehen kann. Ärgert mich der Chef, ist es vielleicht besser, ihm nicht die Kaffeetasse hinterherzuwerfen oder fristlos zu kündigen. Und im Streit mit meinem Partner will ich auch nicht, dass jedes Missverständnis gleich eskaliert, weil ich alles sofort und ohne nachzudenken anspreche.

Dies soll kein Plädoyer dafür sein, alles runterzuschlucken oder sich alles gefallen zu lassen. Es geht vielmehr wieder um das Prinzip »Entscheidung statt Automatismus«. Ich stärke mich ungemein, wenn es mir gelingt, meine Impulse so weit zu kontrollieren, dass ich selbst entscheide, was nach außen darf, und nicht mein innerer Wüterich das Steuer in der Hand hat. Wie das geht? Den Vorsatz fassen und dann üben! Anfangs wird es sicherlich schwer sein, die Impulse wahrzunehmen, aber nicht spontan nach ihnen zu handeln. Auch hierfür ist Distanz erforderlich, nämlich die Distanz zu unserer eigenen Wut. Auch hier werden wir wieder die »innere Stimme« vernehmen, die uns einzureden versucht, wir wären nur zu feige, um uns zu wehren. Aber das ist die Stimme unseres inneren Feindes. Und der ist kein guter Berater.

Das heißt, wir werden anfangs einiges runterschlucken müssen, und die dadurch vielleicht umso stärker spürbare innere Wut wird uns gehörig einheizen. Wenn wir uns dieser Aufgabe aber stellen, werden wir im Laufe der Zeit deutlich spüren, wie unsere Macht über uns selbst wächst. Dieses Gefühl, sich selbst kontrollieren zu können und sich im besten Sinne zu be-herrschen, ist die Belohnung für das Bemühen um Impulskontrolle. Spüre ich diese Macht über mich selbst, wird der »innere Feind« es wesentlich schwerer haben, meine Handlungen zu beeinflussen. Denn ich werde stärker, wenn ich meine Impulse kontrollieren kann, und nicht etwa schwächer, wie es mir anfangs vielleicht scheinen mag.

Gerade beim Thema Impulskontrolle treffen wir auf bereits besprochene Prinzipien: Die Distanz zu eigenen negativen Einstellungen und Verhaltensweisen, das Nein zum inneren Feind, die innere Freiheit, die wir erreichen, wenn wir nicht nach Automatismen, sondern nach Entscheidungen handeln. Wir erkennen aber auch, dass alle Fortschritte nur dadurch realisiert werden können, dass wir uns erstens die richtigen Ziele setzen und zweitens geduldig jeden Tag an uns arbeiten, um diese Ziele zu erreichen. Der Lohn für schwarze Schafe ist aber groß: Ein besserer Selbstwert, ein besseres Lebensgefühl, eine neue Selbstdefinition.

Positive Selbstwahrnehmung

Um zu einem besseren Selbstbild zu gelangen, bringt es nach meiner Erfahrung nichts, sich mantraartig vorzubeten, wie toll, wichtig oder einmalig man doch ist. Die einschneidende Erfahrung, in der eigenen Familie benachteiligt oder ausgegrenzt worden zu sein, führt zu einer inneren Überzeugung eigener Wertlosigkeit. Da reichen gut gemeinte Sprüche nicht, um das zu ändern. Auch wenn ich mir fünf Mal am Tag vorsage, wie wichtig es ist, dass es mich gibt, ich werde es schlicht nicht glauben können. Besser ist es, sich an konkreten Erfolgen, gelungenen Aktionen und eigenen Stärken zu orientieren. Die größte Hürde dabei ist es, Vergleiche mit anderen zu vermeiden.

Rolf (29 J.) ist ein typisches schwarzes Schaf. Seinen Eltern konnte er nichts recht machen, während seinem Bruder alles mit links gelungen ist. Vor allem beruflich sieht sich Rolf als Versager, weil er in einem Angestelltenverhältnis im Büro arbeitet, während der Bruder selbständiger Anwalt ist. Aber Rolf hat ein feines Händchen für alles, was mit IT zu tun hat. Wann immer irgendwo eine Festplatte den Geist aufgibt oder ein Virus sich eingenistet hat, rufen seine Freunde nach ihm. Rolf ist dann meist schnell zur Stelle und behebt den Schaden. Dadurch hat er wesentlich mehr Kontakte als sein Bruder und einen großen Freundeskreis. Als ich Rolf im Gespräch auf dieses Talent hinweise, meint er nur, das sei doch nichts im Vergleich mit einem Jura-Studium. Rolf geht also sofort in den Vergleichsmodus, von dem wir gesehen haben, dass er einer der Wege zur eigenen Selbstabwertung ist (S. 185 ff.). Er muss erst noch lernen, dieses Vergleichen kritisch wahrzunehmen und damit aufzuhören. Er muss erkennen, dass es der schon oft zitierte »innere Feind« ist, der diesen Vergleich nur deshalb anstellt, damit Rolf immer aufs Neue den Kürzeren zieht.

Die Brücke zu dieser Einstellung ist, den Vergleich zunächst zu relativieren und schließlich ganz aufs Vergleichen zu verzichten. Wenn der PC zickt, bringt der Gang zum Anwalt wenig. In diesem Fall sind Rolfs Talent und seine über die Jahre gewachsene Routine beim Umgang mit solchen Problemen wichtiger als das Jura-Studium des Bruders. Natürlich kommen an dieser Stelle auch wieder jede Menge Gegenargumente, so zum Beispiel, dass Rolf dadurch ja kaum Geld verdient. Aber das ist letztlich auch nur wieder ein Widerstand gegen die schlichte Tatsache, dass es da etwas gibt, auf das Rolf stolz sein kann, wenn er es schafft, mit dem ewigen Vergleichen aufzuhören. Sieht man genau hin, so erkennt man bei Rolf auch ein stabiles soziales Umfeld. Er hat viele Freunde (die ihn nicht nur wegen seiner IT-Kenntnisse schätzen). Durch die geregelten Arbeitszeiten im Büro hat er mehr Freizeit, die er auch durchaus sinnvoll nutzt. Stellt man sich Rolf ohne seine Vorgeschichte vor, so führt er ein Leben, in dem alles in Ordnung ist. Die Bedrücktheit und innere Unruhe, die ihn quälen, kommen aus seiner Erfahrung in der Familie, die er nicht innerlich abschließt, sondern weiterführt. Haben früher die Eltern den Vergleich zwischen den beiden Söhnen gezogen, so setzt Rolf diese »Familientradition« alleine fort – zu seinen Ungunsten. Er hat das Prinzip, dass er in der Familie der Loser ist, verinnerlicht.

Eine positive Selbstwahrnehmung setzt voraus, dass ich mich entschlossen dagegen wehre, die in meiner Familie erfahrene Abwertung jeden Tag aufs Neue selbst weiterzuführen. Erst wenn Rolf seine eigenen positiven Eigenschaften ohne den ständigen Vergleich mit seinem Bruder wertschätzen kann, wird es ihm besser gehen.

Im Laufe unserer Gespräche hat Rolf für sich ein gutes Bild gefunden: »Ich steige immer in den Ring mit meinem Bruder, aber immer in einer Disziplin, in der er mir überlegen ist. So kann ich nie gewinnen.« Als Rolf das verstanden hat, beschließt er, mit dem Bruder in einen Ring zu steigen, in dem er dominieren wird: »Wenn ich mir jetzt mal vorstelle, es geht in dem Kampf um Computerkenntnisse oder um Sport oder um Freizeit, dann habe ich die Nase vorn.« Und an diesem Punkt geschieht etwas für Rolf ganz Erstaunliches: »Ich habe gemerkt, dass es mich überhaupt nicht befriedigt, wenn ich mir so einen Kampf vorstelle. Ich will gar nicht besser sein als mein Bruder, will gar nicht gegen ihn gewinnen. Mir geht es ja eigentlich nur darum, dass ich nicht schlechter sein will als er.« Eine entscheidende Wendung: Rolf hat realisiert, dass diese Kämpfe, die er innerlich mit seinem Bruder inszeniert, nur dazu dienen, sich selbst immer wieder in die Loser-Rolle zu bringen. Das Ganze auf den Kopf zu stellen, um in einer selbstgewählten Disziplin gegen den Bruder die Nase vorn zu haben, bringt ihm nicht wirklich Befriedigung. »Als ich das gemerkt habe, ist es mir wirklich wie Schuppen von den Augen gefallen. Es geht gar nicht um dieses ständige Vergleichen. Jeder macht sein eigenes Ding, jeder ist in was anderem gut, und basta. Dass mein Bruder besser sein soll als ich, ist Ansicht meiner Eltern gewesen. Das tut zwar verdammt weh, aber ich muss das nicht immer selbst wiederholen. Davon wird nämlich nichts besser.«

Ab diesem Zeitpunkt konnte Rolf damit anfangen, eine

bessere Selbstwahrnehmung aufzubauen. Natürlich hat er immer wieder spontan den Vergleich mit dem Bruder gezogen. Aber es ist ihm fast jedesmal sofort aufgefallen. »Manchmal musste ich wirklich innerlich lachen, wenn ich gemerkt habe, dass ich wieder meinen alten Ring aufgebaut habe, um mir eine »Pflichtniederlage« gegen meinen Bruder zu holen. Dann habe ich schnell innerlich ein Schild an den Ring gehängt: Heute geschlossen!«

Rolf hat etwas sehr Wichtiges erwähnt: Ein untrügliches Zeichen dafür, dass wir auf dem richtigen Weg sind und Distanz zu schädlichen Verhaltensweisen aufbauen, ist der Punkt, an dem wir über uns lachen können. Es ist kein Auslachen, sondern ein Lachen, das signalisiert, dass wir uns auf die Schliche gekommen sind. »Ich immer mit meiner Vergleicherei«, sagt Rolf und lacht dazu. Er hat sich durchschaut, und er hat Abstand zu »seiner Vergleicherei« gewonnen.

Kontakte knüpfen

Gerade weil die Beziehungen innerhalb der eigenen Familie für jedes schwarze Schaf belastet und belastend sind, kommt außerfamiliären Kontakten eine große Bedeutung zu. An der Denk-Falle »Blut ist dicker als Wasser« (S. 259 ff.) scheitern einige dieser so wichtigen Möglichkeiten, sich mit Menschen zu umgeben, die mir wohlgesonnen sind. Die meisten schwarzen Schafe, die ich kenne, haben Bekannte und Freunde, aber nicht wenige werten diese Ebene der Beziehung ab, ohne es zu merken. Im Erleben vieler Frauen und Männer mit der Erfahrung von Ausgrenzung und Benachteiligung in der Familie sind freundschaftliche Kontakte »schön und gut«, aber eben oft ein »schwacher Trost« für all das, was sie im Kontakt mit Eltern oder Geschwistern vermisst und versäumt haben. Im Kern stimmt das auch, denn ein völliger Ausgleich für das Fehlen so elementar wichtiger Erfahrungen wie Akzeptanz und Angenommensein im Schoß einer Familie ist niemals möglich. Die Gefahr lauert aber darin, den Mitgliedern der eigenen Familie innerlich »hinterherzulaufen«, um vielleicht doch noch die Erfahrung zu machen, von den Eltern akzeptiert und angenommen zu werden. Dadurch versteife ich mich auf etwas, das ich höchstwahrscheinlich niemals bekommen werde. Gleichzeitig verschließe ich meinen Blick vor Lebensbereichen, in denen echte Zuneigung und Wertschätzung auf mich warten. Ich idealisiere damit genau das, was wohl immer ein Defizit in meinem Leben sein wird, und werte alles andere ab. Das Lebensgefühl vieler schwarzer Schafe, »Wo ich nicht bin, da ist das Glück« (S. 178 ff.), ist zum großen Teil in dieser Problematik begründet.

Ob ich das, was ich nicht bekommen habe und niemals bekommen werde, in den Himmel hebe oder ob es mir gelingt, an dieser Stelle loszulassen, entscheidet ganz wesentlich über mein Lebensglück. Wenn wir Distanz als Ziel ernst nehmen, müssen wir einige Dinge loslassen und unseren Blick in eine andere Richtung wenden. In diesem Fall sollte dieser Blick dann auf andere Menschen fallen. Ob es sich dabei um eine große Gruppe lockerer Bekanntschaften handelt oder um ein, zwei enge Freunde, ist nach meiner Erfahrung sehr abhängig von der Grundpersönlichkeit des schwarzen Schafes. Entscheidend ist, dass ich mich im Kontakt mit anderen ganz bewusst frei mache von einem sich aufdrängenden Vergleich mit familiären Kontakten. Dieser Vergleich wäre für alle Freunde, Bekannte oder Partner unfair. Es ist auch gar nicht deren Aufgabe, als »Ausgleich« für meine schlechten Erfahrungen mit meiner Familie lieb und nett zu mir zu sein. Nein, die Zuneigung eines Freundes hat schlicht gar nichts zu tun mit meinen familiären Vorerfahrungen. Schwarze Schafe neigen aber sehr dazu, unbewusst und automatisch ihre »offene Rechnung«, die sie mit den Eltern haben, in ihre Beziehungen einfließen zu lassen. Im schlimmsten Fall haben sie dann eine ganze Schar an Freunden und Bekannten, während sich gleichzeitig ihr defizitäres Lebensgefühl immer mehr verschlechtert. Mit jedem neuen Bekannten, mit jeder neuen Begegnung wird diesen Menschen deutlich, wie wenig die neuen Beziehungen in der Lage sind, etwas »wiedergutzumachen«.

Es ist deshalb besser, sich seine Erwartungshaltung von vorneherein bewusst zu machen. Das geht in unserem Fall nur mit dem Blick auf die eigene Wahrheit: Ja, ich bin das schwarze Schaf in meiner Familie. Ja, ich wurde gegenüber den anderen benachteiligt und ausgegrenzt. Ja, ich habe eine starke Sehnsucht danach, dazuzugehören, angenommen und akzeptiert zu sein. Und ja, ich werde sehr darauf achten, mit dieser meiner Thematik meine anderen Beziehungen nicht zu überfordern oder zu belasten.

Erst durch das klare Eingeständnis der eigenen Bedürftigkeit können wir verhindern, dass sich diese Bedürftigkeit in all unsere Kontakte schleicht und diese negativ beeinflusst. Wir wollen alle frei sein, unabhängig und autonom. Sich einzugestehen, dass sie bedürftig sind, beschämt die meisten Menschen. Lieber machen wir uns vor, dass nichts an uns rankommt, als dass wir zugeben, wie abhängig wir doch sind von der Zuneigung oder auch der Meinung anderer Menschen.

Diese Scham und die damit in Verbindung stehende Angst vor Abhängigkeit ist nicht nur bei schwarzen Schafen ein großes Thema. Aber durch die negative Beziehungserfahrung mit gerade den Menschen, deren Zuneigung ihnen am allerwichtigsten gewesen wäre, kommt diesem Problem bei ihnen ein besonderes Gewicht zu. Die Hürde, befriedigende Kontakte zu anderen Menschen zu knüpfen, ist deshalb bei schwarzen Schafen sehr hoch. Erschüttert in ihrem Selbstwertgefühl, beschämt von der Erkenntnis der eigenen Bedürftigkeit und immer in Gefahr, in neuen Bindungen einen Ersatz für die Familie zu suchen, gehen sie mit einer erheblichen seelischen Belastung in neue Kontakte. Dies ist auch dafür verantwortlich, dass diese neuen Beziehungen entweder abgewertet (»Sind ja ›nur‹ Freunde«) oder aber überfordert (»Ich hab ja noch was gut im Leben«) werden.

Wie kommt man aus diesem Dilemma heraus? Das Erste und Wichtigste ist sicherlich die Bewusstheit, ein schwarzes Schaf zu sein. Wer sich diesem Lebensthema nicht in aller Konsequenz stellt, bekommt keinen Zugriff auf seine Probleme und kann sie deshalb nicht lösen. Mit Konsequenz meine ich dann die Bereitschaft, sich auf den Schmerz und die Scham einzulassen, die aus dieser Wahrheit entspringen. Erst wenn ich erkenne, in welcher Gefahr ich überhaupt schwebe, kann ich etwas dagegen unternehmen. Ich werde also meine Erwartungshaltung anderen und neuen Beziehungen gegenüber daraufhin überprüfen, ob ich eher zur Abwertung oder zur Überfrachtung dieser neuen Kontakte neige. Durch die Selbstreflexion vermeide ich, mir selbst auf den Leim zu gehen und verschaffe mir die Möglichkeit, neue Beziehungen für mich befriedigend zu gestalten. Weiterhin werde ich darauf achten, wie mein »Beziehungsmuster« ist. Habe ich Angst, meine neuen und mir wichtigen Freundschaften dadurch zu gefährden, dass ich zu allem Ja und Amen sage? Das ist eine der häufigsten Fallen beim Knüpfen neuer Kontakte. Die mir entgegengebrachte Zuneigung macht mich unsicher, weil ich sie nicht richtig einschätzen kann. Gleichzeitig spüre ich, dass ich hier etwas Wichtiges, etwas Ehrliches bekomme, und mit zunehmender Wichtigkeit steigt die Angst, die neue Beziehung durch ein falsches Wort oder eine Zickigkeit zu gefährden. Dadurch verkrampfe ich innerlich und bin nicht mehr richtig ich selbst. Ich überwache mich ständig daraufhin, ob ich mich gerade beziehungskonform verhalte und gerate so in eine Konfliktvermeidung, die keiner Beziehung gut tut.

Eine andere Gefahr für schwarze Schafe ist, sich Freunde zu suchen, die als Vergleichsobjekte herhalten müssen. Das schwarze Schaf sucht sich zwar unbewusst, aber gezielt Menschen aus, die gegenüber ihm selbst in irgendeiner Weise abfallen. Entweder sind sie nicht so attraktiv, nicht so beliebt oder nicht so gescheit wie das schwarze Schaf. Die dahinter stehende Absicht ist, im Vergleich mit einer oder einem anderen besser abzuschneiden, als ich es aus meiner Familie gewohnt bin. Das klingt jetzt berechnender, als es meist ist, denn wie gesagt laufen diese Verhaltensmuster in der Regel unbewusst ab.

Karla (29 J.) gibt ein Beispiel dafür: »Schon in der Schulzeit hatte ich immer Freundinnen, die sonst keiner mochte. Zum Beispiel Silke. Die war irgendwie eigenartig, hat wenig gesprochen, stand immer nur so komisch rum. Außerdem war sie total uncool angezogen. Sie war so ein Typ, der sonst nur gemobbt wird. Ich habe auf einem Schulfest mal länger mit ihr gesprochen und fand sie eigentlich ziemlich anstrengend. Ich habe mir dann aber eingeredet, dass sie ja eine ganz Nette ist und habe halb aus Mitleid, halb aus Gründen, die ich selbst nicht so ganz verstand, viel Zeit mit ihr zugebracht. Obwohl sie nicht sehr unterhaltsam war, habe ich sie als meine Freundin bezeichnet. Ich fühlte mich irgendwie gut damit, dass ich die Einzige war, die sich mit ihr abgibt. Wenn wir zu zweit irgendwo aufgetaucht sind und andere blöd zu ihr waren, bin ich richtig sauer geworden. Deshalb haben schließlich alle Silke in Ruhe gelassen. Heute weiß ich, dass ich sie irgendwie auch für meine Zwecke missbraucht habe. Verglichen mit ihr war ich überall die Tolle. Außerdem habe ich mich durch meine ›edle Tat‹ selbst auch noch mal gehörig aufgewertet.«

Diese letzten Sätze kann Karla erst nach einer mehrjährigen Psychotherapie so formulieren. Sie ist sich selbst auf die Schliche gekommen. Als schwarzes Schaf ihrer Familie litt Karla ihre ganze Kindheit und Jugend darunter, dass ihre kleine Schwester in ihren Augen hübscher, beliebter, attraktiver und darüber hinaus »Daddys Liebling« war. Um diesem ständigen Vergleich zu entfliehen und sich selbst aufzuwerten, bediente sie sich der unbeliebten und »uncoolen« Silke. Der gegenüber war Karla endlich einmal selbst der Schwan und nicht mehr das hässliche Entlein.

So etwas trägt meist nicht lange. Es ist eine wackelige Krücke für das Selbstwertgefühl, wenn ich mir immer jemanden zur Seite stelle, der in meinen Augen und in denen der anderen Menschen gegen mich abfällt. Diese Taktik vermeidet die Auseinandersetzung mit der eigenen Scham und dem tief in mir angesiedelten Minderwertigkeitserleben, anstatt sich aktiv damit auseinanderzusetzen, es zunächst auszuhalten, dann zu hinterfragen, sich dagegen *innerlich* zu verwehren und schließlich zu einer besseren Selbstdefinition zu gelangen. Ich weiß sehr wohl, dass viele schwarze Schafe sich aus großer innerer Not so verhalten. Ich kann aber nur jedem, der diese Tendenz bei sich entdeckt, raten, damit schnellstmöglich aufzuhören. So etwas kann zum Lebensprinzip werden und ist dann immer die Basis eines unglücklichen Lebens.

Gelingt es uns, all diese Untiefen beim Knüpfen von neuen Kontakten zu umschiffen, so stellen außerfamiliäre Beziehungen eine der wichtigsten Quellen dar, um neue und vor allem heilsame Erfahrungen zu machen. Wenn ich aufhöre, Freunde und Bekannte immer vor dem Hintergrund der schlechten Erinnerungen an meine Familie zu sehen und mich auf diese Beziehungen einlasse, kann ich mich selbst in der Akzeptanz durch mein Gegenüber als wertvoll, interessant, liebenswert erleben. Das geht nicht von heute auf morgen. Zu sehr haben mich die Erlebnisse aus der eigenen Kindheit und Jugend geprägt, als dass ich jedem, der etwas Positives über mich sagt, alles glauben könnte. Kann ich diese Zweifel aber besiegen, so sind Kontakte zu anderen Menschen außerordentlich wichtig, um die Rolle des schwarzen Schafes hinter mir zu lassen.

Schluss mit der Selbstüberforderung

Viele schwarze Schafe haben die Tendenz, sich selbst zu viel zuzumuten. Sei es, dass sie sich in die Arbeit stürzen, bis sie ausgelaugt sind, sei es, dass sie als »Sonnenvögel« innerhalb der Familie den meist unausgesprochenen Auftrag erfüllen, sich um alles zu kümmern und für alle zu sorgen. Die Folgen dieses Verhaltens sind auf lange Sicht Erschöpfung, Depression und Burnout. Das dazu am besten passende Bild ist das viel zitierte Hamsterrad: Der Hamster in seinem kleinen Käfig tobt seinen Bewegungsdrang in seinem Rad aus, ohne dadurch auch nur einen Zentimeter weiterzukommen. Mittlerweile weiß man, dass das sogar für den Hamster selbst Stress bedeutet. Auf uns Menschen übertragen symbolisiert dieses Bild einen unermüdlichen Einsatz, der zu keinem echten Fortschritt kommt. Wir powern uns aus und sind am Ende genauso weit wie vorher. Wir kommen nicht an das Ziel, das wir mit unserem erheblichen Engagement anstreben. Bei schwarzen Schafen sind die Ziele meist unbewusst: Sie wollen die Erfahrung, innerhalb ihrer Familie benachteiligt und ausgegrenzt worden zu sein, ausgleichen, ungeschehen machen, sich beweisen, dass sie doch etwas wert sind. Ohne es zu erkennen, hoffen sie tief in ihrer Seele, dass es »doch einmal reicht«, dass sie sich Zuneigung und Akzeptanz ihrer Familie doch irgendwann »verdient« haben werden.

Auch für dieses Unterfangen gibt es ein passendes Bild: Den Esel, der der Karotte nachläuft, die der Reiter ihm vor die Nase hält. Ohne zu erkennen, dass er diese Karotte nie wird schnappen können, dass der Abstand sich nie verkleinern lässt, geht der Esel doch immer weiter. Er hat das Objekt seiner Begierde immer vor seinen Augen, nur ein kleiner Schritt noch, dann müsste es doch soweit sein ...

Ganz ähnlich wirkt sich die imaginierte Belohnung, endlich doch im Kreise der Familie angenommen zu sein, auf das Verhalten schwarzer Schafe aus. Und selbst wenn dieses Ziel als aussichtslos erkannt wurde, bleibt das Prinzip bestehen, sich durch erheblichen Einsatz aus dem negativen Lebensgefühl, der schlechten Selbstbewertung, der inneren Unruhe herauszuarbeiten. Dieser Versuch basiert aber auf einem gravierenden Fehler: Wir legen unser Geschick in die Hände anderer Menschen. Wir machen unser Glück davon abhängig, dass ein anderer den Daumen nach oben streckt. Dabei ist es unerheblich, ob diese positive Bewertung durch die Chefin, den Trainer oder den Partner erfolgt. Diese sind nur Stellvertreter für die in der Tiefe der Seele angesiedelte Sehnsucht, der Mutter, dem Vater, den Geschwistern zu beweisen, dass wir es doch wert sind, genauso geliebt zu werden wie die anderen Mitglieder der Familie. Das Verhalten, ein ganz persönliches Defizit aus Kindertagen in einem anderen Kontext auszugleichen, ist weit verbreitet. Nur führt es nie zum gewünschten Erfolg, solange uns nicht auffällt, was wir da eigentlich tun. Es ist schön, beruflichen Erfolg zu haben, und es ist nichts dagegen zu sagen, wenn der Chef mit unserer Arbeit zufrieden ist. Die Rolle als schwarzes Schaf der Familie können wir dadurch aber nicht ablegen. Erst wenn wir erkennen, welcher Karotte wir da hinterherlaufen, wird sich unser Verhalten ändern. Dann werden wir auch noch gute und sehr gute Leistungen im Beruf anstreben, aber wir werden unseren Einsatz um die entscheidenden Prozentpunkte vermindern, die uns ansonsten in die Erschöpfung treiben würden. Wir wissen dann, dass es »die Arbeit nicht wert ist, sich kaputtzumachen« und dass wir das bislang unbewusst dahinter stehende Ziel, das mit unserer Familie zu tun hat, ohnehin nicht erreichen werden. Auch an dieser Stelle begegnen uns wieder die Prinzipien Bewusstheit und Loslassen.

Ein weiterer Punkt beschäftigt viele Menschen, die sich im Hamsterrad wiederfinden. Sie erkennen, dass ihr Einsatz und ihre Leistung ausgenutzt werden. Beifall und Lob sind in diesen Fällen nur Mittel zum Zweck, um immer mehr von demjenigen zu bekommen, der in seinem Hamsterrad immer schneller läuft. Leider ist es keine Platitude, dass ganz am Ende, wenn ich nicht mehr kann und zusammenbreche, mir keiner eine Tapferkeitsmedaille um den Hals hängt, sondern ich die Erfahrung mache, dass ich nur so lange bei den anderen beliebt war, wie sie etwas von mir gehabt haben (siehe auch S. 228 ff.). Wir sollten diese Entwicklung vermeiden. Dazu gehört zunächst einmal der Vorsatz, es anders und besser zu machen. Finde ich mich schon in einem Hamsterrad vor, brauche ich einen klaren Plan, der dazu dient, Entlastung zu schaffen. Der häufig gehörte Einwand, man könne nicht von heute auf morgen alles anders machen, ist richtig. Deshalb müssen wir die Situation gründlich analysieren. Haben wir den Eindruck, wir müssten so weitermachen wegen des Geldes, hilft meist die Erkenntnis, dass dieses Geld in der Regel deutlich weniger wird, wenn wir ausgebrannt sind und ganz oder doch für viele Monate ausfallen. Machen wir uns Sorgen, dass »alles an den Kollegen hängenbleibt«, wenn wir unser Arbeitspensum reduzieren, so sollten wir uns über die Bedeutung eines positiven und lebensnotwendigen Egoismus Gedanken machen und diesen von einem negativen, selbstsüchtigen Egoismus unterscheiden lernen.

Es würde den Rahmen dieses Buches bei weitem sprengen, wenn ich hier auf alle Maßnahmen zur Verhinderung oder Beseitigung eines Burnouts eingehen würde. Dafür gibt es mittlerweile reichlich Literatur. Nur ein Gesichtspunkt sei an dieser Stelle noch erwähnt: Je konkreter meine Planung, desto mehr Erfolg werde ich haben. Ein »Ich sollte weniger arbeiten« wird meist nichts helfen. Ein »Am Dienstag kann ich es einrichten, dass ich schon um 17 Uhr aus dem Büro gehe« kann dagegen ein erster Einstieg sein, mein selbstdestruktives Verhalten zu ändern.

Erfolg im Beruf, Beifall von Kollegen, Lob durch andere Menschen sind schön und wichtig. Erschöpfung, zunehmende Bitterkeit und die Erkenntnis, ausgenutzt zu werden, sind schädlich und machen krank. Wo in meinem Fall die Grenze zwischen diesen beiden Bereichen liegt, muss ich unbedingt herausfinden. Irgendwo führt da ein Weg hindurch, auf dem ich, mit meinen Leistungen zufrieden, aber ohne gesundheitliche Beeinträchtigung, gehen kann.

Anker und Achtsamkeit

Die Ruhelosigkeit, die viele schwarze Schafe in sich spüren, ist Folge der fehlenden Verwurzelung innerhalb ihrer Familie. Wie wir gesehen haben, kann dies sowohl im Kleinen wie im Großen zu Aktionismus und Umtriebigkeit sowie einem andauernden Gefühl der inneren Heimatlosigkeit führen (S. 197 ff.). Die Einstellung, das Glück sei ständig woanders zu suchen als da, wo man selbst gerade ist, verstärkt diese Tendenz zusätzlich. Es fehlt der innere Halt, statt Gelassenheit herrscht Unruhe. Schwarze Schafe fühlen sich meist nicht wohl mit sich, sie halten sich selbst schlecht aus. »Nichts tun« bereitet große Probleme, so dass die Suche nach Ablenkung immer mehr in den Vordergrund tritt.

Diese Entwicklung muss unterbrochen werden. Ein Mittel hierfür ist die Achtsamkeit. »Achtsam sein« klingt für viele eigentümlich antiquiert, zumindest aber »uncool«. Und in der Tat will die Achtsamkeit etwas sehr Unmodernes erreichen: eine Entschleunigung. Gerade diese können schwarze Schafe dringend gebrauchen. Die zunehmende Geschwindigkeit unseres Lebens ist an sich bereits ein Problem, das vielen Menschen Lebensqualität raubt. Besonders aber die schwarzen Schafe müssen ihrer inneren wie äußeren Rastlosigkeit ein Programm entgegenstellen, das es ihnen ermöglicht, sich in einem ersten Schritt wieder besser zu spüren und sich in einem zweiten Schritt wieder wohler mit sich zu fühlen.

Achtsamkeit hat genau das zum Ziel: durch vorurteilloses Verweilen in der Gegenwart eine größere Bewusstheit für den jeweiligen Moment zu erzeugen. Die Bedeutung des Augenblicks zu erspüren, bringt uns näher zu uns selbst, schärft die Wahrnehmung innerer und äußerer Vorgänge und nimmt die ungesunde Hektik aus dem Leben. Wir erkennen auch hier wieder das schon formulierte Ziel: Abstand zu erlangen, um besser und passender urteilen und handeln zu können.

Die Achtsamkeit ist in etwa das Gegenteil der Konzentration. Während diese die Aufmerksamkeit auf einen ganz bestimmten Inhalt fokussiert und alles andere ausblendet, vermeidet der achtsame Mensch genau das. Er versucht nicht, aktiv in eine bestimmte Richtung zu denken, sondern zieht sich in eine beobachtende Position zurück. Von dieser aus registriert er das, was sich gerade eben in diesem Moment ereignet. Dabei ist es sinnvoll, eine Vorauswahl dessen zu treffen, was ich bewusst wahrnehmen möchte. Beispielsweise kann ich mich meinem Körper zuwenden. Wenn ich gerade sitze, spüre ich in mich hinein: Ist die Sitzhaltung bequem? Wie stehen die Füße auf dem Boden? Ist das übergeschlagene Bein angenehm oder angespannt? Habe ich irgendwo Schmerzen? Ist mein Nacken entspannt, ziehe ich die Schultern hoch, geht die Atmung gleichmäßig? Was höre, rieche, sehe ich in diesem Moment?

In gleicher Weise kann ich Beobachter meiner Gedankenwelt werden, auch wenn das etwas mehr Übung erfordert als die Körperwahrnehmung. Wer schon einmal einen Kurs in Autogenem Training absolviert hat, kennt Grundzüge dieses Gedanken-Beobachtens. Welche Themen gehen mir durch den Kopf? In welche Richtung entwickelt sich ein Gedanke? Taucht er nur kurz auf, um sich gleich wieder zu verabschieden, oder wandert er in meinem Kopf hin und her, löst vielleicht andere Gedanken aus, die mit ihm zusammenhängen? Auch die an das Denken gekoppelten Gefühle sind der Beachtung wert. Werden meine Gedanken überwiegend von Angst begleitet? Gibt es positive Gefühle, die aufkommen, vielleicht im Zusammenhang mit Erinnerungen, Hoffnungen, Wünschen?

Auf diese Weise wird eine Position der achtsamen Wahrnehmung trainiert, die dann auch in stressigen Situationen angewendet werden kann, um dem inneren Druck, den Grübeleien, der Ruhelosigkeit und den Sorgen etwas entgegenzustellen: die bewusst wahrgenommene Gegenwart, den aktuellen Augenblick mit all den um uns und in uns ablaufenden Vorgängen, die uns durch ihre bloße Anwesenheit daran erinnern, dass Vergangenes vergangen und Zukünftiges nur eine Vorstellung ist. Durch dieses Zurückholen in die unmittelbare Gegenwart treten Gedanken und Befürchtungen zurück und werden relativiert. Wir spüren unser Leben immer nur im jetzigen Augenblick. Für schwarze Schafe hat diese Einstellung auch einen sehr tröstlichen Aspekt. Aber gerade sie werden ordentlich üben müssen, um einen Zustand der Achtsamkeit zu erlangen (22).

Die gerade angesprochenen positiven Gefühle im Zusammenhang mit der Beobachtung unserer Gedankenwelt bieten eine weitere wichtige Möglichkeit. Mittels ihrer können wir seelische Orte erkennen, die weitgehend angstfrei sind. Auch das gelingt nicht aufs erste Mal. Zu oft entziehen sich diese Bereiche unserem Zugriff. Woran habe ich gerade gedacht, als ich innerlich lächeln musste? Hatte ich nicht eben einen Geruch in der Nase, der für eine ganz bestimmte Erinnerung steht, die mir seltsam vertraut ist und die ich doch nirgendwo »unterbringen« kann? Ist in meinem inneren Bild das Zirpen der Grillen in der sommerlich warmen Abenddämmerung ein Geräusch oder ein Gefühl? Wir tasten uns durch unsere seelischen Landschaften ohne Landkarte und Reiseführer, erahnen oft mehr als wir erkennen, staunen, was uns alles begegnet und spüren, welche ungehobenen Schätze in unserem eigenen Inneren auf uns warten. Mit zunehmender Übung gelingt es dann immer besser, an diejenigen Bereiche zu gelangen, die uns ein Gefühl von Geborgenheit, Schutz, Angenommensein oder einfach von Stimmigkeit vermitteln. An diesen inneren Orten, diesen seelischen Inseln liegt ein Schatz vergraben: die Nähe zu uns selbst. Was banal klingen mag, ist in Wahrheit gerade für schwarze Schafe eine seltene und deshalb überaus wichtige Chance. Dieser Schatz ist nichts weniger als die Möglichkeit, all der Benachteiligung, die sie innerhalb ihrer Familien erlebt haben, etwas Elementares entgegenzusetzen: Verständnis und Liebe für sich selbst.

Haben wir diese Orte entdeckt und ein reproduzierbares Bild dafür gefunden, sollten wir uns vornehmen, an dieser Stelle einen Anker zu setzen. Wir stellen uns vor, dass dieser Anker unser »inneres Schiff« an dieser Stelle festmacht, an der wir uns nahe sind. Wir verbinden uns mit diesem inneren Ankerplatz, um dorthin zurückkommen zu können. An diesem Ort werden wir immer Verständnis und Trost für uns finden, wir werden erkennen, dass wir wichtige Menschen sind, verletzlich, empfindsam, liebenswert. Dieser Ankerplatz ist unser Ort der inneren Wahrheit, die den negativen Erfahrungen mit Eltern oder Geschwistern und den dadurch entstandenen Selbstwertproblemen trotzt. Und was ganz wichtig ist: Wir brauchen niemanden dafür. An diesem Ort sind wir in allerbester Gesellschaft mit uns selbst.

Einige schwarze Schafe konnten von solchen inneren Orten berichten, die auf Erinnerungen mit den Eltern basierten, auf seltenen Momenten, in denen die Beziehung zur Mutter oder zum Vater liebevoll gelungen war. Gerade weil diese Erinnerungen in krassem Gegensatz zu den Erfahrungen von Benachteiligung und Ausgrenzung stehen, sind sie umso wertvoller. Für manche Menschen sind sie allerdings schwer zu ertragen, ihnen wäre es lieber, sie könnten die Eltern ganz und gar verteufeln. Diese eine, vielleicht einzige, positive Erinnerung an die Mutter oder den Vater lässt die schwarzen Schafe spüren, wie es »auch hätte laufen können«, wie viel Schutz, Zuneigung und Liebe die Eltern hätten geben können. Ich kann nur jedem den Rat geben, diese Erinnerungen nicht wegzuschieben oder zu verdrängen. Auch wenn sie schmerzlich sein mögen, so können wir sie doch als kleine »Kraftwerke« sehen, die uns zwar seltene, aber doch reale Momente des Geliebtseins beschert haben.

Die meisten Menschen erkennen den Ort, an dem ein innerer Anker Sinn macht, daran, dass sie an dieser Stelle weinen werden. Es sind aber keine Tränen der Trauer, sondern Tränen der Sehnsucht, die sie hier vergießen. Durch diese Tränen spüren wir genau, was uns fehlt. Genauer gesagt, was dem »inneren Kind« fehlt, um dieses Bild noch einmal zu bemühen. Statt ständig davonzulaufen vor diesem Gefühl der Bedürftigkeit, nehmen wir uns vor, uns ihm zu stellen. Wir halten es aus, dass wir etwas herbeisehnen, das wir nicht oder zu wenig bekommen haben. Dann beschließen wir, unserem »inneren Kind« eine bessere Mutter oder ein besserer Vater zu sein, als unsere Eltern im realen Leben waren. Anstatt den Eltern und Geschwistern vergeblich hinterherzulaufen, sollten schwarze Schafe versuchen, sich selbst all das zu geben, was sie benötigen. Was das ist? Einfach die Schatztruhe am inneren Ankerplatz öffnen, da drinnen ist die Antwort!

Von Narzissen und Rosen

Der Begriff »Narzissmus« ist viel diskutiert. Bezeichnen wir außerhalb der psychiatrischen Diagnostik einen Menschen als Narzissten, so ist damit meist ein negatives Werturteil verbunden. Auf diese Weise droht dem Begriff ein ähnliches Schicksal wie der Bezeichnung »Hysterie«, die nicht mehr verwendet wird, weil sie durch eine mittlerweile implizite negative Einfärbung nicht mehr als objektive Beschreibung einer ganz bestimmten Persönlichkeit dienen kann. Dabei reicht das Spektrum des Narzissmus vom Psychopathen bis zum wichtigen Persönlichkeitsanteil für alle Arten von Erfolg. Hier wie fast überall ist es eine Frage der Ausprägung, ob Narzissmus sich positiv oder negativ auswirkt. In einer starken Ausprägung werden narzisstische Anteile meist zum Problem. Das Angewiesensein auf ständigen Erfolg oder andere Quellen der zwanghaften Selbstaufwertung und der Versuch, Selbstwert-Löcher durch dominierendes Verhalten zu stopfen, bedingt sowohl für den Narzissten selbst als auch für seine Mitmenschen großes Konfliktpotential. Während die »Prise Narzissmus« wichtig sein kann, damit wir unsere Potentiale ausreizen, kann die »Überdosis Narzissmus« das gesamte Leben zerstören. Es gilt also, auf der Hut zu sein, eigene narzisstische Anteile zu erkennen und zu verhindern, dass diese Schaden anrichten. In obiger Beschreibung sehen wir, dass schwarze Schafe durchaus in Gefahr sein können, durch allzu ausgeprägte narzisstische Persönlichkeitsanteile auf den falschen Weg zu geraten. Insbesondere die Problemfelder Selbstwert und Versuch der Selbstaufwertung wurden ja schon mehrfach angesprochen. Gerade als schwarzes Schaf bin ich doch bemüht, mich selbst positiver und besser zu bewerten, als meine Familienangehörigen das getan haben. Ist das dann schon narzisstisch? Genauso wie ich weiter oben von positivem und negativem Egoismus gesprochen habe, möchte ich das auch

für den Narzissmus tun. Eine bewusst wohlwollende Selbstbewertung zum Ausgleich eines mir bekannten Selbstwert-
Problems »riecht« sehr nach einem narzisstischen Prinzip,
wird aber durch das Zauberwort »bewusst« zu einer wichtigen
und unverzichtbaren Einstellung auf dem Weg hin zu einem
glücklicheren Leben. Wir dürfen uns durch die im allgemeinen Sprachgebrauch immer deutlicher negativ gefärbte Wertung des Begriffes »narzisstisch« nicht davon abhalten lassen,
uns neue Wege zu erschließen, die vielleicht ein wenig durch
»narzisstisches Terrain« führen.

Ein ganz wichtiger Grundsatz dabei sollte aber sein, niemandem zu schaden, sofern wir das vermeiden können. Nicht
vermeiden werden wir es können, uns gezielt von einigen
Menschen abzugrenzen, die uns nicht guttun oder uns ihrerseits sogar schaden. Ein klares Nein zu einem anderen Menschen kann die einzige Möglichkeit sein, mir selbst Ja zu sagen. Viele schwarze Schafe berichten, dass ihnen an dieser
Stelle der Vorwurf gemacht wird, sie seien selbstsüchtig, ego-
istisch oder eben narzisstisch, würden sich rücksichtslos oder
asozial verhalten. Damit müssen alle Menschen rechnen, die
sich aufmachen, ihr Leben zu ändern und sich nicht mehr
ausnutzen oder entwürdigen lassen. In dieser Situation müssen wir uns den »Schuh nicht anziehen« und dürfen getrost
und mit gutem Gewissen unseren Weg der Selbstbefreiung
fortsetzen.

An anderer Stelle sollten wir vorsichtiger sein. Die Abgrenzung von anderen Menschen führt zu einem Gefühl von
Macht. Das ist gut und hilfreich, wenn wir mit dieser Macht
sinnvoll umgehen. Es darf aber nicht zu einem Machtrausch
kommen, durch den wir dann, im Hochgefühl unserer neuen
Wehrhaftigkeit, die Gefühle unserer Mitmenschen im großen
Stil mit Füßen treten.

Dazu gehört auch der Verzicht auf Schuldzuweisung an unsere Familie. Nicht, weil es bei Benachteiligung und Ausgrenzung nicht auch um Schuld ginge, sondern weil das Verharren in einer Position der Vorwürflichkeit eine Verschwendung von Zeit und Energie darstellt. Sie bringt uns unserem Ziel, der Distanz, keinen Schritt näher. Im Gegenteil, durch ständige Zuweisung von Schuld an die Eltern oder Geschwister halten wir die Beziehung zu ihnen nur aufrecht, zwar unter umgekehrten Vorzeichen, aber eine echte Weiterentwicklung ist das nicht. Erst wenn es uns gelingt, auch bei den Vorwürfen loszulassen, gewinnen wir den Abstand, den wir für unseren Weg der Befreiung aus der Rolle des schwarzen Schafes brauchen.

Die Narzisse, die sich mit dem Narzissten den Namen teilt, ist zwar eine eindrucksvolle Blume, aber sie enthält auch Gift. Die in der Blumenzwiebel vorhandenen Alkaloide können Vergiftungserscheinungen bis hin zum Tod hervorrufen. Ähnlich steckt in den Beziehungen eines narzisstischen Menschen immer ein Quentchen Gift, das, kommt es im Übermaß vor, auch die Kontakte und das gesamte Leben dieses Menschen vergiften kann. Schwarze Schafe mit narzisstischen Persönlichkeitsanteilen sind immer ein wenig in Gefahr, sich entweder in Racheaktionen gegen die eigene Familie zu verstricken oder aber andere Menschen für die eigenen negativen Erfahrungen büßen zu lassen. Das mag Bedürfnisse nach Vergeltung und Machtausübung befriedigen, führt aber in keinem Fall zur inneren Zufriedenheit.

Eine weitaus sinnvollere Einstellung begegnet uns beim Blick auf eine ganz andere, nicht weniger bekannte Blume: die Rose. Auch sie ist wehrhaft, nämlich durch ihre Dornen, die ihre Gefährlichkeit aber erst dann entfalten, wenn jemand der Rose zu nahe kommt. Auch sind die Dornen gut sichtbar und warnen so alle, auf Abstand zu bleiben, wenn man nicht blutige Finger riskieren will. Gift enthalten Rosen nicht, im Ge genteil, ihre Fruchtstände, die Hagebutten, sind essbar und bekömmlich.

Ich rate allen schwarzen Schafen, sich eher nach dem Prinzip der Rose zu orientieren als den giftigen Weg der Narzisse zu wählen. Beide sind sie wunderschöne Blumen und sollten als Bild für eine sinnvolle Selbstaufwertung geeignet sein. Die offen zur Schau getragene Wehrhaftigkeit der Rose, deren Prinzip heißt »Willst du mir etwas tun, so steche ich dich«, lässt aber dem Gegenüber die Wahl, wie er mit der Rose umgehen will. Das Narzissen-Gift, das so oft indirekt und »hintenrum« in Beziehungen einfließt, wirkt dagegen zersetzend und belastend, ohne dass ein offener Umgang damit möglich wäre.

Unser wichtiges Ziel, die Distanz im Äußeren wie im Inneren, lässt sich auf dem »Rosenweg« eleganter, offener und befriedigender erreichen.

KRISEN MEISTERN

Sich bewusst von der Rolle des schwarzen Schafes abzuwenden ist ein Weg, der nicht nur schwer zu beschreiten ist, sondern auch seine Zeit braucht. Ich habe Frauen und Männer erlebt, die innerhalb von wenigen Wochen zu einem sie befriedigenden Umgang mit der Erfahrung von Ausgrenzung und Benachteiligung in der Familie gefunden haben. Andere waren viele Jahre damit beschäftigt und sind es noch. Für manche bleibt es eine lebenslange Aufgabe, sich die erforderliche Distanz zu dieser biographischen Hypothek zu verschaffen.

Seelische Entwicklungen laufen sehr selten nach dem Prinzip, dass es jeden Tag, jede Woche oder jeden Monat immer ein bisschen besser geht. Im Gegenteil, Phasen erfreulichen Fortschritts wechseln sich oft ab mit Perioden quälender Stagnation, in denen nichts so richtig zu passen scheint und vielleicht sogar der Eindruck entsteht, das schon erkämpfte Terrain seelischer Stabilität würde wieder in Frage stehen. Diese Erfahrung machen nicht nur schwarze Schafe, aber diese sind durch ihre ohnehin stark vorhandenen Selbstzweifel, die bedrückenden Gefühle von Scham und Schuld und das immer wieder wackelige Selbstwertgefühl besonders prädestiniert, solche holperigen Wegstrecken als bedrohliche und alles in Frage stellende Krisen zu erleben.

Der Umgang mit solchen Krisen würde ein dickes Buch füllen, wollte man ihn in allen Einzelheiten besprechen. Wie im gesamten letzten Teil dieses Buches kann ich nur einige Punkte kurz erwähnen, die mir aufgrund meiner Gespräche mit schwarzen Schafen besonders wichtig sind. Wie der Einzelne aber seine ganz persönlichen Krisen zu meistern lernt, ist so individuell wie alles im Leben.

Blumen unter dem Schnee

Wenn wir im späten Winter schon lange genug haben von Kälte und Eis und uns nach Wärme und Farben sehnen, scheint es uns oft, als wolle uns die Natur auf die Folter spannen. Wir blicken auf eine geschossene Schneedecke und können nichts erkennen als dieses eigentümlich glitzernde, aber doch so leblose Weiß. Ähnlich erscheint es vielen Menschen, die in einem Entwicklungsprozess feststecken. Trotz aller Bemühungen geht es nicht weiter. Vielleicht lassen auch ein wenig die Kräfte nach, und manch einer wird sagen, jetzt sei doch wirklich einmal die Zeit des Erntens gekommen nach diesem ganzen Einsatz und dem Bemühen um inneren Fortschritt. Trotz dieses Wunsches ist es aber nicht die Zeit der Ernte, sondern die Zeit der Stagnation. Das Ausbleiben erkennbarer Weiterentwicklung, die Wiederkehr des schlechten Lebensgefühls oder der längst besiegt geglaubten Selbstzweifel ist eine schwere Prüfung für alle schwarzen Schafe.

Die wichtigste Eigenschaft in dieser Lage wäre die Geduld, aber gerade diese ist erfahrungsgemäß nicht die Haupttugend derjenigen Frauen und Männer, die in ihren Familien benachteiligt oder ausgegrenzt wurden. Zu lange schon hat es gedauert, bis sie erkannt haben, was mit ihnen los ist und woher die innere Ruhelosigkeit und die schlechte Selbstbewertung stammen. Sie haben sich auf den Weg gemacht, um Distanz zu diesen negativen Einstellungen zu bekommen, die ihr Leben belasten. Und wirklich hat es Fortschritte gegeben. Aber jetzt rührt sich nichts mehr. Zweifel tauchen auf. War alles umsonst? Ist die innere Abwertungs-Maschinerie doch stärker? Habe ich etwas falsch gemacht, mich nicht ausreichend bemüht, etwas übersehen?

Die Antwort liegt im eingangs erwähnten Bild von der Schneedecke. Diese befriedigt zwar nicht unser Bedürfnis nach bunten Farben und lauer Frühlingsluft, bietet aber den darunter allmählich auskeimenden Blumen Schutz. Läge diese weiße Decke nicht auf all den Frühblühern, würde der Frost die kleinen Pflänzchen, die durch die oberste Erdschicht spitzen, sofort vernichten. So gesehen ist diese Zeit der Stagnation in Wirklichkeit eine Zeit des Wachstums. Das Problem dabei ist, dass wir nichts von dieser Entwicklung sehen. Uns scheint die weiße Landschaft trist und tot, während in der Tiefe alles wächst und zum Licht drängt.

Auch seelische Prozesse laufen häufig auf diese Weise ab. Wenn wir sinnvoll in unsere seelische Entwicklung investieren, können wir sicher sein, dass wir Fortschritt erleben werden. Psychische Entwicklung ist dabei eng gekoppelt an die Entwicklungsfähigkeit unseres Gehirns. Dieses ist aber ein sehr misstrauisches Organ, um es einmal etwas salopp auszudrücken. Einzelne neuartige und positive Erfahrungen mit uns und unserer Umwelt werden zwar registriert, aber erst wenn sich diese Erfahrungen immer und immer wiederholen, reagiert unser Gehirn mit Veränderungen. Die bessere Selbstbewertung, die Entschleunigung, der achtsame Umgang, der bewusste Verzicht auf schädliche Einstellungen, all das wirkt sich erst allmählich aus und führt zu einem positiveren Lebensgefühl, einer inneren Ruhe und Gelassenheit. Das bedeutet, dass wir, auch wenn wir keine Fortschritte erkennen können, gut daran tun, weiter das Richtige zu tun. Ein großer Fehler wäre es, aufzugeben und sich quasi Ende Februar zum Winterschlaf hinzulegen. Dann könnte es sein, dass wir den Beginn des Frühlings tatsächlich verschlafen.

So aber blicken wir auf die Schneedecke und sagen uns: Auch wenn ich euch noch nicht sehen kann, weiß ich doch, dass ihr da seid, ihr Krokusse und Himmelschlüssel. Dieses Wissen gibt mir dann die Kraft, weiterzumachen und wenn schon nicht geduldig, so doch zuversichtlich darauf zu warten, dass eines Tages der Schnee geschmolzen sein wird und die Wiese in voller Blüte steht.

Ordnung schaffen

»Es klingt vielleicht seltsam, aber wenn es mir schlecht geht, schnappe ich mir das Bügelbrett und bügle alles weg. Danach geht es mir immer besser.«

»Obwohl ich keine Lust habe, meine Papiere auszumisten und zu ordnen, tut mir das immer gut, wenn ich mich innerlich leer fühle.«

»Gerade in so Krisenzeiten habe ich überhaupt keinen Spaß daran, mich dem Haushalt zu widmen und mal so richtig Ordnung zu schaffen. Aber gerade dann wirkt es sich echt gut auf meine Stimmung aus, wenn ich es doch tue.«

Diese Zitate sind ein Hinweis auf die große Kraft, die dem Prinzip »Ordnung« innewohnt. Es ist so wichtig, dass Michael Basch die Ordnung als einen der drei wichtigsten Punkte zum Überwinden seelischer Hürden neben die Kompetenz und die

Selbstachtung gestellt hat (23). Dahinter steckt sicherlich die längst bekannte Tatsache, dass sinnvolle Aktivierung eines der wirksamsten Mittel gerade bei depressiven Zuständen darstellt. Außerdem befriedigt das Schaffen von Ordnung unser Bedürfnis nach Kontrolle und Selbstbestimmung. Wir fühlen uns einfach besser, wenn wir die Wäsche gebügelt, die Papiere geordnet und den Haushalt in Schuss gebracht haben. So banal diese Dinge erscheinen mögen, so wichtig können sie gerade in Phasen sein, in denen scheinbar nichts vorangeht. Wenn ich in diesen Zeiten schon nicht meinem Leben die entscheidende Wendung geben kann, so sollte ich mich all den Aufgaben zuwenden, deren Erledigung ein kleines bisschen mehr Ordnung in dieses Leben bringt.

Aus vielen Gesprächen weiß ich, dass es kaum weniger attraktive Aufforderungen gibt, als gerade in Krisenzeiten sich den Korb mit der Bügelwäsche vorzunehmen. Auf diese Anregung hin habe ich nicht nur einmal entgeisterte Blicke geerntet. »Was? Gerade jetzt, wo es mir ohnehin schon schlecht geht, soll ich so eine verhasste Tätigkeit ausführen? Da geht's mir doch hinterher nur noch schlechter!« Eben nicht! Die Wirksamkeit der »Ordnungs-Therapie« beruht nicht auf Bedürfnisbefriedigung, sondern auf Aktivierung und Kontrollerleben. Wer mag, kann sich natürlich noch eine Belohnung ausdenken für danach, wenn die Arbeit vollbracht ist. Aber auch ohne diesen Trick sollten alle schwarzen Schafe in Zeiten der Krise es einmal mit dem Prinzip Ordnung versuchen – es wirkt!

Wohin mit dem Schmerz?

Eines der größten Probleme in der Bewältigung seelischer Krisen ist der Schmerz. Wir haben bereits gesehen, dass er sich zwar auf einer anderen Ebene abspielt als der körperlich empfundene Schmerz – eben der seelischen –, diesem aber an Intensität nicht nachsteht (S. 27 ff.). Seelische Schmerzen werden von den meisten Menschen in der Brust-und Bauch-Region lokalisiert. Die Art des Schmerzes kann dabei variieren, es kann sich um Stiche handeln, einen Druck, ein Ziehen, ein Vernichtungsgefühl. Der seelische Schmerz geht einher mit einem ganz erheblichen und schwer erträglichen Verstimmungszustand, der Angst, Niedergeschlagenheit und Ohnmachtsgefühle beinhalten kann. Ausgelöst wird der Schmerz durch aktuelle Ereignisse, aber auch durch Gedanken, Erinnerungen, Vorstellungen, Phantasien. Im Zustand des Schmerzes fühlen wir uns wehrlos, ausgeliefert, verwundet, entblößt, verlassen und beschämt. Hinzu kommt ein Gefühl der Hilflosigkeit und der Isoliertheit. Mit unserem Schmerz sind wir zunächst ganz alleine. Menschen mit stärksten seelischen Schmerzen neigen entweder dazu, sich zusammenzukrümmen, um die Körpermitte, in der der Schmerz meist gespürt wird, zu schützen, oder sie fügen sich selbst körperlichen Schmerz zu, schlagen oder kratzen sich, um vom seelischen Schmerz zum (erträglicheren) körperlichen zu kommen. Diese stärksten Schmerzzustände sind selten. Sie zeigen aber, dass es sich bei seelischem Schmerz um ein sehr intensives Erleben handelt, das wir mit allen Mitteln schnell beenden wollen. In weniger ausgeprägten Phasen des Schmerzes ziehen wir uns in uns zurück, legen schützend die Hände vor die Brust und warten, bis es vorbei ist. Häufig wird der Schmerzanfall von Tränen begleitet oder doch vom Gefühl, weinen zu müssen, auch wenn vielleicht gar keine Tränen fließen. Die meisten Menschen empfinden das Weinen in diesem Fall als eine Erleichterung, als ein Zeichen, dass der Schmerz bald nachlassen wird.

Kein Wunder, dass wir alles tun, um solche Zustände zu vermeiden. Nähern wir uns innerlich einem Thema, von dem wir wissen, dass es uns Schmerzen bereitet, so lenken wir uns ab. Wir schieben diese Gedanken beiseite und versuchen, uns aktiv anderen Themen zuzuwenden. Auf diese Weise bleibt allerdings der »Deckel auf dem Topf«, der Druck kann nicht entweichen, und im ungünstigsten Fall staut sich der Schmerz auf und der seelische Druck steigt an, ohne dass wir es merken. Nicht ausgelebte und ständig weggedrängte seelische Schmerzen können aber zu vielfältigen psychischen und körperlichen Symptomen führen, können Apathie wie auch Anspannung, Verstimmungen und eben auch körperliche Schmerzen auslösen.

Es ist deshalb für schwarze Schafe keine Lösung, ständig ihren Schmerz zu vermeiden. Die Erfahrung, weniger als andere geliebt worden zu sein, erzeugt immer seelischen Schmerz. Es ist wichtig, sich diesem Schmerz zu stellen. Taucht der Schmerz im ungeeigneten Moment auf, vielleicht am Arbeitsplatz, so ist es in Ordnung, ihn zurückzudrängen. Ist dann später genug Zeit vorhanden und sind wir in einer Umgebung, in der wir uns etwas besser »gehenlassen können«, so sollten wir uns diese Situation noch einmal vergegenwärtigen, um zum einen darüber nachzudenken, warum gerade an dieser Stelle der Schmerz sich gemeldet hat und zum anderen ihn zuzulassen.

Nicht wenige schwarze Schafe berichten mir davon, auf »Schmerztour« zu gehen, wenn zu Hause aufgrund der Lebensumstände keine Rückzugsmöglichkeit ist. Das kann die eine oder andere »Runde um den Block« sein, Gefühle und eventuelle Tränen hinter einer Sonnenbrille verborgen, oder ein ausgedehnter Spaziergang durch die Natur auf wenig ausgetretenen Pfaden, mit der Option, auf einem Baumstumpf im Wald sitzend seinen Gefühlen freien Lauf zu lassen.

Solche Aktionen regelmäßig durchzuführen macht Sinn. Ein immer wieder verdrängter Schmerz wird sich immer stärker dann melden, wenn wir zur Ruhe kommen, am freien Nachmittag, am Wochenende, im Urlaub. Gerade in diesen Stunden, wenn wir nun wirklich keine Lust haben darauf, wenn wir uns doch erholen wollen, wird er uns heimsuchen.

Die einzige Lösung dafür ist, zu akzeptieren, dass dieser Schmerz, so unangenehm die Begegnung mit ihm auch sein mag, etwas Heilsames haben kann. Der Schmerz kommt nicht, um uns zu quälen, sondern um uns mit uns selbst wieder in Kontakt zu bringen, uns die offenen Wunden der Seele zu zeigen, damit wir uns um sie kümmern. Wenn ich noch einmal das Bild des inneren Kindes bemühen darf: Im Schmerz begegnen wir diesem Kind, spüren sein Leid, seine Einsamkeit, seine Bedürftigkeit. Wenden wir uns von diesem Kind nicht ab. Seine Schmerzen sind unsere. Der seelische Schmerz bringt uns an einen Ort, an dem wir uns selbst ganz nah sind und deutlich spüren, was uns fehlt. Diese Erkenntnis brauchen schwarze Schafe, wenn sie sich auf den Weg machen, ihr Leben in andere Bahnen zu lenken. In einem gewissen Sinne ist der seelische Schmerz der Schlüssel zu unserer inneren Wahrheit. Als solcher steht er an Wichtigkeit in nichts den bereits erwähnten »inneren Ankerplätzen« nach.

Wohin mit dem Schmerz also? Nachdem es nichts bringt, ihn ständig wegzupacken, sollten wir ihn dort lassen, wo er ist: An diesem Ort in unserer Seele, den wir fürchten, den wir aber mutig aufsuchen müssen, wenn wir reifen wollen.

Wenn gar nichts hilft: der Rucksack

Machen wir uns nichts vor: Wir können nicht alles lösen, und wir können uns nicht von allem befreien. Das liegt vor allem daran, dass wir nichts ungeschehen machen können. Haben wir jemanden verletzt, betrogen, enttäuscht, haben wir Schuld auf uns geladen, wurde uns selbst etwas angetan: Es ist alles nicht mehr rückgängig zu machen. Auch wenn wir uns entschuldigen, Wiedergutmachung leisten, auch wenn wir selbst vergeben, entschädigt werden, Rache nehmen: Die Vergangenheit lässt sich nicht ändern.

Für schwarze Schafe bedeutet das, dass die Ausgrenzung aus der eigenen Familie als Tatsache bestehen bleibt, selbst wenn sich irgendwann einmal alle in den Armen liegen sollten (was sehr selten vorkommt). Diese Tatsachen können wie Wackersteine in unserer Erinnerung, in unserer Erfahrung liegen. Manche werden mit der Zeit kleiner und leichter, andere nicht. Die häufig anzutreffende Hoffnung, solche seelischen Blöcke »wegzutherapieren«, »abzuarbeiten«, zu »überwinden«, bleibt oft unerfüllt. Auch wird nicht jeder Schmerz weichen. Manche Erfahrung tut zu weh, als dass diese Wunde je aufhören würde zu schmerzen. Und so werden schwarze Schafe immer wieder an Grenzen stoßen, die sie nicht überwinden können. Trotz aller Fortschritte und trotz einer guten Distanz sowohl zu Menschen, die ihnen nicht guttun als auch zu eigenen schädlichen Sichtweisen bleibt der eine oder andere Stein in der seelischen Landschaft liegen.

Für solche Erfahrungs-Steine, die wir nicht wegbekommen, haben wir alle etwas bei uns: einen Rucksack. Wir können ihn nicht sehen, aber er ist da. Es ist ein spezieller Rucksack für seelische Steine, wie ich sie gerade beschrieben habe: Steine der Schuld, Steine der Scham, des Schmerzes, Steine der unbequemen Wahrheit. Sie alle sollten wir in unserer Vorstellung in diesen unsichtbaren Rucksack füllen. Vielleicht ist auch einmal ein Stein dabei, der für ein Problem steht, das wir nur im Moment nicht lösen können. Es kann also sein, dass sich der eine oder andere Stein noch auflöst.

»Was soll denn der Vorteil sein, mit einem Rucksack voller Steine durch die Gegend zu laufen?«, werden sich jetzt einige fragen. Wenn ich die blöden Steine schon nicht loswerden kann, warum soll ich sie denn dann noch durch die Landschaft schleppen?

Nun, es hat mehrere Vorteile. Einer der wichtigsten ist, in Bewegung zu bleiben. Solche ungelösten und vielleicht unlösbaren Probleme aus meiner Vergangenheit haben manchmal den Effekt, dass ich vor ihnen stehenbleibe. Ich wälze den Stein hin und her, betrachte ihn von oben und unten, bemale ihn mit bunten Farben, um ihn schöner wirken zu lassen oder verpasse ihm einen Tarnanstrich in der Hoffnung, ihn dann weniger sehen zu müssen. Abseits des Stein-Bildes heißt das, dass wir dazu tendieren, viel Zeit damit zuzubringen, an Dingen herumzudoktern, die sich nicht aus der Welt schaffen lassen. Das bremst uns aus, lenkt uns ab, entzieht uns Kraft. Diese Kraft wenden wir besser dafür auf, die ganzen Probleme in den Rucksack zu packen, ihn auf den Rücken zu schnallen und auf unserem Lebensweg weiterzugehen. Wir wissen, die Steine sind da, wenn wir wollten, könnten wir sie aus dem Rucksack holen und anschauen, aber wir wissen vielleicht schon, dass das nichts bringen wird. Also machen wir uns wieder auf den Weg. Natürlich beschwert uns der Rucksack, aber gleichzeitig kräftigt das Tragen unsere Schultern, ein weiterer Vorteil.

Vielleicht ist es einfach ehrlicher, seine eigenen Steine mit sich herumzutragen, als so zu tun, als wäre man unbeschwert. Auch sind die im Rucksack verstauten Probleme bewusster und präsenter als die oftmals verdrängten oder verleugneten Wackersteine, die auf der Seele liegen.

Natürlich wird man sich so einen Rucksack nicht jeden Tag umschnallen. Das wäre unsinnig. Oft steht er Wochen und Monate in der Ecke und wir gehen leicht und locker durchs Leben. Aber dann werden wir wieder mal mit der Nase auf unsere ungelösten Themen gestoßen, und das kennen wir dann schon: Jetzt geht das Grübeln wieder los, die Reue, die Verbitterung, das Selbstmitleid über all die Dinge, die uns verletzt haben, die uns leidtun und uns beschämen, ohne dass wir sie aus der Welt schaffen können.

Und hier gabelt sich der Weg: Ist es sinnvoll, sich in die Schmollecke zurückzuziehen, den Nachtschlaf durch endlose Grübeleien zu gefährden oder das ganze Thema zum wiederholten Male rauf- und runter zu denken, ohne auch nur einen Millimeter weiterzukommen? Oder ist es besser, diese als aktuell nicht lösbar erkannten Probleme schnell wieder in den Rucksack zu packen und sich um Sinnvolleres im Leben zu kümmern? Wohlgemerkt, dies ist keine Aufforderung zum hemmungslosen Verdrängen! In den Rucksack dürfen wirklich nur die Steine, die ich einfach nicht kleinkriegen kann. Die meisten Menschen können irgendwann gut unterscheiden zwischen Themen, die zur Lösung anstehen und Problemen, die in den Rucksack können.

Es hat sich in der Praxis bewährt, sich diesen Rucksack konkret vorzustellen. Gerade für schwarze Schafe mit ihren so bedrückenden Erfahrungen ist er ein wichtiges Utensil für die Wanderung durchs Leben.

Lassen wir Charlotte (49 J.) zu Wort kommen: »An manchen Tagen mühe ich mich schon sehr ab mit meinem Rucksack. Ich spüre die ganzen Verletzungen, die einfach nicht heilen wollen. Zwar weiß ich, dass es besser ist, draußen zu sein, wo mich vieles ablenkt, als im stillen Kämmerlein, wo ich alleine bin und sozusagen im eigenen Saft schmore. Aber gestern war's mir dann einfach zu viel, ich war total fertig und tat mir furchtbar leid. Da bin ich dann ins Café gegangen, habe meinen unsichtbaren Rucksack neben mich hingestellt und mir einen Saft bestellt. Irgendwann hatte ich dann plötzlich die Vorstellung, nicht nur ich hätte so einen Rucksack neben mir, sondern auch alle anderen Menschen in dem Café. Ich schaute mir ganz heimlich alle an, die dort saßen und überlegte mir, was sie wohl in ihren Rucksäcken mit sich herumtragen würden. Da wurde mir auf einmal klar, dass ich ja nicht alleine bin. Irgendwie sitzen wir doch alle im gleichen Boot. Dieser Gedanke hatte etwas Tröstliches, aber ich merkte, dass mir die Tränen kamen. Ich zahlte schnell und machte mich wieder auf den Weg. Ein paar Straßen weiter bemerkte ich, dass sich der Rucksack viel leichter anfühlte. Ich stellte mir wieder vor, dass alle, die mir auf meinem Weg entgegenkamen, auch so einen unsichtbaren Rucksack tragen würden und musste lächeln. Es ist unglaublich, was passiert, wenn man auf der Straße lächelt: Einige lächeln zurück.«

Dieser schöne Bericht von Charlotte zeigt gut, um was es geht. Die Idee, dass nicht nur ich, sondern auch alle anderen ihre Rucksäcke zu tragen haben, bietet Trost und bringt mich zurück in das Gefühl, Mitglied einer Gemeinschaft zu sein. Gerade für schwarze Schafe ist diese spezielle Erfahrung eine sehr heilsame.

Hilfe holen

Die Schwelle, sich bei psychischen Problemen Hilfe zu holen, ist auch heute noch hoch. Die Gründe dafür sind vielfältig und reichen von der gesellschaftlichen Stigmatisierung psychisch Kranker bis zu der Formel »psychisches Problem = Versagen«, die in unseren Köpfen herumspukt. Wie viel Überwindung erforderlich ist, um sich einen Termin beim Psychiater geben zu lassen, erlebe ich jede Woche mehrfach. In nahezu allen dieser Fälle bekomme ich nach einem solchen Ersttermin die Rückmeldung »War ja gar nicht so schlimm« oder »Das hatte ich mir ganz anders vorgestellt«. Kunststück, wenn die Vorstellung in die Richtung geht, dass Psychiater seltsame Freaks sind, die mit Zwangsjacken hantieren, einen entweder mit Medikamenten »vollpumpen« oder gleich zur Analyse auf die Couch legen, und die auf jeden Fall selbst einen »an der Klatsche« haben. Solche und ähnliche Vorurteile beherrschen nach wie vor die öffentliche Meinung. Ich werde mit diesem Unsinn hier nicht aufräumen können, kann aber nur jeden ermuntern, sich selbst davon zu überzeugen, dass die Konsultation eines Facharztes für Psychiatrie sich lohnt, wenn einen der seelische Schuh drückt.

Die therapeutische Landschaft in Deutschland ist weitläufig und für den Laien nicht mehr zu überblicken. Neben den schon erwähnten Fachärzten für Psychiatrie tummeln sich ärztliche und psychologische Psychotherapeuten, Psychosomatiker, Coaches und Heilpraktiker mit Therapie-Diplom sowie einige Selbstberufene. Der Übergang von der wissenschaftlich fundierten Behandlung über allerlei Grenzwertiges bis hin zu Esoterik und Scharlatanerie ist gerade im »Psycho-Sektor« eine bedauerliche Tatsache.

Letztlich muss jeder selbst entscheiden, wem er sein Seelenheil anvertrauen will. Wenn ich hier davon spreche, sich Hilfe zu holen, empfehle ich jedem schwarzen Schaf, genau darauf zu achten, welche Ausbildung die- oder derjenige genossen hat, dem man sich anvertraut.

Nicht jedes schwarze Schaf muss Therapie machen. Ich kenne viele, die diesen Weg alleine gegangen sind und denen es durch den bewussten Umgang mit ihrer Geschichte gelungen ist, sich freizuschwimmen. Andererseits sehe ich auch einige Frauen und Männer mit Erfahrung von Benachteiligung und Ausgrenzung in der Familie, die verzweifelt meinen, es »aus eigener Kraft« schaffen zu müssen. Natürlich kann ich das respektieren, aber es tut mir doch leid zu sehen, wie sich jemand plagt, ohne voranzukommen. In sehr vielen Fällen brauchen wir eben ein Gegenüber, um nicht im Dickicht unserer Überlegungen steckenzubleiben. Spätestens wenn wir bemerken, dass wir im Kreis denken, dass wir immer wieder von A nach B nach C und wieder nach A denken, sollten wir in Betracht ziehen, noch jemanden mit ins Boot zu holen. Anregungen und Hinweise eines guten Freundes, der ganz unvoreingenommen an das Thema herangeht, können eine erstaunliche Wirkung entfalten. Noch wirksamer werden in den meisten Fällen Bemerkungen und Fragen eines gut ausgebildeten Psychotherapeuten sein, der einerseits den erforderlichen Abstand zur Thematik hat, andererseits die Blockaden und Fallstricke schon kennt, die den seelischen Fortschritt behindern.

Nach meiner Erfahrung ist die Wahl des therapeutischen Verfahrens nicht so wichtig wie die insgesamt gute Beziehung zum Therapeuten. Jedes schwarze Schaf dürfte in den ersten zwei, drei Sitzungen merken, ob »die Chemie« zwischen ihm und der Therapeutin oder dem Therapeuten stimmt. Hat man, wie ich es oben empfohlen habe, schon im Vorfeld auf eine gute Ausbildung des Therapeuten Wert gelegt, ist man dann an der richtigen Stelle. Ich empfehle auch, darauf zu achten, dass in der Therapie eine »normale« Gesprächssituation herrscht und rate schwarzen Schafen von dem eigentümlichen Liegen auf der Couch ohne Blickkontakt zum Therapeuten ab. Diese aus der klassischen Psychoanalyse stammende Konstellation mag für den einen oder anderen speziellen Fall sinnvoll sein, schwarze Schafe aber profitieren mehr, wenn sie ihrem Therapeuten in die Augen schauen können.

Wann soll man sich professionelle Hilfe und Unterstützung holen? Auf jeden Fall immer dann, wenn man ernsthafte Anzeichen einer psychischen Störung bei sich bemerkt. Auf einige dieser Symptome habe ich bereits hingewiesen (S. 202 ff.). Die persönliche Problematik hat in diesen Fällen zum Auftreten einer Erkrankung geführt, die behandelt werden muss. Allgemein kann aber auch schon viel früher beim einen oder anderen schwarzen Schaf der Wunsch aufkommen, nicht alleine an der Bewältigung des persönlichen Schicksals zu arbeiten. Dieser Gedanke ist richtig und sinnvoll. Auch bei seelischen Themen »sehen« vier Augen mehr als zwei, und gemeinsam durch Neuland zu gehen macht weniger Angst. Spätestens dann, wenn man als schwarzes Schaf den Eindruck hat, festzustecken, wird es Zeit, sich Unterstützung und Hilfe zu holen.

SCHÖNHEIT UND STOLZ SCHWARZER SCHAFE

Wie viele schwarze Schafe gibt es? Ist man auf ein Thema erst einmal aufmerksam geworden, stößt man überall darauf. Nicht nur im Rahmen meiner Praxis habe ich mittlerweile hunderte schwarzer Schafe kennengelernt und mit ihnen über diese Problematik gesprochen. Auch im privaten Bereich kenne ich viele Frauen und Männer, die Ausgrenzung und Zurücksetzung innerhalb der Familie erlebt haben und darunter leiden.

Die genaue Anzahl schwarzer Schafe kennt niemand. Es gibt darüber keine Statistiken und keine Untersuchungen. Aber ich weiß, dass dieses Thema sehr viele Menschen betrifft. Die meisten reden nicht gerne darüber. Mit der Erfahrung, innerhalb der eigenen Familie ausgegrenzt und benachteiligt zu sein, geht man nicht hausieren. Schwarze Schafe sind oft innerlich isoliert. Sie ziehen sich zurück.

Wenn ich mir vorstelle, dass all die schwarzen Schafe voneinander wüssten und sich zu diesem Thema austauschen könnten, dann glaube ich, würde für den Einzelnen manches leichter. In einer Gruppe von Gleichgesinnten, die ähnliche Erfahrungen gemacht haben wie wir, finden wir Verständnis und Akzeptanz, vielleicht auch einmal gute Ratschläge, zumindest aber Trost.

Ein einzelnes schwarzes Schaf ist ein trauriger Anblick. Dutzende oder gar hunderte schwarzer Schafe aber ergeben eine **schwarze Herde**. Der Blick auf diese vielen schwarzen

Schafe zeigt uns die Schönheit einer solchen Herde und jedes einzelnen ihrer Mitglieder. Die Herde stärkt das Gemeinschaftsgefühl, gibt Sicherheit, Stärke und Stolz. Innerhalb der Herde muss niemand den Kopf hängenlassen. Und wer weiß, vielleicht beschließt diese Herde ja eines Tages, umherzuziehen und andere Schafe zu suchen. Vielleicht gelingt es ja irgendwann, sich auch an die weißen Schafe wieder anzunähern, ohne sich gedemütigt und benachteiligt fühlen zu müssen.

Deshalb würde es mich freuen, wenn sich eine schwarze Herde bilden würde. Zu diesem Zweck habe ich die Domain **www.SchwarzeHerde.de** registriert. Auf dieser Internetseite entsteht ein Forum für alle Frauen und Männer, gleich welchen Alters, die sich in ihrer Familie ausgegrenzt, benachteiligt oder unterdrückt fühlen. Ziel soll der Austausch untereinander sein. Es soll allen schwarzen Schafen zeigen, dass sie nicht alleine sind.

Nachwort

»Hm. Wozu ist das dann gut, das schwarze Schaf?«
   »Na ja. Auch wenn es dem Schäfer nicht so gefällt, ist es
   doch trotzdem schön, oder?«
»Stimmt. Ich mag das gerne, das schwarze.
Schau mal, es guckt her!
Darf ich's streicheln?«

Literaturverzeichnis

(1) Eisenberger, N. I., Lieberman. M. D., Williams, K. D.: Does Rejection Hurt? An fMRI Study of Social Exclusion. Science: v302, n5643 (2003), 290–292

(2) Bowlby, J.: Bindung. Frankfurt am Main: Fischer ³1984

(3) Grossmann, K. E., Grossmann, K. (Hrsg.): John Bowlby, Mary Ainsworth und die Grundlagen der Bindungstheorie. Stuttgart: Klett-Cotta 2003

(4) Spitzer, M., Bonenberger, M.: Soziale Schmerzen. Nervenheilkunde 31 (2012), 761–764

(5) Teuschel, P., Heuschen, K.: Bullying. Mobbing bei Kindern und Jugendlichen. Stuttgart: Schattauer 2013

(6) Golding, W.: Herr der Fliegen. Frankfurt am Main: Fischer 1983

(7) Smith, W.: Der Sonnenvogel. Vergriffen, vielleicht noch antiquarisch erhältlich, z.B. München: Heyne Verlag 1976

(8) Über Josef Fritzl siehe z.B. http://de.wikipedia.org/wiki/Josef_Fritzl

(9) Über José Agostinho Pereira siehe z.B. http://www.spiegel.de/panorama/justiz/inzestfall-brasilianer-zeugte-sieben-kinder-mit-eingesperrter-tochter-a-699814.html

(10) Über Jessica siehe z.B. http://de.wikipedia.org/wiki/Mordfall_Jessica

(11) Über Karolina siehe z.B. http://www.sueddeutsche.de/panorama/urteil-im-karolina-prozess-jenseits-aller-gefuehle-1.924819

(12) Teuschel, P.: Mobbing. Dynamik – Verlauf – gesundheitliche und soziale Folgen. Stuttgart: Schattauer 2010

(13) Fromm, E.: Anatomie der menschlichen Destruktivität. Reinbek: Rowohlt 1996

(14) Herrmann, B., Banaschak, S., Thyen, U., Dettmeyer, R. B.: Kin-

desmisshandlung. Medizinische Diagnostik, Intervention und rechtliche Grundlagen. Heidelberg/New York: Springer 2008

(15) Watzlawick, P.: Anleitung zum Unglücklichsein. München: Piper [15]2009

(16) Wolfersdorf, M.: Depressionen verstehen und bewältigen. Heidelberg/New York: Springer 2011

(17) Linden, M., Schippan, B., Baumann, U., Spielberg, R.: Die Posttraumatische Verbitterungsstörung (PTED). Abgrenzung einer spezifischen Form der Anpassungsstörungen. Nervenarzt 75 (2004). 51–57

(18) Schippan, B., Baumann, K., Linden, M.: Weisheitstherapie – kognitive Therapie der posttraumatischen Verbitterungsstörung. Verhaltenstherapie v14, n4 (2004), 284–293

(19) Alexander, F., French, T. M.: Psychoanalytic Therapy: Principles and Application. New York: Ronald Press 1946

(20) Heller, J.: Resilienz: 7 Schlüssel für mehr innere Stärke. München: Gräfe und Unzer 2013

(21) Brooks, R., Goldstein, S.: Das Resilienz-Buch. Wie Eltern ihre Kinder fürs Leben stärken – das Geheimnis der inneren Widerstandskraft. Stuttgart: Klett-Cotta 2011

(22) Weiss, H., Harrer, M. E., Dietz, T.: Das Achtsamkeits-Übungsbuch. Für Beruf und Alltag. Stuttgart: Klett-Cotta 2013

(23) Basch, M. F.: Die Kunst der Psychotherapie. Neueste theoretische Zugänge zur psychotherapeutischen Praxis. Stuttgart: Klett-Cotta 1992

Ich danke

zuallererst den Patienten, die mich durch ihr Vertrauen und ihre Offenheit auf die Spur des »schwarzen Schafes« gebracht haben.

Weiter möchte ich danken Rose Bienia, die in rekordverdächtiger Zeit eine Verlagsheimat für dieses Buch gefunden hat.

Ebenso gilt mein Dank dem Klett-Cotta Verlag, in erster Linie natürlich meiner Lektorin Dr. Christine Treml-Begemann, die mich in immer positiver und unaufgeregter Weise betreut und begleitet hat.

Anna Grunwaldt verdanke ich soziologische Recherchen.

Vor allem aber danke ich Irina fürs Mutmachen, Erstlesen, die Errichtung einer Schreibkapsel und einfach fürs Dabeisein.